集人文社科之思 刊专业学术之声

集刊名：魁阁学刊
主　　编：谢寿光　关　凯
主办单位：云南大学

KUI GE XUE KAN 2022•2

总第7辑

集刊序列号：PIJ-2019-370
中国集刊网：www.jikan.com.cn
集刊投约稿平台：www.iedol.cn

云南大学 ／主办

本辑主题：

非虚构写作的社会学与人类学意涵

2022年
第2辑
总第7辑

KUI GE
XUE KAN

No.7

魁

学刊

谢寿光　关　凯 ／主编

游天龙 ／执行主编

社会科学文献出版社
SOCIAL SCIENCES ACADEMIC PRESS (CHINA)

《魁阁学刊》2022 年第 2 辑
总第 7 辑　　2022 年 12 月出版

《魁阁学刊》2022 年第 2 辑
总第 7 辑 December, 2022

卷首语

游天龙

社会学、人类学如今在舆论中似乎越来越热门：田丰对三和大神的研究、严飞对悬浮时代的探讨、上野千鹤子对女性问题的关注……都引起社会热议。而早年凭借浙江村研究而闻名的项飙老师近年来更是出没于各大媒体，就内卷、附近、世界公民、日常生活等各类问题发表看法。有人说，过去出了什么事，媒体都是找经济学家；而现在出了什么事，媒体都是找社会学家、人类学家。我认为，上述这些学者的共同特点其实是他们会“讲故事”。而这，本应是社会科学的“传统艺能”。

讲故事，是将人类和地球上其他物种区分开来的重要特点。

许多学科的学者认为，当人类祖先从树上下来的时候，生存压力导致他们从独居变成群聚、从单干变成合作。这进一步影响了人类的思维方式，促进了智力的发展。在群体生活中，他们面临着新的社会问题：如何交流沟通、如何识别敌友、如何竞争权力……于是，他们培养出了一项独特的能力：讲故事。而正是讲故事所基于的想象力、理解力和记忆力，让人类在基因进化看似停滞的时候，依靠形形色色的“故事”——歌谣、壁画、史书、传奇、文学、绘画、舞蹈——建构了国家、货币、市场和民族。故事“以叙事的方式储存着人类生存、生产、发展、进步的秘密，以及内容复杂、内涵丰富的文化信息”，而这些不断积累的故事，通过人际、代际、群际、国际、洲际的传播，最终形成了具有不同特色的文化和源远流长的文明。

其实在社会学的萌芽期，讲故事也是社会学家们的基本功。托克维尔在他的《论美国的民主》、*Memoir on Pauperism*、*Travail sur l'Algérie* 等著作中通过精细的笔触呈现了其游历美国、英国和阿尔及利亚的见闻，并以审视的眼光考察了美国的刑法和监狱制度、英国的济贫制度和法国在阿尔及利亚的殖民统治、奴隶制度和种族隔离。马克思在《路易·波拿巴的雾月十八日》一书中生动地描述了从 1848 年二月革命到 1851 年路易·波拿巴政变时期法国阶级斗争的局势、条件和经过，并对斗争经验做了深刻总结。而在讲故事这方面，19 世纪末 20 世纪初的早期社会人类学家则更进一步，确立了将事实与叙事乃至虚构情节或诗歌结合起来的学科传统，他们认为这种结合不仅有助于用创新的方式交流经验和知识，而且能将对研究主题的理解提升到新的层次。

后世的社会学家和人类学家很好地保留了讲故事的传统，他们对小说、非虚构故事叙事方式的借鉴屡屡见诸文字。查尔斯·赖特·米尔斯曾在给友人的信中提及“社会学诗歌”（sociological poetry）是一种“社会事实和这些事实背后的人类意义同时呈现的经验性与表述性文体”。格尔茨形容融合性写作是“描绘身处真实的时间、真实的地点的真实的人的一种极富想象力的文字”，并大力主张人类学家应探索其学术潜力。不久前离世的拉图尔则在 *Aramis, or the Love of Technology* 中推崇“科学性小说”（scientifiction）这一融合了小说、社会学评论和官方档案的独特体裁。而深受西方社会学、人类学传统影响的费孝通先生也是行家里手，其名篇《鸡足朝山记》就是在优美散文中暗藏了他对历史、神话、民族、宗教等各类知识的丰富洞见。

遗憾的是，社会科学发展到当代，社科学人们仿佛忘记了这些前辈的努力，用所谓的“客观中立”“抽离田野”“可验证性”“现实主义”“自我反思”等自我的、哲学的、方法的、意识形态的概念，来掩饰学者文字贫瘠、学界圈地自萌、学术乏人问津的窘境。正如格尔茨所警告的那样，这种“对如上帝般全知视角的模仿其实遮蔽了文字自身的战略说服力”，导致学术探索无法完整地捕捉和传达社会真实的复杂性。而恰恰是在客观现象中注入了一丝情绪和诗性，才让拉图尔能够在描绘科学世界的冲突和互塑的过程中更加逼近真实。社会科学政策影响力、学术吸引力乃至职场竞争力的全面衰退，某种程度上与大量的社科学人丧失了用“读者友好型”的文字来讲述复杂知识的能力密不可分。

秉承费老等老一辈魁阁学人治学理念的《魁阁学刊》则试图重振乃至复兴上述这一社会学、人类学传统，在这一社会科学为更多人所关注的转型时期，与一众有识学者探讨非虚构写作的社会学、人类学意涵，以及将科学性写作与文学性写作融合起来的具体方法。我们主张，这种融合式的写作，通过将情绪、感知、气味、动作与枯燥的档案、素材、文件、数据相结合，赋予了作品鲜活的生命力；通过对事件、行为、信息按照文学性的思路进行重新排列、组织、整合来构建叙事线索，赋予了作品完整的故事力；通过增强文字的对话性、文章的现实性、研究的公共性，赋予了作品强烈的感染力。而这种融合式写作，借助故事、隐喻等独特的表达手段，可以让作品与真实世界既紧密贴合又保持距离，不仅有利于学者进行反身性思考，也更契合某些时期知识生产的现实情境。

本辑《魁阁学刊》本身就是一个知识社会学探索的具象载体，我们以主题性的圆桌对话开始，然后分别呈现严飞、张乐天两位不同代际学者各自的非虚构写作的探索和体悟，接着又跳出学界与国内知名非虚构写作平台——网易“人间”的两位创始人和主理人沈燕妮、关军老师从商业、平台、互联网等视角来理解非虚构写作近年来的繁荣，并挑选了硕士毕业于云南大学民族学与社会学学院、现在香港浸会大学地理学系读博的陈肖旭同学关于湄澜流域中国船员的非虚构作品。而后，我们又引入了另一个近年来非虚构写作大类——口述历史的四篇文章。其中前三篇都来自南京大学当代中国研究中心周晓虹团队的成员，锋竹沁、刘柳和陆远三位老师分别就口述史访谈的主体间性、自我定位、社会责任进行了深入剖析；最后一篇是云南大学社会学系硕士研究生袁美娜基于她在贵州三线地区口述史访谈素材写就的文章，讨论当地国家、市场、社会关系的历时性变迁。接下来两篇，我们则叩问更广泛意义上的知识生产，我们先是请严飞和郦菁二位给知识生产祛魅，再邀请近年来在学界颇受赞誉的人类学公众号的五位创始人讨论具有公共性的专业知识写作。最后，我们做了两个访谈，先相对正式地访谈了刚刚荣获美国艺术与科学院院士称号的周敏教授，再由云南大学民族学与社会学学院的学生们和他们的偶像项飙老师相对轻松地“聊了聊”。

相信通过这些有益的尝试，《魁阁学刊》能和各位学界同仁一道找回和社会科学相识那一刻的“初心”，忆起决心投身社会科学研究那一刻的“使命”，打破“唯论文”的桎梏，用更接地气的授课和研究讲好“中国故事”，为正处百年未有之大变局的世界贡献真正有价值的作品。

圆桌访谈：非虚构写作的社会意义

访谈人：游天龙

主持人

游天龙

云南大学社会学系副教授

沈燕妮

网易“人间”工作室负责人、主编

嘉宾

项　飙

德国马克斯·普朗克社会人类学研究所所长

严　飞

清华大学社会学系副教授、副系主任，《清华社会学评论》执行主编

邹思聪

前《亚洲周刊》、端传媒记者、编辑

提问嘉宾

孙　哲

上海财经大学社会学系助理研究员

杜　娟

法国国立语言与文化大学社会学系讲师

范　鑫

美国纽约州立大学弗雷多尼亚学院历史系副教授

陈　利

加拿大多伦多大学历史与文化研究系、历史系副教授，兼任法学院副教授

陈丹丹

美国纽约州立大学法明代尔技术学院历史、地理与政治系副教授

Topic1. 国内的非虚构写作平台是如何实践的？风格、写作者、受众群、题材有哪些变化趋势？

邹思聪：我曾在《亚洲周刊》和端传媒做记者和编辑，对于非虚构写作很感兴趣，也在尝试写作，做的多是报道、评论的编辑，和学界、媒体都有联系。

非虚构写作是一个很大的概念，现在国内各大平台都有非虚构写作工作室，如网易“人间”、“谷雨”、个人非虚构写作平台“中国三明治”等。项飙老师曾在采访中提到中国近年的非虚构写作是非常有意义的事情，这引起了我对人类学家重视非虚构写作的关注。

以我做口述史的经历，不同于专业的历史学者，对于当事人的记忆、经历，我们会承认其有效性，认可每个人口述内容的价值。网络上有大量非专业的非虚构写作者写出自己的非虚构故事，这种方式实际上在正当性上承认了每个人都可以进行非虚构写作。

在我看来，除了像“谷雨”这样专业机构的写作，人物的回忆录、传记，包括很日常的写作，都可以被归类为非虚构写作。我也想知道，学者是怎样看待非虚构写作的，学者是否能够进行面向公众的非虚构写作。

项飙：在我看来，非虚构写作可以粗略地分为故事性和叙述性两类。

现在大部分的非虚构写作是故事性的：有一个事件、情节在里面，是一种“story telling”，也就是历史学家讲的，人类和其他动物最大的区别所在。

而跟讲故事不一样的是叙述性，“narrative”。文章是一个叙事，不一定有情节，但会对某个状态或某个问题有一定多面向的、总结式的报告。这跟中国20世纪二三十年代至80年代非常流行且重要的报告文学很相近。

这几年，我对“附近”的问题比较感兴趣。重新塑造“附近”这个问题就跟叙述有关。叙述是把多面的、看似分散的事情重新放在一起，构造一个意义上的结构和秩序。历史就是一个叙述，把事情根据流程和逻辑进行排序，这是比较重要的工作。

重新去想象一个生活的构造、生活的意义、“附近”世界的构造，可能都离不开叙述。这种叙述通过线上的非虚构写作，是不是会沦为眼球经济、注意力经济、流量经济的一部分？抖音、快手也在说“附近”，但是跟我想象的“附近”好像是倒过来的，是通过视频把“附近”给碎片化、

夸张化了，并不是讲一个多样社会关系的构造。比如小区里面的阿姨、清洁工、门卫、保安，还有小区外面的商贩，这些人之间是什么关系？这是“附近”研究所要探究的。但眼球经济下面的“附近”、身边的事情，跟这个是倒置的，就是把一些片面内容夸张，不是看联系，而是看事件本身，突出事件的独特性、政经性。

非虚构写作如果变得越来越故事化、事件化、吸引注意力的话，会不会违背了非虚构写作本身的原则？我不知道是不是有这个趋势，有没有什么办法避免这种影响。

过去的长篇报道、报告文学，还有像西方《纽约客》的 Long Form 、《卫报》的 Long Read，评论性比较强，这些在社交媒体兴起之前非常重要，就像报告文学对中国社会的影响，是怎么评价都不为过的。但在网络时代不知道这种传统是不是不可能恢复了？或者说这在网络时代很难实现？

对于非虚构写作在中国的发展，特别是以网易“人间”为例，我很想知道的是，这六年中你们看到了非虚构写作呈现一种怎样的趋势、有哪些变化？

沈燕妮：我是网易“人间”工作室的负责人。谈及中国非虚构写作的变化，我从 2009 年在《南方周末》实习起开始关注各类媒体的内容生产，在网易“人间”出现之前从未有任何一个平台，真正让各行各业的普通作者广泛书写、投稿，并对写作内容进行大量传播。

6 年中，从我的工作经验来讲，非虚构写作的风格在某种程度上是这个平台自身确定的风格。一开始我们会考虑大家希望在“人间”平台上发表怎样的作品，在大量的投稿中我们会努力筛选，也会经常反思：作为一个媒体，我是不是把诠释权收到了自己手上？

每个人想讲的故事都不太一样，作者通常为普通人，教育经历、成长经历跟编辑们完全不同，作者觉得写的内容很有价值、应该被所有人看到，但是编辑没有选中，是不是因为编辑在把控内容传播场域方向时，将诠释权收到了自己的手里？

我十分担心，出于编辑个人的偏好把这个平台的题材窄化，这些年我们一直在努力避免这个事情。在某种程度上，作为一个普通人，很多时候社会没有给我们主角的立场，我们自己也缺乏主角的意识。“我”能不能成为一个讲述者，“我”能不能成为一个写作者，并成为一个让大家听“我”说话的主角，一直以来这件事情对于大多数作者、读者来说，还处于慢慢建立的过程。

网易“人间”也是直到第五年时才有越来越多的读者和作者向我们表示：我在“人间”投了很多篇稿子，不少已经刊发了，得到很多读者的反馈以后，我非常开心，“能有一个表达的机会，真好啊”。

大多数时候，作为从业者，我坚持做非虚构写作平台这么多年，让我很开心的事情是给了大家一个表达的空间，这个空间很少有人提及，甚至不值一提，但其实很缺失，也很重要。

抖音、头条号、微信公众号这类媒体上面什么样的人更容易被看到呢？可能是会抓眼球、知道大众都在讨论哪些热点的人。当大家都在关注某一个热点的时候，他们跟上热点，对有可能为自己吸引粉丝的内容进行表达，甚至制造热点引流。但我一直都不希望“人间”搏眼球，也不希望制造热点。大多数热点话题都是建立在激发情绪的基础上的，这可能就违背了我们一开始想要认真讲述一件事情、讲述自己对社会的理解的初衷。

为了让讲述本身变得更加单纯，不管是风格的确立还是向读者和作者阐述的态度，都是希望大家能够真实地、真诚地讲述一些事，用作者自己的语言。编辑不仅不会破坏作者的语言风格，还会鼓励作者尽可能用他熟悉的语言和表达方式来讲述。

随着读者群和作者群的增加，我发现，这些年非虚构写作最大的特点是，大家表达的热情和对于能够有地方表达出自己真实声音的诉求是源源不断地增加的。或许，不同背景、不同职业的人有不同的观点，但是大家对于人类社会很多同理心的东西是一致的，我们有共情、有同感、有共鸣。

游天龙：网易“人间”平台一天或一周的投稿量是怎样的？

沈燕妮：大概一天一百篇。但并不是这一百篇都是最后刊发的形态，其中会有各种各样的样式。但经过几年的观察，投稿量这个数字一直都没有特别大的变化，没有激增或慢慢减退，是一个持续稳定的生态。包括来稿、编辑筛选、跟作者参与修改，到最后上版，整个过程都是颇为稳定的。

游天龙：编辑筛选稿件的标准是什么？网易“人间”更看重什么样的稿件及稿件的哪些方面？

沈燕妮：网易“人间”更看重文章的真情实感，同时希望内容有一定的落点和社会性。编辑是第一读者，稿件要使编辑能够明白作者想要讲述的内容。

一开始，我们需要一个稿子有好的开头和非常好的方向，方向指的是既要符合当代社会性的发展，又要能够共情。但随着时间的推移，这个“门槛”在慢慢往下降。我们当然希望稿子的质量越来越好，但写作的初衷，或者鼓励大家开始去写作这件事情更重要。我们甚至不考虑这个稿子需要有什么，只要内容是真实的，情感是真挚的，通过这个稿子编辑看见了一个能够共情的故事，我们就会第一时间跟作者联系。最终我们会帮助作者，跟他一起实现这篇文章更高的完成度，让更多的读者看完之后懂得作者所要表达的。

但是在编辑的过程中，真实性核查还是会十分严格的。但相比专业媒体，我们在选稿的时候，并没有设置太高的门槛，因为这会让大家丧失表达的积极性，让每一位想要认真写作的普通人没有空间和平台，这跟我们的初衷是相悖的。

Topic2. 非虚构与虚构的边界怎样界定？如何认识非虚构作品的“真实”？

游天龙：严飞老师最近也举办了非虚构写作的学术恳谈会并进行征稿，很好奇，对于收到的稿件是采取什么样的筛选标准呢？

严飞：我和《岂不怀归：三和青年调查》的其中一位作者、中国社科院的田丰老师一起联合新经典，在 2021 年 1 月推出了一个“社会学写作”的写作招募计划，试图通过举办“不一样的社会学写作”项目发现潜在的作者和作品，预计今年[①] 4 月上旬将在北京举办一次线下的研讨会，偏向学术维度，大量招募年轻的学者，包括博士生，一起来贡献有较好的社会学方向同时又涉及非虚构写作内容的书稿。

1 月中下旬发出招募信息以后，到目前[②]为止，有 50 份左右的投稿，不仅仅是完整的书稿，还有一些论文和一些像网易“人间”稿件一样短小的文本。目前还没有进入筛选和评判的流程当中，期待未来可以和大家交流。

我觉得，非虚构写作不是新闻写作，也不是新闻报道，而是对日常生活的深度挖掘。日常生活一定要关注普通人的视角、普通人有血有肉的故事，这个故事可以是长时段历史维度的故事，也可以是短时段的、具有鲜明时代特色的故事，甚至可以是有传奇色彩的、反映时代变迁的、宏大的故事。这样一种写作从定义上决定了非虚构写作和虚构的小说是不一样的。

我在假期读了梁鸿的新书《梁庄十年》。读的时候我非常疑惑：很明

---

① 指 2021 年。

② 指 2021 年 2 月，下同。

显这是一本非虚构作品，但是里面又有虚构的成分在，譬如说其中一些具体的梁庄人物的心理描写，就有虚构的成分在。

我又读了淡豹的小说集《美满》，其中有几篇短篇小说，我读后有一种身临其境的真实带入感。有一篇小说《山河》，描写的是一位女家政工和一位已婚的维修工相爱之后有了私生子，家政工单亲妈妈独自抚养女儿长大。其中具体场景的描写，女儿的心态、对于爸爸的认知，写得非常真实，有些场景让人感觉身临其境。为什么会有这么身临其境的带入感？很明显，背后一定有真实的故事底色在。但是怎样鉴定或者甄别虚构和非虚构的边界，我自己还没有办法把握其中的标准。

沈燕妮：“人间”筛选稿件的首要标准就是真实，我们编辑部会用60% ~80%的编辑时间来做真实性核查，采取采访的方式，希望作者能提供一些真实性证明。这么多年我依旧认为虚构和非虚构还是有非常大的不同的。我希望大家基于真实的、已经发生的事情写作，而不是基于自己的想象。

其实会存在一种情况，大家常常在文章中看见作者在写一个人，描述对象有很丰富的心理活动，这种就是无法通过编辑来审核的。编辑会问作者，描述对象是否告诉了你他的想法，还是这是你的主观臆测？对于这种细节，需要钻牛角尖去追问，这对于平台和读者都是一种尊重。

我们还是希望读者看到的，也是作者所看到的东西，而不是作者想象的。

孙哲：我是一名教社会学的老师，目前在上海做社区研究。谈及非虚构和社会学的关系我认为有另一个方面，就是虚构的问题，恰恰是这一点特别有意思。作为一名社会学学者，我们感觉非虚构有真实的、客观的边界，但我们现在遇到的问题是，在现实当中发现了非常丰富的社会事实，如果拘泥于一种学术规范，尤其是在定性研究中，带来的阅读体验并不好，虽然确实保证了知识的稳定性、学术性、规范性，却损害了传播力和解释力。社会学家的冲动在于写虚构作品和小说。我一直都在做很多定性的访谈，个人感觉学术规范很难真正地表达真实，但很多新小说家具备社会学的想象力，有社会学的视角，作品中是另一种超现实或超真实，包括科幻小说。

我们首先从很有名的《三体》来看，刘慈欣在里面塑造了宇宙社会学，我很尊重刘慈欣，他的语境在某些社会结构的思考上非常非常有想象力。我们如果把社会学的想象力放到第一位，是否能够打破虚构和非虚构的边界？就像严飞老师刚刚讲的，某些小说当中的真实性会更强，而在田野中发现的真实的素材未必能用。不管是生动的非虚构作品，还是学术非虚构作品，我觉得需要用社会学的想象力来打破虚构的边界。

项飙：我不是特别同意孙哲老师讲的“虚构和非虚构的边界可以打破”，因为非虚构写作确实需要很多创造性，它一个很重要的创造性就是来自它的局限性，你的所有的想象必须来自你在实证上可以证明的你所看到的东西。

如果说你看到的是一种情绪，那你必须描述它，必须通过实际看到的东西描述出那个情绪。我比较担忧的一点是，在中国公共场域和思想领域里面，人们经常在看不到的东西里面看到东西，产生了各种意识形态化的、很抽象的东西。网上的情绪为什么变得大起大落，或者产生观点上的断裂、紧张和对立？很多都是因为大家在没有看到的东西里面看到了东西，凭空进行情绪化的想象。

Topic3. 谁是非虚构写作的写作者？写作者带着怎样的视角进入非虚构写作？精英的视角，还是底层的视角？

严飞：非虚构写作的写作者，大体上可以分为三类。

第一类，写作者是新闻记者。例如袁凌写的《青苔不会消失》，这本著作就是很典型的非虚构作品，书中选择了12位底层人物，写出了他们的人生故事。

袁凌本身就是一名新闻记者，再结合他中文系的背景，具有非虚构写作的视角。今天很多栏目、平台都有这样的专业记者进行非虚构写作，写得气势磅礴，非常具有穿透性。

第二类，写作者是日常生活的亲历者。他们可能就是网易“人间”平台每天会接触到的大量的普通投稿人，写出自己身边的故事，这是完全生活化的场景。

第三类，写作者是专业学者。我觉得社会学家也可以进行类似的非虚构写作。我特别推荐普林斯顿大学社会学系教授 Matthew Desmond 的作品 *Evicted: Poverty and Profit in the American City*（中文译本《扫地出门：美国城市的贫穷与暴利》，该书曾获2017年普利策奖创意类非虚构奖），该书从头到尾都是以非虚构写作的形式对城市中被驱逐出去的弱势群体的生活状态进行白描。但是在写作的过程当中这本书最大的特色是加入了研究的反思，包括研究方法的反思、自我浸入的反省，以及注释中大段的文献回顾和数据展示。这种学者视角的浸入，在当下中国社会的非虚构写作里是非常稀缺的。

目前大家普遍采用底层日常平民化焦点的视角，非常打动人心，但是我认为这样的视角会带来更多引申的、延展的问题。比如，既然都是底层的、平民化的视角，应该怎样把底层化视角进行抽离、总结和深化呢？

沈燕妮： 像严飞老师讲的，普通人的写作只是看到“我”身边某一个感兴趣的或者“我”想写的事件，并没有更深入地思考它的社会学意义。但作为社会学学者，是不是在写一个感兴趣的故事的时候一定要在一开始就设立一个初衷和目标：我在写作过程当中要去表达什么，最后形成一个清晰的指向，让我的读者都明白我想要表达的呢？

“人间”刊发过一些媒体人的记者手记，涉及新闻事件及记者与新闻当事人的沟通，文章通篇是以这个记者他本人的视角来看待和描述这个新闻事件，故事的写作者就是记者本身，而非新闻当事人。

由此推之，每一篇非虚构作品的作者、每一个故事的讲述者，就是写作者本身。在写作视角上，我写我的妈妈，我是写作者，这个故事就是我的故事，不是我妈的故事。

之前有一个美国的人类学家，她写了在非洲某一个部落里生活的自己外婆的故事，书中记述她的外婆过得很惨，在部落里从小被买卖，被迫充当母亲和生育工具的角色。但等到她写完再回去跟外婆进行探讨时，外婆骂了她，外婆认为自己这一生有很多幸福的事，很快乐，作为外婆、母亲、家里的长辈都很幸福，为什么在书里面把她描述得这么惨。这个作者重新思考这个问题，又引发了新的讨论。

我作为一个非虚构作品的编辑，能从故事当中看到作者写的不是她外婆的故事，而是她作为一个女性在看待和讲述她身边的故事，只不过外婆是她接触到的一个人，成了她的一个例子。

所以，一个故事真的属于当事人本身吗？未必，记者可能写的就是记者本人视角下的世界。梁鸿老师写的梁庄，看上去写的是梁庄女孩们的故事，但我个人认为，这其实表达的是梁鸿老师眼中的梁庄。

如果真的要探讨当我们写作时站在什么样的视角，是精英视角还是大众视角，我倒觉得没有必要，每一个人都站在自己的视角就好。“我”看这个世界，“我”写下来的东西，就是“我”眼中的这个世界本身。我不是很鼓励作者在他自己的写作和观察身份上有所困惑，就写自己看到的就好。

只要作者真心这么觉得，他所描写的东西，就是他看到的这个世界本身的样子，在这个基础上，身份和视角问题就不是那么重要了。每个人写作的时候用了自己的语言表达，这个语言就是我们自己拥有的本身，来自每一个个体。

Topic4. 作为群众运动的非虚构写作的重要意义

项飙： 目前出现了两种非虚构写作，一种是作为群众运动的非虚构写作，像燕妮提到的网易“人间”的路线；另一种是作为思想交流的非虚构写作，涉及作为公共知识分子和公民的学者怎样进行非虚构写作。这两部分的差别确实很大，还是区别对待比较好。其中有很多实践上的、物质上的区别：学者进行非虚构写作，以出版的形式或在比较重要的平台上发表，要求可能都是不太一样的。

学者慢慢探索相对容易，我个人更感兴趣的还是作为群众运动的非虚构写作，我很关注怎样能够继续这种群众运动式的非虚构写作。燕妮刚才讲的“公众的表达欲很强”，我们该怎样保护、利用好这种趋势，让它持续下去，再慢慢积累出一些有意义和价值的东西。

天龙刚才讲到，学者应该有公共的责任，但同时学者也很需要提高学习能力，思考怎样更好地从社会大众的非虚构写作里面学到东西，采用学术写作和非虚构写作的形式提高思考质量。学者即便想要进行非虚构写作也经常会失败，原因就是没有看到社会发展中间的要害，在很大程度上是被语言、被框架、被理论教条给束缚住了。学者要想写出更好的非虚构作品，非常重要的是要从群众性的非虚构写作里面获得灵感和材料，要大量接触这些灵感和材料，知道各种各样的视角。

我认为长期的群众运动式的非虚构写作不仅会提供语言和思考的基本材料，也能够通过写作实现心理治愈。我希望通过写作逐渐地改变，往哪个方向改变是不可预测的，也不能规划，但是会慢慢发展出更丰富的意义，发展出更多样的反思能力和愿望。

我觉得群众运动式的非虚构写作是三四十年以来高速发展的中国社会在捕捉自己身边的情况，并用比较精确、细致的语言讲述出来。但是这个捕捉、反思、化解这些问题的能力是需要实践的，可能写作是其中的一个工具。

孙哲： 非虚构写作者采取的视角，我自己的感受是对话性的视角。真正打动我的是，写另一个人的故事时其实是在写自己的故事。不管哪个阶层，通过虚构或者非虚构写作实现一种对话，这个都是更有传播力的。项飙老师的出圈也是因为采用了对话的方式，对话的方式更能被接受，而且更有主体性和创造力。

杜鹃： 大家好，我是杜鹃，也是一位社会学研究学者，跟天龙一样，是研究华人移民问题的。关于立场和视角的问题，我记得当年有一篇非虚构文章是关于庞麦郎的《我的滑板鞋》的，其在爆火的同时也有很多批评，很多人看了之后觉得不舒服，认为是在用鄙夷的眼光看底层出身的人。在这里我想要探讨一下写作者要怎样去反思自己的写作立场，怎样看待被书写的对象，写作者和被书写者之间有怎样的关系。

沈燕妮：关于庞麦郎的那篇文章，我们能够看到作者写作的时候，自然而然会带着自己的视角和立场。这些视角和立场我们不能说它不对，或不应该存在，只是需要思考，是否适合在公共平台上刊发——这是编辑筛选需要进行的一项工作。我作为平台的编辑，作为一个把关人，还需要去多思考一层：作品中的视角和立场，是否适合在面向大众的平台上刊发。

杜鹃：刚才听到各位老师都提到讲故事，我刚进行社会学研究时，老师们特别强调讲故事。他们说讲好一个故事，背后是有一个逻辑的。对于非虚构和讲故事，我个人倾向于从社会学的角度来看，每个人都不是孤单的，生命轨迹中都穿插着一些公共事件的痕迹，故事中都具有一定的公共性和社会性。我个人喜欢写作者所写的个人故事中有很多公共性的内容，从更高的公共性的层面触动我。

此外，作为社会学者，我们在某种程度上属于文化精英阶层，研究对象是偏底层的人群，跟他们交往的时候，只要我们放低姿态就会发现，有的时候作为学者，我们的语言是很贫乏的，但群众的语言是很丰富的。

我做研究时遇到一群人，他们是在巴黎拾荒的一群人，我没有把他们写进论文里。我可以把他们写成《悲惨世界》里的人，但他们的生活是多面的，并不是只有悲惨的一面，需要去看他们的生活的各个方面。我认识的一个拾荒大哥，他会跟我讲很多好玩的东西。他说早上坐公交车时，公交车司机有时候会把他们赶下来，嫌他们带的东西很大、很脏。他们管这些车叫“夜猫”，很可爱。他也会跟我说，有时候摆摊的时候占道被警察赶，会说成“老鹰抓小鸡”“老鹰又来了”。如果沉下去，思考怎样用他们的语言描述他们的生活，就会看到他们的语言非常丰富，在这些丰富的语言里，也可以看到他们对生活的态度，这一点也很重要。

沉默的群体也值得关注。我去研究时跟一些研究对象说我对你的工作感兴趣，他会沉默，有的时候他不愿意发声。后来我去想原因，有时候他们自己处于一种社会性结构里，认为自己的工作是没有价值的，他的生活经验是不值得被分享的，没什么可说的。但是其实不是的。在这种情况下，如果他们不愿意说，或者看不到自己的生活，研究者能做的是什么？在某种程度上就是尽量用他们的语言去描述他们的生活，并且给他们一定的尊重。

严飞：我想附和一下杜鹃老师的“想听见的是真实的群众的声音”的

观点。我觉得不一定是群众的声音，而是生活的声音，或者听见生活本身。

我们自己经常在田野调查中有一个深刻体会，实际上我们常常会很担忧怎样进到田野中去，怎样打开话匣子，怎样深入地进入被访者的内心世界。可实际情况往往相反，被访者有非常迫切的倾诉欲望，需要去讲述他们的故事。这个时候我们反而不再是一个学者去做访谈，而是变成了被访者倾诉的对象。

我自己无论是在历史维度社会调查的田野口述史，记录村庄，或者家族历史的口述史的研究中，还是在针对社会的底层、社会弱势群体口述史的研究中，在所有田野调查中都有这样一个深切的体会：被访者真的有倾诉的欲望。他们把他们的故事倾诉出来以后，其实他们是发声的主体，我们所描绘的，其实是他们自己讲述的故事，描绘的是生活本身。

沈燕妮： 杜鹃老师提到公共性和社会性，我觉得不仅是学者，有过好的教育经历的人都会更看重一篇稿子背后所带来的社会价值。

其实普通读者也会问这个问题，他们会问你，写这篇文章到底是为了什么？其实做这份工作之前我是记者，我跟大多数普通读者没有直接的交流，做了这份工作五六年之后我发现，大多数读者和作者还是会去探寻，或者试图通过编辑选择了这篇稿子来探讨为什么“人间”要发这样一篇文章，想要表达什么。而编辑会期待看到一些读者的评论和回复，看看他们有没有真的捕捉到我们想要表达什么。

这是一个很小但很有趣的游戏，有点像“在人群中寻找懂得你的这个人”的游戏。

Topic5. 非虚构写作带来哪些变化？对学界有什么启发？

项飙： 非虚构写作的兴起，令我感兴趣和受到鼓舞的是抢救语言的问题。长期的教育等文化习惯，包括中国社会里的精英崇拜文化，造成老百姓讨论问题时没有一种语言能够把自己的切身感受和宏大的事情联系起来。讲到大的事情，马上使用官方语言；而讲到自身经历，只是简单化地将其还原为一些利益关系。

最典型的是各种赔偿问题，各种纠纷本来都是很复杂的，涉及什么是正义、什么是情感、历史因素等很复杂的事情，但最后都是空谈，只在探讨利益和金钱关系。对于宏大概念或事件的表述话语没有比较有效的、有机的表达方式，缺乏深入浅出地将复杂的事情和道理说明白的话语体系。这种话语的缺失使得老百姓觉得生活没意思，造成很多失重感、失方向感，导致人没有一套语言系统来把自己的生活精确地表达出来，说的内容、想的内容、自己做的事情，不同场合表达的内容都不一样，人会感到疲惫。

我作为社会学、人类学学者，注意到这种“有机语言”的缺失给学术研究带来的障碍非常大。学术研究在采用有机的、生态的语言讲述深刻的道理方面，做得还不是很到位。很多学术文章都是在套词、套概念、套框架，没有讲道理。

还有一个比较有意思的、比较大的变化是，外交部发言人发言中的语言转换。相比十年前、五年前，现在的发言采用大量日常语言进行对外传播。但对内，我们讲自己的事情的时候却没有自己的语言。学术研究里也存在这个问题，这可能是我自己很不准确的印象。我认为如果缺乏那种语言，很多问题没法阐释清楚，只是在套用和重复。学界都说要对理论进行修正，但那个修正显然是很机械的。

没有有机的语言就捕捉不到真实生活里面产生的矛盾、新趋势和新的机理，而仅是套用说理论不够精确、修改词句，意义不是特别大，老百姓也不一定需要这些词句上的修改。

游天龙： 项飙老师前几年在北大做了一个讲座，提到非虚构写作是一种原生态的、原初状的民族志写作。之前我把学术写作，包括民族志写作在内的学术写作和非虚构区分得比较清楚。但项飙老师提醒我，这两者的共通点可能大于它们的差异。我觉得学者做的社科研究，特别是质性研究，应该让普通人也能理解，而不仅仅局限于学术圈内部的交流。现在很多社会学者或者人类学家喜欢构建新理论，但往往脱离了实证，研究论文能发很好的期刊，但是对于大众、对于社会的贡献非常小。

有些学者不屑于把平常他们田野当中收集来的数据、观察到的故事，让更多的读者了解，只局限于各种评审机制期刊、SSCI 的发表，没有社会学家所应该具备的社会情怀。我们应该可以做更多的事情，但是我们只把自己局限在小书斋里面写一些这样的论文，既没有社会影响，在某种程度上也贬低变现行为，对于这种情况应该做出调整。

我个人曾在燕妮的鼓励下写过非虚构作品。我之前是做移民研究的，见过各种非常悲惨的、非常戏剧化的或非常好的结果，人生百态的经历如果变成论文，就会把非常丰富的故事变得非常干瘪。这种论文在学术圈内看来是有价值的，对于评职称是有作用的。前几年美国特朗普政府反移民非常严重，学界虽然发表了一篇又一篇论文指责特朗普，说政策会导致不好的结果，但是这些论文真的生产出来以后，对社会大众产生的共情和影响，几乎是可以忽略不计的。

我在移民学术圈看到大量产出的论文，但没有看到哪篇论文能够对美国政界或者舆论界产生影响，哪怕一篇非常好的纪实报道也没有。这两年的《大西洋月刊》（*The Atlantic*）、《纽约时报》（*New York Times*）都在美墨边境做骨肉分离或特朗普政府内部如何操纵移民体系的报道，报道产生的效果远远大于论文。学者写不出这样的内容吗？很多学者，特别是移民学界的学者，掌握很多第一线的知识和非常丰富的素材，但是他们不会写非虚构，只会写民族志，写学术性的民族志，然而学术性的民族志流通的范围非常狭窄。

学界很少有项飙老师、严飞老师、田丰老师这种能够出圈的学者，让更多的读者认识到、关注到原来中国还有“三和大神”这样的事情。严飞老师之前研究过北京的 floating dream（悬浮时代下的都市新蓝领、城市务工者的生存状态），这样的非虚构写作远远比论文更有价值。我们的很多学者放弃了社会责任，其实学者应该更多推演公共层面的角色，并承担职能。

邹思聪：我之前读了《扫地出门：美国城市的贫穷与暴利》《岂不怀归：三和青年调查》和项飙老师的《跨越边界的社区——北京“浙江村”的生活史》。《岂不怀归：三和青年调查》从一个故事性的开头开始，接下来是一个比较标准意义上的、类似于社会学论文的对于各种概念的介绍，比如说对二房东、人才市场、日资月结的工人等概念会分章节说清楚。项飙老师的《跨越边界的社区——北京“浙江村”的生活史》，包括《全球“猎身”：世界信息产业和印度的技术劳工》，都是标准体例的社会学学术论文的格式。《扫地出门：美国城市的贫穷与暴利》那本书，从非虚构的角度来说，算是一本标准意义上的非虚构作品，因为有大量的人物故事，而且这些人物故事的章节之间具有连续性，第一章出现的人物会在第三章或者结尾出现，在一本书中，包含在某个时段内完整的人生，在哪个街区、怎样被驱逐、怎样带着自己的孩子离开、住在车里面等。《扫地出门：美国城市的贫穷与暴利》在我的印象中，和我读到的传统非虚构作品又有点不同，它不仅仅是讲悲惨的故事，或者底层的故事，没有完全局限于一种故事原型当中，如英雄主义的、悲惨的、悲剧的等。在这本书中，我可以读到社会学家或人类学家比较独有的问题意识。在这样一个被损害、被系统性侮辱的环境当中，一个有色人种的穷人家庭，在法律、银行制度、房屋出租等方面，我能够读出来在那样的环境中，在被系统性排斥，一个这样种族、阶层的家庭，只会越来越穷、越来越糟糕，所在的街区，也是被人为规划的。当我读的时候，我感到这样一种问题意识，是我们做记者比较缺失的。许多专业记者也许可以讲出比较好听的故事，但是在回归某一个问题时，可能有时候会缺少问题意识，或者意识到了问题，但是讲不出来，会出现这样一种情况。

严飞：我补充一下思聪老师说到的问题意识。今天论坛的主标题是“非虚构写作的社会意义”，既然提出这样的标题，相信大家已经预见到非虚构写作目前的情景。相信燕妮老师更是深有体会，她每天接触到大量非虚构写作的投稿，基本上都是一篇篇故事，怎样选择一个好的故事、动人的故事，变成了平衡的标准，也许其中更加需要一个社会科学的视角切入。

对于《扫地出门：美国城市的贫穷与暴利》这本书，我读后感触最深的不仅是如同思聪所讲的“带有社会科学的问题意识”进行长期的学术观察，同时它所有的脚注都是非常严肃的，有点偏向于理论维度或者论文题材式的论文写作风格和反思，包含数据的呈现、比照和分析，这一点是在普通的非虚构写作当中无法见到的。

我还特别喜欢黄灯老师的《大地上的亲人：一个农村儿媳眼中的乡村图景》《我的二本学生》等作品，最早的写作来自她自身经历的呈现，白描式的呈现，这两本书把大量的故事平铺直叙地、白描式地呈现出来，这种呈现在梁鸿老师的《梁庄十年》里也有，但其中唯独缺少社会科学深度的反思：第一点是我们的问题在什么地方，我们为什么关注这些问题？第二点是研究方法是什么，为什么这些群体如此重要？第三点是这些人背后有着一种什么样的结构性的动因？这些群体是一个个个案，同时又是一个时代的代表，是今天这样一个撕裂的、断裂的、悬浮时代的代表。我觉得社会科学的写作意义就在于此，可以不断地、更好地总结这些个案、代表的声音和故事，总结并推演时代的弊病，或者对时代发展特定时间段中一道特定的裂痕进行有深度的分析，而不再只是平铺直叙地白描。

我非常同意思聪老师说的，新闻记者有非常好的写作才华和故事，学者有理论的提炼和方法论的关怀、框架，如何把这两者结合在一起进行更加有意义的、有价值的非虚构写作，这应该是未来一个积极的方向。

Q&A

关于“附近”

孙哲：最后，我有一个小的问题问项飙老师。我也在做社区研究，“附近”这个词确实是现在被做社区和社群研究的人更多地用到。当我们说“附近”的时候，至少我看到很多人又会回归到一种田间的熟人社会的浪漫想象，包括大院的想象。对于真正的“附近”，我同意“附近”的多样性，另外一点，我们提出现在社会的“悬浮”，或者流动当中的“附近”

的时候，它的新的一点在于什么？我比较在乎新的一点。这个“附近”在城市化的中国中，新在哪儿还是要回归到传统的想象当中来。

项飙：首先，“附近”肯定不是回归，因为原来那个在单位制下的大院，本身也不能叫“附近”，其中同质性非常强的是同事的感受，后来大院单位制解体之后，我们感受到的很多社会伤害也与此有关。现在你去采访很多大院里的人，他们当时的那种优越感，对社会差别认识的有限程度，导致了他们要么对其他群体有误解、非常鄙视，要么对自己的地位感到失落，因为大院很多下岗员工，特别是大的国企经济的衰落，造成很多问题。

高度一致性的社区建设，其实是“附近”概念所反对的。现在的社区建设本身不是问题，“社区建设最后 500 米”的说法政府也在提，各种互联网大厂、快递、物流公司都在提。“最后 500 米”是社会控制的关键，也是赚钱的新经济的利润来源，小区搞得越来越好，狭义上的社区建设，我觉得不是问题。问题是说社区里面和社区外面的关系。社区里面的人、门房外面送外卖的骑手、门口摆摊的这些人之间的关系是“附近”要去捕捉的内容，“附近”的新意在这里。

城市讲起来就很多了，整个空间构造是外界抛给我们的，很多大楼建好了，我们个人觉得自己的生活也都被抛进去了，当然并不是随机的，有多少钱，能够买什么样的房子，是跟结构有关系的。但是大家搬到这个小区里面来，互相之间都是不认识的，这是很随机的，被抛在一块儿的感觉，小区里面的人在经济地位上是非常同质的，跟小区外面的人又是很隔阂的。这种完全被抛在一块儿的感受在人类历史上是比较少见的。其实“附近”并不是要去克服这种“抛在一块儿”的感觉。相反，“附近”是说怎样能够利用这种感觉。反正大家都对传统意义上的“土地”“建筑”没有什么深厚的感情，都是刚刚搬进来不久，反而从这个地方出发，发挥主观能动性，去认识邻居，认识门外面开理发店的大姐，了解她家孩子上学怎样，认识修车铺的人，这样就形成一种多视角。今后在讨论问题的时候，讨论公共政策问题的时候，包括疫情要怎么预防，教育要怎么进行，在讨论这些的时候，就会想到你认识的“附近”的这些人，这样至少看问题的角度会丰富，也会比较客观。

“附近”，作为一个 skill of knowing，我觉得其实是 skill of seeing。skill 是看世界的层级，“附近”是一个舞台，要通过大脑去塑造出来的舞台，这个舞台里面应该有各种各样的力量，然后你要去“看”。首先我们要做的其实是主观意识到这件事，然后去看自己的生活，看自己身边生活的兴趣和能力。什么叫“看”？大家提到的《扫地出门：美国城市的贫穷与暴利》，我从他那里学到的就是“从看到的东西里面看到东西”。这是我觉得非虚构写作比较重要的一个点。

“附近”也是一种要训练的能力，要在看到的东西里面看到东西。首要的是，对看到的东西不要熟视无睹。我们现在最大的问题，特别是年轻人，对于身边的事物熟视无睹，但是对于非常遥远的想象的事物，有很多说法，希望带来改变。在这个意义上，“附近”和非虚构写作基本上是一个问题，因为非虚构写作必须要写“附近”，要写你熟悉的东西，才会写得比较有意思。

原来所谓“追求崇高”，这种抽象的、无处安置的激情在社交媒体时代很容易被点燃，很容易膨胀，我们自己深耕的实际生活会越来越稀薄，大家到时候都会背着人造氧气桶呼吸，而没有能力去呼吸自己身边自然的空气。

邹思聪：很感谢“附近”这个概念在去年被提出，并且引发公共关注。这次回家我和外婆聊了很多，项飙老师说的“有机语言”，我在她的叙述中有所体会。很多的俗语、俚语，我没有听过。她今年 81 岁，聊天过程中讲述的人生，像是在一个巨大的平面上，没有时间性，诸多历史事件仿佛发生在同一个时间段，上一秒是国民党后期“吃光队”在村子里出现，下一秒是“反右”中哥哥决定不读书了，接着就是“大搞钢铁”，我需要不断地追问是什么时候的事情，但是她用家乡话讲得很生动出彩，让我非常意外。因为她一生中唯一会写的几个字，就是她的名字，还是后来我妈妈教她的。作为 90 后，一直往外走的教育和工作的人生经历，让我们很少回头来看自己的故乡和家人，而且在我的家族中，多半也是听叔伯、爷爷、外公等男性讲得多，像姨、姑姑、外婆、奶奶等，我听得很少。但因为“附近”这个词，我意识到了这个问题。

此外，我想分享关于我家乡的另一个案例，我是从他人身上看到的。如果只关注我自己所处的城市，以及我的家庭环境、家族人从事的工作，你看到的可能是一个三峡移民小城市迅速发展，有样学样地模仿一线城市的经济发展、拆迁和房价的故事。而在深圳工作时，我遇到过一个关注深圳城中村打工者的建筑师，他在深圳城中村认识一个我的老乡，是 90 年代来深圳务工的农民工。这位农民工 90 年代出来，在深圳的城中村改造的士绅化（gentrification）中遭遇过驱逐和搬迁。而他用挣得的钱，到老家镇上买了房，从村里搬到了镇上。然后现在小城经历改造拆迁，乡镇变成街道办，他又即将面临另一次拆迁和驱逐。所以实际上，作为一个中国农民工，他在两次城市化的过程中，都经历了同样的事情。这种民间叙事显然和官方叙事是不同版本的叙事。我在这个过程中受到的冲击是很大的。

关于非虚构与历史学的关系

范鑫：从我个人来说，作为历史学家，我看非虚构作品时是很难把它当成原始材料使用的，我可以分析它，但是不把它孤立地、单独地进行分析。若干年以后，我们怎么去看非虚构写作？我想请各位老师分享一下对这个问题的看法。

我当然特别欣赏沈燕妮所做的工作，作为一个编辑，帮助大家实现非虚构作品的出版。其实我的问题在于各位专家，各位社会学家们，你们对于“人间”非虚构写作的繁荣，承担着什么样的社会责任？

这里我举一个例子。刚才大家提到比较多的是《扫地出门：美国城市的贫穷与暴利》这本书，这本书对我产生了很大的震动，但是美国的非虚构市场是比较多元的，一方面有像《扫地出门：美国城市的贫穷与暴利》这种特别好的作品，另一方面《乡下人的悲歌》（*Hillbilly Elegy*）在美国社会也引起了非常不同的反应。所以我想，如果是非虚构的话，对作者不能要求过高，因为他们毕竟不是经过专业训练的作者，但是反过来说，这个作品发表以后，会产生巨大的社会意义。

如果从这个意义来说，作为社会学家，包括公共知识分子、思想家、学者，我们的社会责任是什么？我们是站在群众当中一起为这件事情欢呼，为有不同的观点出现而高兴，还是说我们作为一个社会精英，或者作为一个专业作者的群体，我们承担的责任是去鉴别、批判、剖析，甚至揭露一些非虚构的作品？

项飙：我们要做什么事情，总是要审时度势，根据现在的实际情况决定自己的策略和战略。以现在的情况，当然我是觉得中国华语的非虚构作品越多越好。要担起这个责任，我觉得现在的学者首先是要学习，我们的责任是我们要有比较好的、深刻的思想，思想清晰了，比较深刻了，怎么讲出来都是有趣的，大家一听就能明白，有真货的话，自然你的作用，我们作为社会学者的作用就会发挥出来。现在社会学者好像没有发挥作用，并不是说社会学者们不积极，可能是我们的学习不够。

首先我自己觉得，第一任务不是要给别人什么指导，我们要感谢网易“人间”提供这样的平台，让我们有这样一个学习的机会。刚才有一个共同的问题，你写的东西怎么把一个结构性的、比较大的场景带进来？这个东西今后历史的客观性、材料性怎样体现？我是觉得非虚构写作今后，特别是对于今后的历史研究来讲，最大的价值不是这个材料本身，最大的价值是它在这个材料里面反映出来的情绪，反映出来的这个视角。非虚构写作今后是一个很重要的资料来源。究竟发生了什么事情，以档案、政府对大数据的保留，客观上出现了什么事情，都可以比较容易查，但是人们的感知是怎么回事，这一块儿也是需要保留的。

那么，关于非虚构写作的个体微观经验，比较宏观、多样的经验怎样交融在一起的问题，也非常重要。因为写作是一个手艺活，就像捏泥人一样，怎样把不同的色调捏在一起，有自己相对的风格，形成一个整体，这个今后我们可以开一个写作班进行讨论。

但是作为群众运动的非虚构写作，这个是我个人的兴趣，我觉得不用建议他们怎么考虑这个问题，不用考虑怎样把个人的经历和大的情况挂钩。作为群众运动，就是要直接性，最重要的就是直接感知。但是这里的直接不能过于个人，群众也是有直觉判断的，把一个故事写得过于个人的话，读起来是没有味道的，生活里面的逻辑本身就是有互动性的，肯定有各种矛盾，多方的力量在一起，才形成一个故事，才形成一个事件，这个多面性会很自然地体现出来。至于挂钩，这里的社会学想象，我以前也提过，有一点包括我自己在内，主要是对我自己的一个反思和批判，也是让我自己很愧疚的批判。我觉得像我这样读书读出来的人，其实是社会学想象力过剩，看见一个什么事情都挂钩，通过挂钩，呼啦呼啦一个框架写出来一篇文章。挂钩是什么，很多都是想象，所以不懂得在看到的东西里面看到东西。

我曾经也好奇问 Matthew Desmond（《扫地出门：美国城市的贫穷与暴利》作者），他的写作过程是怎样的。他说他读了很多小说。首先他写得好，是因为他个人的经历，他父母也被赶过，他跟他女朋友要去那里临时造房子住。其次，他说对他而言读小说很重要。

我问他在写法上是不是吸收了小说的一些写法，他说不完全是这个意思。他说其实他从小说家那里学到的东西，刚好就是“不要去做虚构”。小说家非常看重的，就是要对真实细节高度精确描述，他说你要去看一个人，你去描述坐在你对面的那个人，他的衣服是蓝色的，是哪一种蓝，那个蓝的新旧、颜色的色调是什么，要精确到那个程度，他自己这么训练自己。其实基本我们觉察到了需要的是一种外科医生式的训练，是一种工匠式的训练，这个我个人是比较想鼓励的。

功夫绝对来自细节，对于小的细节的精确描述所蕴含的力量是具有爆发性的。但如果去挂钩——把一个小的东西跟大的时代精神挂起来，那个东西就是很可疑的。从我个人阅读的体验来看，这就没什么意思了。现在供你挂钩的“钩”到处都是，整个意识形态，文化霸权的意识形态就是给你很多挂钩让你往上挂，让你自己往里面套，那是很容易做的。

当然你要知道这些背景，相对保持独立，盯着一个厨房里面的场景，在那个厨房里面，他的叹息，他说话的语调，当然还有他讲的内容，他为什么讲这些东西，从那些细节里面看出东西来。这个是沈燕妮最早问到的——希望看到什么？作为读者，我是想看到这些东西。

严飞：从历史的维度如何去理解非虚构写作，我有两个案例分享。一个是王笛老师的《袍哥：1940 年代川西乡村的暴力与秩序》，书中大部分资料来源于燕京大学学生沈宝媛于 1946 年完成的一项社会调查，这项调查变成了今天学者们再进行研究的文本载体。另一个则是两位已故的人类学家——武雅士和芦蕙馨夫妻，他们在 1950 年代对台湾的下溪州做了大量的下溪州村庄儿童的观察访谈，留下了很多迄今为止都没有发表的上千页的田野笔记，包含对两百多个小朋友的生活点滴的记录。今天我知道有人类学家正在利用当年的这些文本资料做深度的研究，我觉得这就是非虚构写作的历史意义和价值。

游天龙：社会学或者非虚构侧重于微观观察，希望看到不同群体的对比，让写作更有张力，其实现在社会学一直有定量的传统，定性只是我们的一部分，定量、定性的结合，现在在社会学研究里非常普遍。我们自己很早就意识到，如果只是部分观察，很难得出一个具有普适性的理论或者具有解释力的概念，所以现在我们也在试图去解决这方面的问题，而且已经有了一些相当好的作品出来。但是非虚构可能就比较难做到像社会学研究这样，在微观和宏观不同层面去进行不同群体的对比，因为他们大多数毕竟是非专业的写作者，而且他们可能就只关注到身边的事情，也缺少社会学方面的训练，所以他们很难达到这样的效果。但是如今一些比较专业的作者写的这些非虚构作品，比如说去年[①]下半年，当时有一个很火的爆款文章《外卖骑手，困在系统里》，这篇文章就是一个非虚构作品，但是作者采用了非常系统学的方法，采访美团、饿了么的骑手，通过反映他们的生活体现他们是怎么被困在算法之中的。这篇文章取得了非常好的效果，写作者后来又进一步接受采访，讨论他们是如何做这个研究的。

甚至我觉得像去年瑞幸被浑水做空的那篇报告（《瑞幸咖啡：欺诈 + 存在根本性缺陷的业务》）就是非常有价值的社会学研究，派了很多人去

① 指 2020 年，下同。

瑞幸的店里面观察每天的客流量是多少，通过一系列非常严谨的定性的方法，写出来的报告虽然看起来有点枯燥，但是那份报告本身是非常有价值的社会学研究，只是把它用在了金融做空操作中。

还有就是刚刚提到的非虚构写作者的非虚构作品，其实很多非虚构作品的后记，或者前言，或者鸣谢，甚至作者的自传，都是非虚构作者的非虚构，都可以从中看到观念的改变。去年我读了《纽约客》一篇非常长的文章，*How Cultural Anthropologists Redefined Humanity*。文章讲的是20世纪这些文化人类学家是如何定义“人”这个概念的，他们的研究成果在我们看来已经是很经典的作品了，这些德高望重的人类学家，是如何通过他们的作品，通过他们对人的认识的不断深入来影响我们当代这一批人。那之后出生的人，对这个世界，对社会运作体系一系列看法的改变，这就是你所说的“非虚构作者的非虚构”的经历。

我感觉很多我的同行，或者青年的社会学、人类学的硕士生、博士生，他们可能反而受制于多年的训练，以至于很难写出一个在我看来有灵气的作品，有生命力的作品。我们受的社会学训练、社会学理论太多了，以至于写作会写出一种范式，或者虽然是很丰富的田野材料，但是写完觉得干巴巴的。如果你没有受到太多这方面的训练，也未必非要带着这方面的立场。很多小说家也不是社会学、人类学出身，但是写的东西一样传承了这么多年。从自己本身出发就好了，按照项飙老师的说法，把自己作为方法，不一定要遵循什么套路，站定什么立场，否则会让你的视角受到很大的限制，影响你最后写作成品的质量。

关于“误解”与“真相”

胡同：我之前是记者，现在转向学术。讨论非虚构写作时，我认为分为两部分，一部分是作为兴趣的、普通人的写作，另一部分是具有某种公共意义，甚至是作为学术研究方法或者民族志方式的非虚构写作。前者只需要采用自己私人的视角，采取很个人化体验的写作方式。但是当讨论非虚构写作的某种公共意义，甚至学术方法时，我最关注两点：一是如何克服自己的偏见，最大限度地还原？二是将非虚构写作作为学术研究方法时，怎样解决问题，尽可能追随自己的声音？

之前提到的非洲的例子，作者描写自己的外婆，但是外婆认为那没有完全还原出她的生活，那样的视角甚至歪曲了她的一些经历，和她自己的切身感受是相违背的。这就存在一个问题：当我们把非虚构作为一种学术方法或者民族志方法讨论时，是不是会由于研究者的某种不严谨，或者缺乏对事实准确性的追求，而导致研究者只是“偷”了别人的声音，或者把写作对象作为完成自己叙事的一个课题，而不是尽可能试图从中发掘出真相。这是我所担忧的。

沈燕妮：非虚构写作者只不过是把他所对话的人、描写的人当成文章里的一个客体。作为编辑，我不会将这篇文章看作“作者在努力还原某种客观的真实”。我个人认为所谓的真实是不存在的，真正的真实、客观的真实是不存在的。她只是写她看到的外婆的生活，读者看到的是她眼中的世界，那个她眼中的世界对于她来讲就是真实的世界；而对于外婆来讲，眼中的世界可能是另一种样式。误解大概是人类永恒的主题，绝对没有误解是不可能的。

我们能做的是寻找各种各样、尽可能多的不同文本，既采访专家、学者、政府官员，也采访受影响的大众，尽可能从更多元的声音中寻找到不同阶层的人对于同一个问题的看法。最后触达真实是一种无穷尽的状态，只是在头脑中呈现一个“我认为的真实”，这种真实应该是不停地在左右机制下重塑。但是你指望任何一个人的声音是绝对真实的，这是不可能存在的。

关于“在看见的东西里面看见东西”

陈利：我们如何处理社科理论和学术创作中讲故事和有机语言的张力？社科理论和学术创作过程中怎样讲故事？怎样实现讲故事、讲自己故事的方式跟理论之间有机的结合？同时根据刚才所讲，每个人视角不同而产生不同的真实，但是对于历史学者来说，我们所看到的都是前人想让我们看到的史料或者文物，已经没法看到历史发生的过程，那么如何将所想表达的和所看到的呈现为真正在社会意义上客观真实的场景和印象？

严飞：项飙老师说要在“看得见的事物里面挖掘本质”，但从历史学的角度来说，所有可见的材料其实都是别人让你看见的。那么从历史维度出发，我们该怎样理解呢？对此，我也很想听听项飙老师的见解。

项飙：这涉及整个认识论和方法论的问题，我理解中的历史学家的工作，就是要在“看见的东西里面看见东西”，而且比社会学家更要往这个方向走。为什么？就像刚才几位老师讲的，历史学家能够看到的东西是比较有限的，就是材料。你的功夫在哪里呢？是在你现在有的，你不能自己去想象、去编造，你看到的材料里面，看到以前别人没有看到的东西。这个在历史学的过程里面，所有的范式转变，其实都是靠这个办法做出来的。有的时候，比如说做冷战史，跟官方档案的解密有关系；如果做远古史，当然跟考古新的发现有关系。但是你要做一个比较常规的，比如说现在做一战史、二战史，怎么推进，就要在看到的东西里面看到原来没有看到的东西。

原来没有看到的东西，我想强调，这个东西原来就是在那里的，只是原来没有看到而已，这个是“在看到的东西里看到东西”的意思。这个东西原来就在那里。具体的例子，比如说布罗代尔的年鉴学派，谷物的价格，轮船行驶的距离，基本日常生活里面油盐酱醋交易的来来往往，这些材料原来都是在那里的，但是原来人们觉得没有什么意思，因为他讲不出什么道理，跟理论挂不上钩，所以明明在眼前，我们就不去看它。

其他的例子，比如说胡适讲的一个比喻，他说，你看中国历史里面，很多东西其实是根本没有用的，没有什么太大价值。其中有一句话，讲的是女仆的脚的大小，意思大概是说那个时候没有缠足的风俗。“附近”也是这个意思，都是眼睛的问题，我们怎么去看，这是关于历史学。

社会科学里的故事和理论，在不同的阶段应该有不同的重点。现在的重点是中国的社会科学中的“好故事”已经很泛了，但叙述能力不够。这又回到了历史学的功能，为什么在很长时间里，在西欧，黑格尔非常重要。到 19 世纪，为什么大家认为历史学那么重要，历史学对于社会科学那么重要。在德国就有很大的争论：究竟社会科学是干什么的？社会科学跟自然科学有什么不一样？社会科学跟神学有什么不一样？那个时候大家的结论是社会科学和人文科学最重要的一个差别是历史，因为其他的可以用自然科学的办法来解释，但是人有记忆，历史这一块儿是独特的，社会对人的自我反思是独特的。历史是什么呢？历史很重要的一点在于，历史本身不是理论，历史本身是叙述，而且是一个比较开放的叙述，所以才有这种史观，有你的历史的叙述方式，所以才会不断对历史重新进行叙述。历史学无非就是刚才讲的，看到新的东西，不断对叙述方式进行改变。

所以整个在这样的叙述和不断重新叙述的过程当中，理论开始出现。马克思的政治经济学理论，可能是我们认为理论程度在社会科学里面最高的，基本上是历史性的学术。韦伯离不开历史，黑格尔哲学基本上也是历史叙述，到现在比较流行的福柯，福柯基本重要的理论观点全部来自历史，人对性的观念在历史上的改变，在历史当中，他梳理出一些形态，这个形态成为我们理论的基础。

理论和叙述，这个讲起来很有发展性，因为我们是后发展国家，理论都是外面过来的，跟我们自己的生活经验很有距离，所以就形成了一种感觉：理论跟直观的叙述差别很大。但是从缘起来讲，如果没有直观的叙述，是不可能有理论的，而且理论必须要跟直观的叙述结合起来，否则的话，这个理论映照不到真实的生活里面来，跟传教士讲的东西、跳大神讲的那一套东西就一样了。在现在来讲，叙述是非常重要的。叙述，反复叙述，可能就引起了一个问题：什么是好的叙述？就是精确性。精确性靠什么判断？就是人的直观了，其实判断也是比较容易的，拿出来一讲，大家生活在那里，你概括得是不是比较精准，很容易就知道了，但要做到是很难的，如果你叙述得比较精确了，这个其实已经是一种理论形态了。什么是理论？理论就是一个好的叙述。所有的物理理论中，什么是好的物理理论？好的物理理论是水烧到一百摄氏度，在正常的气压下会沸腾，这是一个叙述。爱因斯坦说我们如果行动的速度超过光速的话，时间会倒退，这就是一个叙述，也可以认为是一个故事。所以，理论就是一种叙述，但是有的时候，理论会呈现好像逻辑推理的样式，那只不过是它这个理论的一种浮现形态。

讲到最后，我想说，“叙述”是我们现在的重点，这也是为什么我觉得非虚构写作特别重要，特别是群众运动式的非虚构写作，因为它会推进我们的叙述。

还有一点，大家都觉得非虚构写作的人要承担很多任务，要对历史负责、保持客观性，其实不用考虑那么多，非虚构写作只是人生当中很小的一件事情而已。

所有的边界是开放的，非虚构本身通过多样的方式，通过不同学科的多样性得以实现。我们不要忘记文艺表现方式是有多样性的，所以非虚构写作，不一定要有一个“非虚构写作宪法”，要照顾好“四大关系”“十二条准则”，说老实话，我觉得最重要的就是直接性。

中国社会，重要思想表达里面最重要的就是直接性，因为我们受各种各样力量的裹挟，直接性丧失得比较多。就是两个字，直接。

让研究变活：社会学非虚构叙事的场景建构*

严　飞**

摘　要：在社会学研究中，如何让扁平化的结构性叙事拓展成充满画面感和情境性的深度故事？本文借鉴新芝加哥学派的场景理论，将场景拓展成三个维度：空间场景、关系场景和情感场景。本文认为，场景既是地理意义上的空间，也是建立社会联结、地方关系的场所；场景既可以给人社会归属感，也可以让人产生共通的情绪。研究者在写作中通过建构不同类型的场景，可以丰富田野的在场感，还原浸入式的情感体验，从而塑造出田野中更为真实具象的人，让整个研究变得鲜活而生动。

关键词：社会学　非虚构　场景　情感　叙事

最近两三年，非虚构写作成为一种崭新的写作姿态，和社会学研究碰撞出大量的火花，引起了丰富的跨界讨论。我自己也身体力行地参与其中，组织了“非虚构写作与中国问题：文学与社会学跨学科对话”“不一样的社会学写作”等学术活动，并参与到对公共议题的相关讨论之中。①

如何从非虚构写作中借鉴叙事策略和情感表达，是社会学研究值得深度反思的重要议题。对此，本文提出场景（scenes）这一重要概念，通过空间场景、关系场景、情感场景的建构，进一步增强田野的在场感和叙事

---

* 本文为北京市社会科学基金重点项目“新发展阶段城市相对贫困问题研究”（项目号：21SRA001）的阶段性成果。感谢剑桥大学社会人类学系张禾雨在场景理论上的启发。

** 严飞，清华大学社会学系副教授。

① 参见《非虚构写作与中国问题：文学与社会学跨学科对话》，《探索与争鸣》2021 年第 8 期；《“不一样的社会学”创作人招募》，《新京报》2021 年 1 月 5 日；《2022“不一样的社会观察”》，《澎湃新闻》2022 年 5 月 7 日。关于公共议题的讨论，参见《聊聊非虚构写作的社会学意义》，《网易人间》2021 年 3 月 17 日；《双城文学工作坊：文学对公共生活的“冒犯”正在消失?》，《澎湃新闻》2021 年 10 月 18 日。

的细节性，从而更好地扩充社会学的非虚构叙事，形成一个让读者感同身受、值得反复阅读的深度故事（deep story）。

一 新芝加哥学派的场景理论

场景理论是由多伦多大学丹尼尔·西尔（Daniel Silver）和芝加哥大学特里·克拉克（Terry Clark）提出的，前者在芝加哥大学社会思想委员会获得博士学位，后者则是芝加哥大学社会学系的资深教授，两人均深得芝加哥学派城市社会学的研究真传，并以场景为出发点，提出了城市研究的新范式。

伴随着城市的发展，城市环境和文化设施（amenities）在后工业社会生活中逐渐变成了社会联结和互动的主要特征。当劳动和生产被服务业代替，文化、消费元素构成了研究城市发展的重要因素，城市开始围绕消费、娱乐建立起不同类别的空间，而城市中的个体在闲暇时间中享受消费和文化设施已经成为生活品质的一种象征，空间也因此被寄予了主观上的符号价值（Silver，Clark and Yanez，2010；Silver and Clark，2015）。

在此意义上，场景的第一层概念，就是以消费和生活娱乐的设施为中心，融合了空间、声音、活动，包括各类艺术活动，也包括海滩、咖啡馆、餐厅、体育赛事、街道生活等，是一种“生活娱乐设施”的空间组合（吴军，2014）。

然而场景不只是空间意义上的功能放置，更为重要的，是产生丰富地方意义（local meanings）的一种文化价值和生活方式。在《场景：空间品质如何塑造社会生活》（*Scenescapes：How Qualities of Place Shape Social Life*）一书中，西尔和克拉克（2019）明确指出，所谓场景，就如同一位电影导演、画家或者诗人那样想象邻里社区，给空间带来了美学意涵，意味着不同的观察方式，例如穿行于城市的大街小巷时，选择步行、骑车或者开车等不同的方式，所感受到的城市景象是不一样的。换言之，场景既是经济意义上的消费场所，也是产生文化意义的地方，可以给人社会归属感，也可以让人产生共同的情绪，“去辨别不同地方的内部和外部呈现的具有美学意义的范围和结构，从而去发现文化生活的聚集”（西尔、克拉克，2019：3）。

从新芝加哥学派的场景理论中，我们可以发现场景概念既包含了地理意义上的空间多维性，又包含了文化意识和主观性表达。当消费、娱乐信息和创意产业主宰了后工业生活后，城市空间和城市本身都在逐渐走向象征化，与人的生活价值紧密联系，城市中的设施和空间也成了城市群体自我理解、自我认同并且创造意义的场所（克拉克、李鹭，2017）。

基于田野的社会学研究，研究者常常需要交代田野本身的自然和社会环境，田野里的各种人是什么关系，自我的情感发展历程是怎样的，这三个要素共同构成了社会学非虚构叙事的核心。借鉴场景理论，我们可以将城市研究中的场景架构及其内在的文化意涵进一步拓展成三个维度——空间场景、关系场景和情感场景，并分别对应所深入的田野环境和空间布局、研究者和访谈对象的对话与互动，以及研究者在田野中以独特的情感体验联结经验观察。三个场景逐级递升，又紧密相扣，伴随着一段田野故事的推进不断铺陈，对行动者的意义和动机进行插补与想象，从而透视出具象多维的日常生活图景。通过对不同类型的场景的捕捉和勾勒，研究者所记录的不再只是社会发生（happening）时的一段常规型的添饰背景，而是再现了“强烈的情感和极具感染力的人类生活中的复杂性”，因此可以更有效地“唤起读者们脑海中甚至是心底的相同情感”（Abbott，2007：70）。

二　空间场景

空间场景是社会学叙事中的第一层构筑单元。所有的经验田野，都必然会有一个实存的、具体的空间，譬如某一个地方或者场所，因此在研究者的研究工作中，首先就需要对自己的田野发生地进行描绘。然而在研究者的传统认知中，田野的场所往往只是作为一个操作性的研究背景而存在，一般用代码或者数字符号进行代替，并不需要着墨太多[①]；研究者更加关注的是宏大的社会现象如何产生、如何发展，然后再嫁接理论以探讨事件背后的原因。

这一做法不可以说不对，但正如美国社会学家赫伯特·布鲁姆（Herbert Blumer）所指出的，学术研究中的那些惯常意象对我们的研究影响至深，已经成了一种所谓的“经验世界图像”。

> 社会科学的研究学者有另外一套事先建构好的形象备用……他的理论知识、他自己的专业学术圈的既有信念，以及他关于经验世界是

① 例如，我们如果以清华大学作为研究场域，惯常的做法是在论文中标注以“B 市 T 校”为案例。

> 如何组成的观念，而这些观念让他在研究过程中可以有所遵循。任何一个细心的观察者都无法否认这种事实的存在。我们可以看清楚，一个人如何为了满足他的理论而形成他的经验世界图像，如何根据自己所共事的那些同事当前共同接受的概念和信念组织这些图像，又如何塑造图像以求符合科学规约的要求。我们必须坦诚地说，社会科学研究者在研究某些社会生活领域却无第一手知识时，他们就会用预构的形象来塑造那个领域的图像。（Blumer，1969：36）

对此，社会学芝加哥学派的当代代表霍华德·贝克尔（Howard Becker）提醒我们要注意对于事实的精准刻画，而非路径依赖般地陷入既定的范式框架之中。那么如何精准地刻画事实？在贝克尔看来，研究者需要尽可能地去了解日常生活的特质，以微观、动态的主观视角向个人微叙事回归（Becker，2008）。特别是那些从表面上看起来“无意义”的日常，更加值得通过微观的叙事介入，发现其中有意义的内涵。

因此，当我们提倡说社会学研究者可以采用非虚构的技巧去建构空间场景时，一个可能的方向是研究者根据叙事需要将所“观察”到的田野进行原真性的再现，同时牵引出空间环境里不为人所重视的诸多物件的细节和人物的交错关系。

如何更原真地再现田野？研究者所处的位置决定了场景层次的深浅和流动。法国批评家兹维坦·托多罗夫（Tzvetan Todorov）（1989：65）就曾指出：“构成故事环境的各种事实从来不是‘以它们自身’出现，而总是根据某种眼光、某处观察点呈现在我们面前。”叙事视角（narrative perspective）由此成为一个重要的变量，如同绘画中的焦点透视和散点透视画法，因为取景视线的不同而呈现远近大小和前后遮蔽的细微差别。

陈庆德、郑宇（2006）区分了田野调查中的全知视角和限制视角。前者表明研究者作为文本的唯一权威叙事者，清楚所有事件的前因后果以及文本中每一个人物的全部，甚至包括其心理、情感；而后者则表现为叙事者在文本中主动暴露自己的身份，常使用第一人称“我”。“我”不在场的时候，则以文本中的某一个人物为叙事者（通常使用第三人称“他”），以该人物的视角和口吻来叙述和描述事件。

在描绘空间场景时，我们同样可以看到因叙事视角变换带来的场景的变换，甚至是当不同叙事视角叠加在一起之后，对场景进行的反复渲染。其中，较为常见的是第一人称“我”的在场。很多时候，田野工作中的“我”在叙事呈现时是被压抑和被隐藏的，研究者更加倾向于用“非人格化”的态度叙述其所见所闻。而若从第一人称“我”的视角出发，则可以展现出一种“‘我’在现场”的真实感：由“我”来叙述自己所看见的、听见的、感知到的外部世界。

一个典型的案例，是丁瑜在《她身之欲：珠三角流动人口社群特殊职业研究》一书中对珠三角地区性工作者自我身份认同的研究，把“我”全程带入现场，通过“我”在田野中的层层进入，不仅让读者看到作者如何将主观的情感投射到性工作者身上，同时也生动地展示出这一特殊人群在复杂分化的性产业中独特的自我认知和生活实践。在第一次进入深圳罗湖区的一家夜总会进行田野初探时，作者描述道：

> 走进大门，楼梯旋转而上，铺着红色花地毯，墙上挂着巨大的美人画像，灯光昏暗，有一排穿着吊带长裙的姑娘站在楼梯上迎客。楼梯上一个穿着条纹上衣和橙色裤子的男人在打电话，一切都示意着我进入了声色娱乐场所。进了二楼大厅，我看见一个男人坐在沙发上，一个女人把她的头依在男人的胸口；大厅另一侧，有七八个女孩子穿着色调统一的红色或粉色吊带衫和短裙坐在那里聊天，我们进去的时候她们回过头来瞥了一眼。大厅中央是一个舞池，整个场所充斥着高音、笑声和烟雾，人很多，大部分是男性。舞池中央一个中年男人搂着一个穿着白色吊带裙的女人跳舞，他的手紧紧抓住女人的臀部。从一个包间半掩的门里我看见小姐和男客人搂抱在一起，他们的手在彼此身上摸索。过了一会儿进门时看见的那七八个女孩就散开了，有些跟随着客人进了包间。（丁瑜，2016：79）

夜总会这一场景里，在研究叙事中的“我”的带领之下，读者仿若手举着一架摄影机跟随着进入灯红酒绿的场所内部，先是对周围的空间环境进行全景式拍摄，然后镜头拉伸，对空间里遇到的几个特定人物进行近景的特写。这种镜头感鲜明而又直观的场景深描，直接向读者传递出一个鲜明的信号——研究者所在的田野是一个充满着欲望的声色之所，同时也吸引读者继续跟随着研究者的步伐，深入其中一探究竟。

第二天，丁瑜又来到了位于福田区的另一家夜总会。这一次，当“我”被投掷于一个更加五光十色的复杂环境中时，叙事者开始浮现出更多的自我感知，出现了一系列的无我感、虚无感。这一段经历对于叙事者来说，是自己在跨越了固有的文化边界之后，在另一个空间模式下的自我调适过程；而对读者而言，则意味着一种特殊的亲切感和真实感，难免会不自觉地闭上眼睛，在叙事者所描绘的场景及其袒露的内心独白之下，同频共振。

> 和昨天的不同，在那里我被一种“无我”的状态和感受强烈包围着——音乐是震耳欲聋的，我根本听不到任何其他的声音；灯光无时不在闪耀着，白色强光和黑色间隙交织着，中间还掺杂着绿色的激光线条；烟雾弥漫，所有人都在摇晃着身体。我的身体似乎在这一切中凝结了，感受不到时间的存在，以至于当我认为我肯定已经在那里泡了一个通宵的时候，时间才过去四个小时。那种飘荡在半空的“无我”感、奇怪的虚无感，以及似乎不属于那个空间的外来者感受令我觉得自己远离了平日的世界。（丁瑜，2016：79）

以“我”为观察主线的叙事风格，在应星的《大河移民上访的故事》中，也得到了淋漓尽致的体现。1997 年，应星作为外派挂职锻炼的副县长进入三峡库区的贫困大县、移民大县——平县，协助开展库区的移民工作。

> 1997 年 5 月的一天，我第一次得知中国社会科学院研究生院招募博士生去三峡库区挂职锻炼的消息。我决定报名参加，因为多年以来，我一直就很渴望有机会深入地去了解基层农村社会，这对我来说正好是一个机会。6 月 20 日，有关部门决定安排我到三峡库区的贫困大县、移民大县——平县挂职，任副县长，为期一年。我的生命就这样因为一个偶然的机遇而进入了库区，开始了对水库移民的关注。（应星，2001：6）

在平县的一年中，应星深入山阳乡，对山阳乡曾经的大河电站移民问题及村民集体上访过程进行了深入研究。在文本的主轴中，应星通篇采用了日常语言撰写故事，并在“我”的带领下，抽丝剥茧般展现出移民上访-政府摆平的互动关系和冲突。与此同时，作者又在主线文本之外，用了长达 70 页的尾注补充理论分析，“就如同音乐中的‘变奏’一样”（应星，2001：352），构成了文本的学术性分析辅线，以和故事性的叙事产生结构性的关联。这一处理技巧，既可以保留叙事的完整性，使得故事的场景建构更加逼真，故事原料的生命力不会被研究者的理论视角所阉割，同时又通过大量的学术性注释，保留了对于故事背后复杂社会机制的诠释空间，这种“复调”式而非“理论/材料”“分析/叙事”二分法的写作风格，在克利福德·格尔茨（Clifford Geertz）的《尼加拉——十九世纪巴厘剧场国家》（*Negara: The Theatre State In Nineteenth-Century Bali*）和马修·德斯蒙德（Matthew Desmond）的《扫地出门：美国城市的贫穷与暴利》（*Evicted: Poverty and Profit in the American City*）中，都可以略见一斑。

第二种对于空间场景的描述，则是采用第二人称“你”的形式。在文本叙事中，“你”的称谓其实是预设了一个虚拟读者，强制性地把读者拉进场景之中，进行身临其境般的主观感知体验。但事实上，这一叙事视角依旧是以“我”为主的，因为“你”归根结底还是叙事者“我”的投射。

譬如，香港中文大学人类学教授麦高登（Gordon Mathews）在《香港重庆大厦：世界中心的边缘地带》（*Ghetto at the Center of the World: Chungking Mansions, Hong Kong*）一书中，描绘了一个“世界中心的边缘地带”。在车水马龙的香港闹市街头，重庆大厦无疑是一个异质性的空间存在，尽管每天都会有很多本地人和外地游客经过这里，但人们只是快速地走过，不愿意去和那些穿着嘻哈服装站在街边兜售吆喝的印度人、非洲人进行哪怕只言片语的交流。换言之，这一地方的存在，仅仅只是更加证明了人们对它的忽视。而在麦高登的场景叙述中，那些曾经忽视日常变化的人们，成了一个鲜活的“你”，然后很自然地开启了一段对于重庆大厦的奇妙探险。

> 如果你从附近么地道（Mody Road）的港铁出口出来，转一个街角来到重庆大厦。你首先见到一家Seven-Eleven，那里晚上总有一大帮非洲人站在过道中喝啤酒，或是聚在店门口。附近还有一些印度女人穿着灿烂夺目的纱丽，假如男性瞄她们一眼，她们就会报价，然后跟着走几步以确定该男子是否对她们的性服务感兴趣。当然，招引来的还有其他诸如蒙古、马来西亚、印度尼西亚等国家的女人。还有一些南亚的男人，他们会向你兜售西装订制服务，“特价西装，只给您这个价”。然后后面可能跟上来一群卖假表的人，提供各种名牌手表的赝品，价格仅为正品的一小部分。一旦你流露出一丝兴趣，他们就会带你走进附近大厦的阴暗小巷。
>
> 你穿过距离重庆大厦大门三十多米的么地道，如果来的是时候，会见到一群贩子替大厦内几十个咖喱餐馆当托儿，类似中介。你最好要么不理睬他们，要么赶快决定跟着一个托儿去其餐厅，不然会被贩子党团团围住。如果你是白人的话，会有一个年轻男人神不知鬼不觉

地凑到你耳边小声问："来点大麻?"你若想再问下去，说不定还能问出其他的什么药来。到傍晚时分，你踏上重庆大厦门口的台阶，一些南亚裔的旅店托儿会跑来说"我能给你一间好住处，才 150 港币"，另一个中国男人马上背对着南亚人说："这些印度旅馆很邋遢的！来我这边住吧！我们这里干净得很。"——干净或许是干净，价钱也高了一大截。

你终于逃离了这些夹攻，然后发现自己掉进了重庆大厦的人流漩涡，也许你一生都没见过这么多人簇拥在这么一小块地方。眼前的景象非同寻常：穿鲜艳长袍、嘻哈服装或不合身西装的非洲人，头戴无檐平顶小帽的虔诚的巴基斯坦人，穿伊斯兰教黑色罩袍的印度尼西亚妇女，穿中短裤挺着大啤酒肚的老年白人，还有一些仿佛是来自上一个年代难民的嬉皮士。尼日利亚人大声喧哗，年轻的印度人把手搭在彼此的肩膀上谈笑风生，还有一些中国内地人看起来掩饰不住对这一切的惊讶。你很可能还会见到南亚人推着手推车，搬运三四个标有"拉各斯"或"内罗毕"的大箱子，非洲人拉着塞满了手机的行李箱，还有掌柜们贩卖着各种各样地球上能找得到的东西，从咖喱角（samosa）、手机卡、剪发服务、威士忌、房地产、电源插头、自慰器到鞋子。排队等电梯的人什么肤色都有，他们都等着去一百多家不同的旅店。（麦高登，2015：4～5）

在麦高登的文本里，我们可以看到作为读者的"你"成了叙事的主线，研究者不必离开田野环境去向读者做出描述和评价，而是引导读者自己去探索重庆大厦的当下和此刻。这种具有瞬时性（momentaneity）的叙事风格可以"重新创造"（recreation）读者的在场感，当身处具有压迫感和异域感的场景之下，读者自然会提出疑惑："这里到底发生了什么事情？那么多人来重庆大厦做什么？他们过着一种怎样的生活？为什么会有这样一个地方？"这些疑问也顺理成章地推动着研究者进一步去探究重庆大厦在世界上的重要意义。

类似地，项飙在对北京浙江村的研究中也在开篇用"你"作为场景引导的主线，把读者抛掷进北京嘈杂拥挤的城中村里，让读者慢慢去洞悉故事中还未发生的一切，最后在一种"恍然置身异域"的感知错配中，开始了对浙江村这一场景的具象深描。

从天安门广场南行 5 公里，刚过南三环，你就被甩入了拥挤的漩涡。大小汽车、人力三轮车、偶尔还会有老北京的驴车，团团转成一锅粥。背着大包小包的行人从你身边匆匆走过，迎面又走来拿着大哥大（早期移动电话）急急说话的人。南腔北调，嘈杂非凡。挤在摩肩接踵的胡同里，满耳瓯语咿呀，迎面而来的尽是瘦削清癯的南国身形，真让人恍如隔世。道边摆的“水晶糕”是温州人在后村一带就地做的；“粉干”“面干”则直接从温州捎上来。街边的“美容厅”清一色按温州风格布置。马村的菜市场里，在那些临时搭起的棚子中，在木片竹竿撑起的架子上，摆满温州人喜食的海蜇皮、虾米、蛏、鱼及桂圆、荔枝干等。这里多数海鲜是乐清人派车从青岛、秦皇岛购进的，也有不少专门从温州本地运来。如果你是1995年以前来到这里，从木樨园把你载入“浙江村”腹地的，往往就是从温州来的那一团火红的脚踏三轮车。这一切使人感到恍然置身异域。

这里，美容美发店一家紧挨一家，装饰一家比一家豪华，但在店门口堆满的是垃圾和令人掩鼻的臭鱼烂虾；这里，政府来赶了多少次，包括1995年全国闻名的大清理，但哪次都是越赶越多，“铁打的营盘来回跑的兵”；这里的人们个个打扮得比北京市民要光鲜得多，住的却是临时搭建、拥挤不堪的小平房，腰缠万贯的人又往往不愿意离开这里，开着奔驰、丰田在村里跑……（项飙，2018：5）

第三种对于空间场景的描述，则采用了多种人称的叠加，以对场景进行反复的烘托，加深读者的印象。例如，马林诺夫斯基在其经典著作《西太平洋上的航海者——美拉尼西亚新几内亚群岛土著人之事业及冒险活动的报告》（*Argonauts of the Western Pacific*）的开头，就采用了这一叙事模式。马林诺夫斯基要求大家设身处地地想象一下，初次进入一个和之前完全不一样的陌生环境中时，在异文化的冲击下感受到了强烈的田野震撼。之后，作为读者的“你”在文本中暂时消失，转而用第一人称“我”来叙述，强调自己第一次进入田野时也曾经历过类似的遭遇并且感到沮丧，从而烘托出这一空间场景给研究者带来的震慑效果。

想象一下，你突然置身于一个热带海滩上，附近有一个土著人村落，你独自一人，身旁堆放着所有的用具，载你而来的大汽艇或小船已经远去。在附近某商人或传教士的白人大院里住下后，无事可做，只能立刻开始你的民族志工作。进一步想象，你是个新手，没什么经验，没人引导，也没人帮忙，因为那个白人暂时不在，抑或是他不能或不愿在你身上浪费任何时间。这就是我第一次在新几内亚南岸上进行田野调查时的情形。我十分清楚地记得，在刚到的前几周，我花了很长时间对那些村落进行探访；在多次顽强却徒劳的尝试之后，我感到失望和绝望，我无法真正地与土著人接触，也没能获得任何资料。很长时间里，我都非常沮丧，就开始埋头读小说，就像一个男人在热带的抑郁和无聊中可能去借酒消愁一样。

然后想象，你第一次进入土著村落，或独自一人，或有白人向导相伴，一些土著人蜂拥而至，围在你身边，特别是当他们闻到烟草味时；其他人，即更尊贵的人和老人，则仍坐在那儿。你的白人向导以惯用的方式和他们打交道，既不理解也不十分关心作为民族志学者的你在接近土著人时应该用的方式。第一次探访给你带来了希望，你觉得下次自己一个人来时，事情会容易些，这至少是我当时怀有的希望。（马林诺夫斯基，2016：14～15）

三　关系场景

研究者在田野中会遇到各类人物，为了获取他们的关键信息，研究者或者进行正式的访谈，或者在非正式的闲聊里深入对方的内心世界，关系场景由此构成了社会学叙事中的第二层构筑单元。建立田野关系的核心是对话，由研究者和被访者在提问与回答的交流互动中完成。在非虚构写作中，对话的作用不在于叙事，而在于表现人物，特别是人物话语背后的基调和意义；在社会学传统质性研究中，对话更多只是作为支撑研究结论的经验论据而存在，形式上也多为一问一答，缺乏对话时的场景、对话者之间的互动以及对话中情绪变化的抓取。换言之，被访者在结构性的定性叙事中，仅仅只是一个为了推进研究者田野进程的代码和符号，并不是一个具象的人，也不存在互动关系。

2022年春天上海疫情期间，一位普通的居民和社区书记的一段对话①在网上流传开来。随着上海市疫情的逐渐严重，整个城市不得不进入全面静态管理阶段，并在疫情防控中暴露出很多问题。特别是在基层，社区居委会负担沉重，每天都在疲于应付上级部门的各种填表任务以及调动供应

① 这一段对话节选自网络上传播范围很广的一个录音文件，该录音文件在短时间内获得了大量的转发和传播，之后被各网络平台删除。

物资、安抚封闭状态下的居民情绪，在众多事务上的力不从心招致居民的不解乃至骂声。在这样的背景下，一位普通居民拿起了电话，拨给了所在社区的居委会。

从对话中，我们无法了解对话者的基本特征，也无法感受对话者因为情绪变化而带来的语调、语速变化，更无法知晓为什么他们的对话是这样的走向。仅看文本也许会对二者的立场、观点有错误或者偏差的判断，需要结合他们对话的情绪和语气，才能更准确地进行客观的分析。

换言之，因为缺乏过程性和细节性的深描，读者难以感知到一个具有画面感的场景，无法感同身受地被带入其中，进而迸发出情感共鸣。但如果听过原始的录音，我们可以清晰地感受到这位居民的无助，他在社区书记面前试图控制自己的情绪，但最后依旧激动地喊出了自己的愤怒——“我该怎么办?”反观那位社区书记，她并没有使用官僚体系的敷衍话语进行回应，而是很缓慢地讲述着自己的困境，在沉缓的语调里，是那位社区书记作为个体的无奈、辛酸、不解。她在巨大的压力之下，情绪几近崩溃，甚至当说到“我是居委会也每天有几百号人到居委会里面，有很多也都是阳性的”时候，她哭出了声音。此时，听众也深切地感受到疫情之下每一个普通个体所面临的巨大的无力和悲伤，并可从中积聚共情的力量。

我之所以强调要在关键的田野对话中描绘出深层次的关系场景，是因为在我看来，每一段对话的背后，都是在展示每一个具象的人当下的生命细节，及其在一段访谈互动中的情感回应——他们语调的高低起伏、声音的颤动和哽咽、紧张时下意识地握紧拳头或者拽住衣角、开心和愤怒时上翘的眉毛等。这些由对话、行动和情感编织在一起的过程性细节，都是在研究中常常被忽略的微叙事，看似无足轻重，却可以给场景带来更多的真实感和即时感。

另一个可做对比的例子，是黄盈盈在深圳进行“红灯区”的田野调查时，在那里租了一间农民楼里的小房子，以在地的身份躬身进入田野。住在狭小的出租房里，有一天，黄盈盈以借撑衣杆为由，认识了田野中第一个“小姐”阿凤，阿凤在随后的田野调查中成了黄盈盈最为关键的联络人，带着她第一次坐进了发廊，就此打开了“红灯区”这一敏感议题的研究大门。

> 吃过早饭兼午饭，洗完了衣服我就趴在窗口看还是空空荡荡的楼下，她们这会都还没有出来。我还是没有机会认识到其中的一个，仍然感觉被隔离在她们之外。临近的窗口挂着一些女孩子穿的衣服，还

> 有一双高跟鞋。我琢磨着那边住的应该是个女孩子，只是拿不准是来深圳打工的还是小姐……
>
> 正在踌躇的时候，看见那边有个脑袋伸出来，我就对她笑了笑，问："可以借你的衣服叉用一下吗？"刚才还犹豫不决的话就这样脱口而出了。这个女孩披肩发，也就20多岁，还睡眼蒙眬的样子，没有化妆，脸色有点惨白。但我不知道她是不是小姐，就笼统地问："在这里上班啊？"
>
> 她说是啊，问我是不是新来这个地方的，我说是。"一个人啊？"我点了点头，"一个人没什么事，好无聊啊"。"过来玩吧？"
>
> 也就是一般客套似的问话，不过对我的意义可大了，我巴不得她这么说，赶紧说："好啊，我过你那玩会。""好啊，我给你开门。"于是马上过去敲隔壁的门，敲了半天没人开，又讪讪地回去了，想想不甘心，又过去敲了敲，确实没人开。
>
> 我以为她就说说，就又趴在窗口发呆，那个女孩不在窗口了。过了一会，她又出现了，又是相视又是笑，她说："怎么不过来玩啊？""我敲了半天门听见了吗？""没有啊，我把门打开了，没见你，以为你不来了。"我就越发奇怪了，对了一会儿门牌才知道我们不是一个楼的，她在我隔壁那个楼。"那我过去玩吧。"是她说的。我当然是欣喜若狂，不管是不是小姐，总算是认识了这里的一个。
>
> 过了一会，她来按我楼下的门铃，开了门一会看见她上来了。这次化好妆了，挺淡的，头发中分别在耳后面，穿粉红有点银亮那种毛衣，仔裤。她一上来看我笑了笑，先说自己的衣服不好看她不喜欢，显胖。我说挺好的，这倒不是恭维，她确实不胖不瘦，脸庞略微有点胖。进了屋，在我的床垫上坐着聊。（2000年1月24日笔记）（黄盈盈，2017：29～30）

在这段精彩的田野笔记里，我们可以看到研究者通过对环境、动作、对话、表情的完整记录，再现了和阿凤初相识的全过程：从一开始阿凤"披肩发，睡眼蒙眬的样子，没有化妆"，到"化好妆了，挺淡的，头发中分"的细节描绘，再到研究者喃喃自语式的心理变化，那种想搭讪又怕冒犯对方的犹豫、听到对方主动邀请"过来玩"时的兴奋，都一一融入叙事之中，拼贴成了场景的一部分。

换言之，研究者此时是以参与性（engagement）的姿态出现在场景中的，而非和研究对象保持距离，就像一串珍珠项链，每颗珍珠之间虽然都自成一体，却又紧密相连。这种在场的参与感是关系场景的重要维度，对于研究者而言，可以更好地建立起与被访者的信任关系，同时有效地将田野融入中的经历和情感展现给读者。

需要警惕的是，建立在一定信任关系基础上的访谈也极有可能出现“谎言”。当研究者难辨“谎言”和“真相”时，不妨把它理解为不同的场景下，受访者自己的两种叙述。通过借撑衣杆结下的情谊，黄盈盈与阿凤的访谈变得水到渠成。在一次聊天中，她听到阿凤说一个女孩要把她介绍给一个香港人包养，阿凤很高兴，并且立刻想到让介绍人不要说自己是小姐。而之前阿凤在黄盈盈的房间里长聊时却说过，她很讨厌香港人，也不想被包养，因为不自由。阿凤对亲密关系和包养关系在前后叙述中的矛盾，勾画出了一个出入在不同情境中的立体的阿凤。在黄盈盈（2018）看来，研究者单纯地指出被访者“她们自己是这么说的”，作为对主体的理解和书写还远远不够——受访者可以被权力的不对等、访谈的空间环境、研究者的外来身份所影响。但如果必须要有一个外来的访谈者，在不同关系情境中的观察就会给读者带来更为全面的认识。

四　情感场景

在社会学田野中，研究者自身的情感体验正是洞察他者的中介，因此情感场景可以构成社会学叙事中的第三层构筑单元。如果说研究者的责任是记录并且解释发生了什么，那么研究者亦有责任通过个人叙述向读者抒发他在经历田野中的某个过程或者事件时产生的情感，通过情感表达，避免活生生的经历陷入扁平化的结构性叙事中，从而让读者有机会直面不同生活经历间的巨大鸿沟。

对于研究者而言，这是一种情感的坦白。芝加哥大学社会学教授安德鲁·阿伯特（Andrew Abbott）就曾指出，研究者不仅要知道自己是文本的写作者，也需要把自己对社会现状的情感作为文本表达的中心内容，需要“希望读者能像他自己看到和感受的那样看到描写的对象”（Abbott，2007）。这样做的一个好处，则是可以让读者判断研究者材料中哪些是可信的，哪些受到了研究者的情感影响。如果读者读到这部分材料的时候，觉得这部分情感太过于强烈了，则可以主动选择与之拉开距离。

在对黑龙江省下岬村家庭生活与私人情感变革的研究中，阎云翔（2017）指出，书写个人情感体验的最佳途径，是将民族志研究中三种常见的研究方法——强调个人主观经验的叙述、对研究对象的行为及关系进行参与式观察，以及对日常生活事件进行将心比心的代入式诠释，进行有机的结合。一方面，研究者采取近距离、以个人为中心的叙事方式，可以有机会记录调查对象现实生活中的喜怒哀乐，以及从他们那里获取更多道德体验的表白；另一方面，研究者只有把自我代入场景之中，“通过自己的道德体验才能切实体会他人的道德体验，就好像礼物只能用礼物偿还一样”（阎云翔，2017：27）。

一个值得推荐的案例，是杜月在其博士学位论文里撰写的“龙虾的故事”，并通过这一故事向读者坦白了田野中的情感体验。杜月的研究主要考察了中央政府和地方政府的土地治理，以及社会资本在土地治理中的角色，因此需要进入地方的国土局、地产公司、农户的日常工作和生活中进行经验材料的收集。因为研究对象涉及三个不同的群体，就需要同时取得三个群体的信任。但是，当这三者发生矛盾的时候，研究者就会在情感层面感到冲突、迷茫和不安。

“龙虾的故事”讲的是一天下午，研究者跟着地产公司主管拆迁的经理访问村里的钉子户，过程中户主突然情绪变得特别激动，从电视机下面抄起了两把菜刀把他们从二楼追到楼下，还一下钻到了他们的汽车底盘下，用身体挡住汽车的去路，这时候旁边的钉子户也一起围了过来。见到情况不妙，地产公司的经理转头就跑了，只留下了研究者一个人在现场。第一次遇到这样的情况，研究者尽管心里害怕，明显感觉到腿都在抖，但还是把名片掏出来表明了自己的身份。钉子户们知道研究者的身份之后纷纷表示：“这事儿跟你没关系，但是你也不能走，你要听我们讲我们每个人的故事，有可能还帮我们往上反映反映。”研究者知道这个时候自己已经没有办法主动选择离开了，于是就搬着小板凳坐在那里听每个钉子户讲他们的故事，并在本子上把这些故事记录了下来，同时还跟村民们的孩子一起玩耍，以消解他们的戒备心。

当天晚上研究者提前预约了地产公司的老总一起吃晚饭，因为田野里的这一段特殊经历，等研究者离开田野的时候，已经比约定的时间晚了一个多小时。研究者赶紧冲到约定见面的购物中心里的餐厅，这个购物中心也是属于地产公司老总的。在一路冲到餐厅的过程中，沿路上有好几幅巨幅广告，都是地产公司在宣传其新住宅项目，而这个住宅项目就在研究者刚刚离开的那个马上要被夷平的村里。等冲进餐厅，这时候地产公司老总已经等了很久，但是他依然非常热情地和研究者各种聊天。吃到一半，服务员端上了一盘龙虾，研究者突然发现自己的指甲里有特别多的泥，都没有来得及洗手。指甲里怎么会有这么多泥呢？研究者这才意识到，原来是因为自己刚才爬到车底下安慰钻到车底下的那一位钉子户了。就在这一瞬间，研究者感受到了深深的不真实，前一秒还在尘土飞扬的田野里记录着村民们对于地产项目的抗争，后一秒就已经坐在奢华的餐厅里和地产公司老板一起吃着龙虾，而那些村民的土地即将被征用。研究者恍惚了好几秒之后，抓起了餐厅的纸巾把指甲擦干净开始剥龙虾（Du，2018：25－26）。

当我第一次听到杜月分享这一段“龙虾的故事”的时候，我的眼前立刻浮现出了一帧帧流动的画面，仿佛我也出现在了现场：趴在车底的研究者、剥着龙虾壳的研究者、在慌乱中极力想要保持镇定的研究者、看到指甲里的泥巴陷入恍惚的研究者。这些画面给我们带来了巨大的力量，从中能感受到心灵的颤动，诚如杜月在事后的反思中所指出的，这些情感的体验和交融，让整个研究“变活了”。

> 我导师，包括我的好几个朋友，阅读完整本论文后告诉我，他们其实最喜欢的是这个“龙虾”的故事。我至今也无法知道为什么这样一个由于充斥太多的情感而没有办法进入正文内容的故事拥有如此大的力量。我想大概是它用一种非常正向的方式处理了一个研究者在一个真实的研究中所经历的迷惘的情感，并且通过这个故事使整个论文的故事都变得更加真实，从而也让这个研究变成了活的。[①]

人们感受自身经历的方式通常是感性的、瞬间的，而了解别人的经历时更希望阅读到叙事和情感的交融。由此可见，当研究者将田野中的情感经验进行正向处理，还原整个感情生发、变化的全过程时，将给予读者一些结构、机制分析之外的反思空间，可以看到田野中更为真实的人，理解不同群体的行动意义——“意义不会把行动者带离无意义的深渊，而是帮助他们在一个充满可能性（chance）的世界里航行”（Strand and Lizardo，2022：124）。

五 结语

哈佛大学社会学家马里奥·斯莫尔（Mario L. Small）在田野里区分了两种研究者，分别是富有“同情心的观察者”（sympathetic observer）和

① 杜月的这一段反思参看《非虚构写作与中国问题：文学与社会学跨学科对话》，《探索与争鸣》2021 年第 8 期。

“勇敢的融入者”（courageous immersive）。斯莫尔认为，每一个学者都会经历两种“代表”（representation）的过程，分别代表被观察到的事物以及研究者自身，研究者本身需要在写作中展现出他们的知识、讲故事的能力、分析和研究的能力，让读者看到立体的“他者”生活（Small，2015）。

在这一过程中，研究者应该重视对空间场景、关系场景和情感场景的建构和深描。场景既是地理意义上的空间，也是建立社会联结、地方关系的场所；场景既可以给人社会归属感，也可以让人产生共通的情绪。事实上，田野调查和访谈本身并不会自然而然地带来阐释性的、有情境的作品：研究者在写作中对他们的研究对象有着天然的权威，哪怕是充满同理心的表述也可以成为刻板印象的再生产。研究者应该谨记，那些田野中情境性的事件流转、瞬时性的情感爆发，并不是宏大叙事的“零部件”，而是人们本真性的日常生活，充满着复杂、美丽和悲伤，蕴含着文化和意义之网。

参考文献

陈庆德、郑宇，2006，《民族志文本与“真实”叙事》，《社会学研究》第 1 期。

丁瑜，2016，《她身之欲：珠三角流动人口社群特殊职业研究》，社会科学文献出版社。

西尔，丹尼尔·亚伦，特里·尼科尔斯·克拉克，2019，《场景：空间品质如何塑造社会生活》，祁述裕、吴军等译，社会科学文献出版社。

黄盈盈，2017，《“你要自甘堕落”：记小姐研究中的朋友们》，载黄盈盈等著《我在现场：性社会学田野调查笔记》，山西人民出版社。

黄盈盈，2018，《作为方法的故事社会学——从性故事的讲述看“叙述”的陷阱与可能》，《开放时代》第 5 期。

克拉克，特里·N.，李鹭，2017，《场景理论的概念与分析：多国研究对中国的启示》，《东岳论丛》第 1 期。

马林诺夫斯基，2016，《西太平洋上的航海者——美拉尼西亚新几内亚群岛土著人之事业及冒险活动的报告》，弓秀英译，商务印书馆。

麦高登，2015，《香港重庆大厦：世界中心的边缘地带》，杨玚译，华东师范大学出版社。

托多罗夫，兹维坦，1989，《文学作品分析》，载张寅德编选《叙述学研究》，中国社会科学出版社。

吴军，2014，《城市社会学研究前沿：场景理论述评》，《社会学评论》第 2 期。

项飙，2018，《跨越边界的社区：北京“浙江村”的生活史》（修订版），生活·读书·新知三联书店。

阎云翔，2017，《私人生活的变革：一个中国村庄里的爱情、家庭与亲密关系（1949—1999）》，龚小夏译，上海人民出版社。

应星，2001，《大河移民上访的故事》，生活·读书·新知三联书店。

Abbott, Andrew. 2007. "Against Narrative: A Preface to Lyrical Sociology." *Sociological Theory* 25 (1), 67 – 99.

Becker, Howard S. 2008. *Tricks of the Trade: How to Think about Your Research while You're Doing It.* Chicago, IL: University of Chicago press.

Blumer, Herbert. 1969. *Symbolic Interactionism: Perspective and Method.* Englewood Cliffs, NJ: Prentice-Hall.

Du, Yue. 2018. *Pushing the Urban Frontier: Mass Peasant Relocation in China.* PhD Dissertation, University of Wisconsin-Madison.

Silver, Daniel and Terry Nichols Clark. 2015. "The Power of Scenes: Quantities of Amenities and Qualities of Places." *Cultural Studies* 29 (3), 425 – 449.

Silver, Daniel, Terry Nichols Clark and Clemente Jesus Navarro Yanez. 2010. "Scenes: Social Context in an Age of Contingency." *Social Forces* 88 (5), 2293 – 2324.

Small, Mario L. 2015. "De-exoticizing Ghetto Poverty: On the Ethics of Representation in Urban Ethnography." *City & Community* 14 (4), 352 – 358.

Strand, Michael and Omar Lizardo. 2022. "Chance, Orientation, and Interpretation: Max Weber's Neglected Probabilism and the Future of Social Theory." *Sociological Theory* 40 (2), 124 – 150.

总体视野下的非虚构写作*

——以联民村、义乌的写作为例

张乐天**

摘　要：本文以笔者的联民村、义乌写作为例，倡导非虚构写作的总体视野，即把细节的书写“安置”在总体生活实践中，让细节“活起来”，也让细节尽可能潜藏“大的意义”。总体视野下的非虚构写作是对自我的挑战，唯有努力做到“去遮蔽”，充分发挥“历史想象力”，才能使非虚构作品成为呈现人民社会生活实践的“真正的知识”，从而使其具有重要的历史与学术价值。

关键词：总体视野　去遮蔽　历史想象力　社会生活实践

一　缘起

2006年12月中旬的一天，法国社会科学高等研究院近现代中国研究中心主任伊莎白与她的丈夫麦岗请我和我的爱人在巴黎香榭丽舍大道吃饭。席间，我谈起回国以后的打算，伊莎白和丈夫听着，不时提些建议，他们特别期待“有机会把联民村的资料做成数据库，以让全世界的学者们有机会更好地了解中国农村”。正是这次聚会促使我回国后重新回到联民村做研究，在他们的直接支持下完成了数据库的建设与出版工作。

2021年12月24日上午11点，在新加坡国立大学青年教师黄彦杰的

* 本文为浙江文化研究工程重大项目“浙江社会生活话语与浙江精神研究2019～2022”（项目号：19WH50053ZD）、复旦大学义乌研究院项目“全球体系与地方市场有效连接的‘义乌经验’研究”的阶段性成果。

** 张乐天，浙江工商大学中外话语研究院特聘教授，复旦大学当代中国社会生活资料中心主任。

帮助下，我与哈佛大学费正清中国研究中心主任宋怡明教授“隔洋相见”，交流当代中国农村研究问题。我们第一次单独相见，却如遇故人，相谈甚欢。宋怡明教授已经购买了“张乐天联民村数据库”，就如当年的伊莎白教授那样，他期待能看到更多联民村的故事，并与我共同讨论这些非虚构故事的学术含义。

与宋怡明教授“分手”以后，我认真思考了对联民村的非虚构写作。

1988 年春，我回家乡浙江省海宁市联民村做田野工作，开始“抢救资料”。由于起步早，再加上我所在的联民村的一些特殊的情况，我搜集到了就一个行政村而言最丰富、最完整的原始资料。2008 年，我重回联民村，进行了广泛的个人生活史访谈。在此基础上，我完成了“张乐天联民村数据库”的建设。最详尽的文字，最穷尽的访谈，难道还不够吗？为什么还要写作关于联民村的非虚构作品？

我的回答是不够！所谓“详尽”“穷尽”只是与其他村落的文字搜集、访谈记录比较而言，如果我们与联民村及周边地区的生活实践相比较，那么可以说，目前的文字与访谈只是真实存在的“沧海之一粟”。联民村三百多户人家，“四联”地区一千来户农民家庭，近一百年来，多少次风云际会，你方唱罢我登场；多少次悲欢离合，每一滴泪花都折射着令人感叹的故事。漫步在联民村的田地间，徜徉在会龙桥的小街上，凝视着耆耄老人饱经沧桑的脸，观察着百年老树萌生的新芽，让人感叹于联民村百年社会生活实践如大海般深邃，波谲云诡。

所有的学术努力都是以这样那样的方式接近社会生活实践，并试图从中寻找某种理解、解释。联民村的非虚构写作就是这些努力中的一种。与以前所有资料相比，非虚构写作至少在以下三个方面有助于我们接近生活实践。

其一，细节丰富。真理潜藏在日常生活实践的细节中。可惜的是，现有的各种资料常常缺乏细节，特别缺乏某个主题的学术研究、学术思考所需要的细节。因此，学术研究通常只能“看菜下锅”。学者找到细节较好的资料，从这种偶然存世的资料中做学术提炼。如果学者意识到某个学术主题特别重要，常常很难找到“下锅的菜”。非虚构写作提供了机会，作者可以根据想象挖掘新的“菜料”，寻找丰富的细节。解放初期，陈家场的陈家老屋被没收，最初成为乡政府办公室，后来成为联民大队办公室，我在写作 1950 年代的两个乡干部、1960 年代的两个大队干部的时候，专门找了陈家老屋所有人陈梅林的孙子，请他画了老屋的平面图，讲述他从小在老屋生活的一些有趣细节。又如，我在写联民村老支部书记李阿三时，发现李阿三在“三年自然灾害”刚刚结束时建了三间宽敞的新房子，我觉得这个情节可能有学术挖掘的潜力，就找了好几个老人回忆这件事情，让细节丰富起来。

其二，故事连贯。细节让每一个故事都“有血有肉”，可以在具体的场景中“活起来”。连贯性则“在时间序列中”让故事连接起来。在学术研究中，完整的个人生命史具有重要价值，有助于发现个人形成于童年时期并此后一直影响其思想与行为的比较稳定的价值观，有助于准确地解释某个人某个特定时刻的选择与决策行为的原因，也有助于较好地探索个人价值观与他所在的生活共同体文化之间的互动。非虚构写作是呈现完整的个人生命史的最有效途径。我在联民村研究中发现，陈家场有极少数的女人，她们没有文化，信佛，小脚，几乎不参与村里的任何公共活动，即使在人民公社时期，她们也从来不参加生产队、生产大队的各种会议，但是，她们熟知各种传统礼仪，她们是婚丧大事中“出主意的人”，她们还是某些村内“闲话”的“生产者”。越想，我越觉得她们对于我们理解村落共同体可能有特殊的意义，决定写她们的生命史“三代女人那些事”。由于她们的生产、生活没有任何文字记录，我此前从来没有访谈过前二代女人，所以，在写非虚构作品的时候，我花了大量时间与“第三代的几个人”交流，反复请她们回忆“上两代”人的生产、生活细节，并努力把三代人的生命史连贯起来。当我脱稿的时候，我感叹于非虚构写作本身给我的动力与帮助。

其三，学术关联。自然保存下来的资料本身没有学术关联。能否从搜集的资料中体悟学术价值，发现学术关联，并进一步写出高质量的学术作品，这考验着我们的研究能力，也体现着我们的学术水平。

与现存资料不同，非虚构写作本身是有学术关联的。非虚构写作有两种操作方式。一是从现有的访谈等资料出发进行非虚构写作。我的联民村写作就是如此。在这种模式中，我在写作中必须不断进行“追访”，以补充原有访谈的内容。二是从田野调查起步。2019年，我组织教师、学生到义乌开展田野工作，访谈义乌的工商业者、外国人。此后，深度访谈资料成为我进一步书写非虚构作品的“素材”。

非虚构写作的两种操作方式都在学术关联中展开。一方面，非虚构写作的人物、故事从一开始就必须被“安置”在它们得以可能的“总体”中，被“安置”在人们的生产、生活中形成的全部社会关系中，正如马克思所说：“人的本质不是单个人所固有的抽象物，在其现实性上，它是一切社会关系的总和。”另一方面，非虚构写作必须把生活实践中的每一个细节都看成与总体相关联的历史发展的环节，而绝不是孤立的事实。其中的人物、故事既是生生不息、矛盾充斥的历史的产物，更是日新月异、激荡人心的历史的“创造者”。他们的生存状态与总体的历史进程相互“同步”。非虚构写作试图“展现”推动历史发展的“每一个意志都对合力有所贡献”的生动图景。

二 总体视野

马克思和恩格斯说：“在思辨终止的地方，在现实生活面前，正是描述人们实践活动和实际发展过程的真正的实证科学开始的地方。关于意识的空话将终止，它们一定会被真正的知识所代替。”（《马克思恩格斯选集》第一卷，1995：73）我们期待着非虚构作品能够成为理解现实与历史的“真正的知识”，而只有在“现实生活”及实际的历史过程中，“真正的知识”才可能得到“真实的呈现”。正如著名马克思主义学者卢卡奇所说：“只有在这种把社会生活中的孤立事实作为历史发展的环节并把它们归结为一个总体的情况下，对事实的认识才能成为对现实的认识。”因此，“具体的总体是真正的现实范畴”（卢卡奇，1992：76）。总体视野为非虚构写作提供方法与指南。

总体视野引导我们把细节的书写“安置”在总体生活实践中，既让细节“活起来”，也让细节可能潜藏“大的意义”。

自亚里士多德以来，总体与部分之间关系的命题已经得到广泛认同，“总体大于部分之和”，部分只有在其所处的总体中，才是真实的、鲜活的、具有生命力的。手指只有在人的身体上才是手指，被割断了的手指不再是人的手指，而只是一块很快会腐烂的东西。任何非虚构写作都是对于“部分”的呈现，某个具体的事件，某个人的生命史，如此等等。非虚构写作还追求“部分”的详尽细节、生动过程，这些“部分”的描述只有“安置”在总体中才是真实的、有学术价值的作品。实际上，联民村个人生活史脱离联民村根本就无法写作，我们也很难想象脱离了义乌改革开放以来总体的发展进程去书写抽象的工商业经营者的故事。

在实际生活实践中，不同的生活场景可能对个人的行为产生不同的影响。因此，非虚构作品细节所“安置”的总体（生活场景）并不是固定不变的，而是灵活的、多层次的。在联民村大队干部的写作中，生产大队是最重要的总体；在联民村普通农民的写作中，生产队作为“基本核算单位”是最重要的场景；但同时，联民村个人生活史写作也会顾及生产大队、公社乃至国家。在义乌工商业经营者个人生活史与工商业史的写作中，直接的总体是他们所创办的企业本身，但是，他们的种种行为又必须放在义乌这个县级小城市的总体环境中才可能进行准确的书写。

总体视野引导我们使细节的书写可能"展现"总体历史过程。

社会生活作为总体本质上是实践的，是人的感性力量的相互较量。人类历史表达的从来都是社会权力的形成与演变，在这里，正如恩格斯所说，每个人都以这样那样的方式影响历史，"历史是这样创造的：最终的结果总是从许多单个的意志的相互冲突中产生出来的"。因此，非虚构写作应当努力把个人放在特定的权力关系格局中，既从权力结构中书写个人，又展示个人对于权力结构的影响，而这种影响可能改变权力关系的走向。

其实，每一个人都是"创造历史"的力量。每一个人为了"活下去"，都必须主动参与生产"吃喝住穿着及其他一些东西"的历史活动，即生产物质生活本身的活动；每一个人为了"活下去"，还必须直接实现"香火绵延"，没有人类的繁衍，个人就不可能存在。因此，当我们高度重视"上述基本事实的全部意义和全部范围"（《马克思恩格斯选集》第一卷，1995：79）时，我们的非虚构写作就可能时时感悟到村落里的"小人物"身上所具有的"生命力量"。或许，在总体中，个人的"生命力量"是渺小的，但无数"他们的合力"却可能成为左右长时段社会发展的"历史动力"。

总体视野引导我们关注非虚构书写的人物、故事与总体历史进程的"同步性"。

非虚构写作以生动的笔触描写小人物的故事，以期使读者从中更好体察我们的时代，让学者"以小见大"，更好地解读、分析我们的社会。这种书写目标本身要求故事、人物与总体的"同步性"。

新中国成立以后，联民村经历过土地改革、农业合作化、人民公社以及改革开放等不同历史发展阶段，总体上说，除了"三年自然灾害"，农村基本社会秩序一直保持着稳定。这是总体的状态，非虚构写作的基本态势也应当如此。否则，如果非虚构作品与我们的总体相违背，就可能失去非虚构写作的学术价值。在近百年的历史中，联民村一定有不少悲惨的故事，但这类故事无助于我们更准确理解总体，实现相应的学术观照。义乌的情况也一样。改革开放以来，义乌经济总体上得到了令世人瞩目的发展，非虚构写作不能只写失败的故事，只写义乌发展过程中的困难与问题，如假冒伪劣等，也应当写与义乌发展相"同步"的成功（经历曲折）的案例。

总体视野下的"同步性"影响着非虚构事件、细节的布局，更直接影响着非虚构人物的选择。以联民村为例。新中国成立以后，位于浙江钱塘江畔的海宁市联民村一直处于稳定的状态，我注意到，历届基层干部在其中起了十分关键的作用。因此，我优先选择了解放初期担任联民村所在祝会乡的乡长李悦庄、副乡长江少清，选择了联民村最初的大队支部书记冯祖康、大队长陈甫堂等人员。从1950年到1960年代中期，这几个人是联民大队一带的主要负责人，对联民大队的生产、农民的生活有较大的影响。接着，我又选择了我的出生地联民村陈家场的顾颐德作为非虚构写作的重要人物，他从1960年代初开始，长期担任陈家场的生产队长，当年叫红旗生产队。在人民公社中，生产队长犹如大家庭的家长，家长自然是一个值得书写的重要人物。

三 自我的挑战

文学创作可以放飞作者的想象力，行云流水，天马行空。非虚构写作的“非虚构”不仅“划定”了作者的写作空间，而且对作者的自我状态提出了挑战。在非虚构写作中，作者的自我状态直接影响着作品的历史价值。作者一直面临着如何调整自我的严峻挑战。

当作者把关注的目光投向非虚构写作对象的时候，他不可避免地受到各种现有意识、成见的“遮蔽”，犹如戴着一副有色眼镜看世界。我们必须自觉摘掉有色眼镜，努力在三个方面实现“去遮蔽”，以便尽可能趋近真实存在的写作对象。其一，“去日常意识遮蔽”。日常意识“润物细无声”地影响着我们对生活世界的认识，在村落共同体中，其往往成为所谓“集体记忆”的重要内容。日常意识以“道德的眼光”评判人物与事件，或多或少掩盖了真实，导致了曲解与误读。联民村陈家场农民顾颐德曾经长期担任生产队长，他被一些人贴上了“自私”的标签，讲起他，“自私的故事”引人关注。但是，这些故事是真实的抑或被遮蔽的？陈家场农民顾文林几乎不参加生产队的任何活动，她从来都是“被忽视的存在”。但是，这种“被忽视”是真实的抑或被遮蔽的？我不想给出武断的回答，重要的是，我们要关注日常意识的遮蔽并主动“去遮蔽”。

其二，“去意识形态遮蔽”。新中国成立以后，中国农村经历了土地改革、农业合作化、人民公社、改革开放以及社会主义市场经济等一系列发展过程。这是前所未有的乡村变化之路。为了使传统的农民“走上社会主义道路”，国家需要进行广泛的宣传、教育，甚至开展“阶级斗争”，让革命意识形态成为一种强大的政治压力，严格规范农民的行为。曾经的意识形态会以不同的方式出现在人们的集体记忆中，构成对人的偏见。再以陈家场的顾颐德为例。陈家场有人谈到顾颐德的时候，会强调他私自“做绿豆芽”“走资本主义道路”等情况，夸大他入党过程中“碰到的问题”，甚至仍质疑他对党的态度。我们需要认真评估这些“回忆”，以给出客观的书写。

其三，“去理论遮蔽”。当一个社会科学学者着手准备书写非虚构作品时，原有的理论素养是一把双刃剑。一方面，理论素养越好，越有能力把非虚构小作品放到一个宏大的历史、社会话题中，越有能力把宏大的历史、社会作为引导非虚构写作的总体视野。另一方面，如果“一不小心”在写作中受到现有理论的“污染”，现有理论就成了有色眼镜。往好一点说，非虚构作品留下了理论的痕迹；往严重一点说，非虚构作品成了证明理论的一个案例。因此，我们必须意识到，在进行非虚构写作时，理论是一个必须认真对待的“问题”。

“去遮蔽”犹如剥去覆盖在真实生活上的“外包装”，使真实生活实践变得“澄明”起来。然而，真实生活实践却“看不见”，需要靠我们“进入历史性生存”中去体悟、去感知。一旦我们深浸于“历史性生存”中，身处于人民大众的生活实践中，我们就可能超越理性的纠缠而把握本真的历史性。在这里，我们需要高度聚焦最基本的历史事实，即“个人使自己和动物区别开来的第一个历史行动并不是在于他们有思想，而是在于他们开始生产自己所必需的生活资料”“人们生产他们所必需的生活资料，同时也就间接地生产着他们的物质生活本身”（《马克思恩格斯选集》第一卷，1995：67）。这种物质生活的生产实践是农民们的基本生命活动，源自“活下去”的欲望，源自“香火绵延”的祈求。进一步说，农民们的物质生活实践从一开始就是社会的、历史的，从一开始就在多重交错的社会权力关系中进行，在不断变化着的国家与农民的张力中展开。农民们竭尽全力汲取生活资料，努力改善生活本身，他们也在不经意间创生着社会关系，改变着村落的面貌。

我们期待着通过非虚构写作来呈现真实而又充满细节的农民故事，要想写好非虚构文本，我们还需要有“历史想象力”。“历史想象力”是我们需要自我锤炼的心智素养，是我们把自我生命的感性体验、自我人生的通透领悟投射到与非虚构写作对象交融的“历史性生存”场景中的能力。非虚构写作在“历史想象力”中展开，而写作本身成了自我的生命体验，成为自我在与不同生活世界的遭际中的求索之旅。从 2021 年秋开始，我着手书写联民村的个人生命史、义乌的工商业经营者，在落笔之际，我很快遇到了“非虚构”与具体细节的张力，“非虚构”与因果关联的张力。“历史想象力”给了我走出张力的“底气”。

“历史想象力”十分重要，却不是“自然存在”的，所以，我们需要根据自己的情况做些工作[①]，让“历史想象力”在写作中发挥作用。

联民村是我曾经生活过二十多年的家乡，我熟知联民村的人物，熟悉联民村的环境，即使如此，为了写好七八十年前一直延续下来的故事，我仍然需要做些工作，回到“历史性生存”中，让我的“历史想象力”更真实可靠。例如，为了写好1943年6月25日胡少祥的奶奶早晨投河自尽、他的爸爸被吓成精神病的场景，我专门重新回到了“现场”。尽管当年的小河早已被填，小路也被改造，但朝霞依旧、露珠依旧、田里的庄稼依旧、老农民上街的脚步依旧！这一切无疑都给了我难得的“历史想象力”，让我的描写更加鲜活。又如，我家隔壁的陈家老屋解放初期被“没收”，先后成为乡政府、村政府的所在地。1969年，陈家老屋被拆，建筑材料用于建设联民大队办公室。为了写好一度“主宰”陈家老屋的两位祝会乡乡长、联民大队的党支部书记与大队长，我请陈家老屋所有人的孙子陈一环给我绘制了平面图，听他讲了在陈家老屋里发生的“童年故事”。这帮助我生动地写好陈家老屋里的“干部们”。

在非虚构写作中，人物对话是一个难题，我通过三种方式“锤炼自我”。方式之一，阅读当年留下的联民村“对话性文本”，例如，1966年底联民村整整三天会议的记录，周生康《革命的书写——一个大队干部的工作笔记》中的一些对话记录，等等。方式之二，假如我书写的人物仍活着，我通过与这个人物的反复对话来体会他讲话的特点。方式之三，我自己冥想在联民村生产、生活中与人对话的情景，琢磨对话的风格。例如，为了写好我继母的堂妹，我曾经反复回忆自己与继母之间的对话，以便体会村里一些“极少参与公共生活的女人”说话的特点。这些自我的修炼工作可能使“历史想象力”中几十年前的“对话”更接近真实。

最后，非虚构写作追求故事的连贯性，应如何处理“突兀”行为问题？我们在非虚构写作中有时会遇到一些行为，似乎与当时流行的行为不同，怎么处理？例如，义乌早期的小商品经营者冯爱倩在找了县委书记谢高华并得到书记的支持以后，开始成为义乌湖清门小商品市场的第一代合法经营者，几乎让所有人匪夷所思的是，冯爱倩并没“抓住机会发财”，反而积极参与小商品市场的治安保卫工作，后来，竟然“放着稳赚钱的生意不做，当起了义乌小商品市场的治保主任”。怎么理解冯爱倩的行为选

① 各人应当根据自己的情况“修炼”，以提高自己的“历史想象力”。

择？为了想明白，我反复聆听她讲述“家史”，讲述她母亲的悲惨故事，她童年经历的“一情一节”。俗话说，“七岁看到老”，我借助“历史想象力”，从冯爱倩的“家史”和童年故事中发现了她“选择的生命基因”。于是，她的行为不再“突兀”，她正追求着来自义乌这片土地上的幸福感。

四 三个问题

社会科学学者把非虚构写作作为研究工作的起始点，这是一次学术冒险，有三个问题需要进一步深入讨论。

其一，关于总体的再思考。

“真正的实证科学”开始于人们现实的、感性的“社会生活实践”。如果我们不想让这句话成为空泛的、抽象的议论，而是社会科学工作者的研究指南，那么，“社会生活实践”作为总体性的存在不仅是在特定时间、空间中的具体存在，而且对于社会科学工作者具有双重含义。一方面，社会科学工作者对“社会生活实践”总体怀着极大兴趣，并试图巧妙提出“有益于增进总体理解”的具体问题；另一方面，在兴趣与问题的引导下，社会科学工作者搜集资料，或者开展非虚构写作。由此可见，对于社会科学工作者来说，非虚构写作从一开始就与作者有关总体的“问题意识”相关。浙江海宁的联民村是我的家乡，从1988年开始，我做了大量调查，写了一些文章与书籍，其中最重要的是《告别理想——人民公社制度研究》。回顾自己以往的研究，我总觉得还有一个重要问题值得追寻：长时段影响浙江农村社会、文化从而使之长期保持着稳定的因素是哪些？如何发生作用？新中国成立以来发生了什么样的变化？正是这些重大问题像“谜一样地存在”，催促我开始了关于联民村非虚构作品的书写。义乌的问题有点儿差别。2019年夏天，我带着二十多名教师、学生开始了对义乌工商业经营者的访谈，大量的访谈给我以学术的冲击：义乌的农民身上难道存在着“内生的动力”，推动他们排除万难发展经济，取得了令全世界瞩目的成就？这个问题给了我书写义乌工商业经营者的热情。

总体的“问题意识”在宏观上影响着非虚构写作的案例选择。联民村的问题涉及一个区域的总体演化，因此，我必须选择“对总体有影响的人物”，如地方干部、村落中的“头面人物”。同时，我还必须注意人物“身份的多样性”，除了干部，还要有普通的农民，有男人，有女人，有“四类分子”，等等。义乌的问题是工商业经营群体的问题，我只要选择不同的工商业经营者就行了。

其二，收敛与开放。

非虚构写作的总体视野不是收敛型的，这就是说，我们不会用总体的某些特征去约束、处理具体的非虚构案例。例如，新中国成立以后，农村总体上呈现不断发展的趋势，但是，在具体个案中其遭遇可能会非常不同，我们优先尊重个案的实际情况，不回避个案与总体之间存在“不同步”的态势。陈家场的顾颐德家在土地改革以后曾经有人外出讨饭，这件事本身只是少数特例，但是，实事求是写出来仍有重要价值。实际上，总体视野仅是宏观的观照，在具体书写的过程中，我们重点关注的是个案具体细节的挖掘与书写，是以“开放”的心态去搜寻生动的故事。

这里，我们需要再一次强调的是，总体视野的观照是有效防止“仆人眼中无英雄”困境出现的方法。仆人知道历史中的重要人物，如克伦威尔或者拿破仑的无数故事，不只是故事的全部细节，还包括重要人物的逸事、嗜好、隐私、个人趣味，甚至还有鲜为人知的怪癖，所有这一切的集合难道就是历史上真实的克伦威尔或拿破仑吗？回答是否定的，甚至可以说，仆人们“只是以全部历史细节的真实性来伪造历史”。我们需要谨慎处理非虚构写作中的细节选择，让总体视野成为指导我们做出正确选择的“普照的光”。

其三，作为人文社会科学研究环节的非虚构写作。

我们处在一个信息爆炸的时代。海量的信息如狂风暴雨般袭来，考验着社会科学工作者的学术定力：能否抵挡住各种冲击而坚定、勇敢地“深入历史的本质性的一度中去”（海德格尔，1996：383），深入直接影响人的生命欲望、“香火绵延”的感性生活实践中去，“窃得火来”，为全部社会科学研究夯实基础。

我们作为社会科学工作者开展的非虚构写作就是这样一种“冒险的尝试”。我们期待着非虚构写作有机会去除各种遮蔽，摆脱思辨羁绊，呈现真实的“现实生活”，成为马克思意义上的“真正的实证科学开始的地方”，进而成为人文社会科学研究过程中的一个重要环节。

我们将努力书写联民村、义乌的非虚构作品，将其作为人文社会科学学者们进一步开始学术讨论的“资料”。我们期待着与大家协同合作，切切实实从当代中国的“现实生活”出发，努力开展人文社会科学理论研究。困难在所难免，但只要沿着正确的方向前行，哪怕一点小的成果都会是对中国学术的大贡献。

参考文献

海德格尔，1996，《海德格尔选集》上卷，孙周兴选编，上海三联书店。

卢卡奇，1999，《历史与阶级意识——关于马克思主义辩证法的研究》，杜章智、任立、燕宏远译，商务印书馆。

《马克思恩格斯选集》第一卷，1995，中共中央马克思恩格斯列宁斯大林著作编译局编，人民出版社。

对话网易“人间”工作室：非虚构写作平台的兴起与发展

访谈人：游天龙　张海静*

简　介

关军：中国最具经验和实力的非虚构写作领域作家之一，历任《南方周末》资深记者，《南都周刊》《体育画报》《中国新闻周刊》《智族GQ》主笔。非虚构写作平台网易“人间”工作室①栏目创始人。

沈燕妮：网易“人间”工作室非虚构写作频道主编，网易文创部门总监、版权经纪业务部负责人。

一　起：非虚构写作的兴起

魁阁学刊（以下简称“魁”）：二位老师好，感谢二位今天接受我们的访谈。我们正在做一个关于非虚构写作的学术专题，现在已经邀请了几位关注和研究非虚构写作的学术界人士，请他们从学术的角度谈了一下看法。关军老师您作为多年从事非虚构写作的作家，又和燕妮老师一起推动“人间”栏目的发展，是非虚构写作平台的创始人和参与者，我们想听听您从业内人士角度出发对非虚构写作的看法，以便大家从多角度了解中国非虚构写作的发展。首先您能简单介绍下最近的工作吗？

关军（以下简称“关”）：我最近在忙一个非虚构写作的项目。我之前自己写过非虚构作品，也主持过栏目，感觉很多人还是需要一定的支持。

* 游天龙，云南大学民族学与社会学学院社会学系副教授；张海静，云南大学民族学与社会学学院2020级社会学专业硕士研究生。

① 网易“人间”工作室成立于2015年8月8日，截止到2020年底，共发展出包括“人间”“戏局”等品牌在内的全方位的现实主义题材内容矩阵。目前网易“人间”工作室已成为华语现实主义题材（非虚构作品类）市场的头部平台。

我就想搭一个平台，这也是和一个编辑朋友聊天碰撞出来的想法。这等于是一个社群，把对长篇非虚构写作有梦想的作者聚集起来，也拉进来一些出版人，还有可以提供建议的资深写作者，现在有不到 70 个人，其中不到 40 个是有写作计划的。我们会分享写作计划，编辑或者资深作者会给出一些意见，也会有一些线下的交流。很多出版方想做非虚构方向的尝试，但苦于找不到作者；有的作者尤其是一些所谓的素人作者，不够资深，没有出版的资源，写作方面也没有人能提供建议。搭建这样一个平台，把各方的资源能够整合一下，大家都能够获益。

魁：听起来您的工作，一方面发挥了平台的联通作用，既对接了出版方，又对接了素人作者，另一方面好像还有写作工作坊的功能，帮助作者在写作上做一些提升，是这样吗？

关：这个可能我不抱那么大的期望，因为写作更多还是个人的事情，我会尽量提供经验的分享，或者有什么问题我们尽量来回答，但是我不希望大家有过多的期待。

魁：那您新搭建的这个平台和目前的网易“人间”、腾讯“谷雨”等互联网非虚构写作平台有什么不一样呢？它们也是帮助素人作者获得发声空间，有些最后还出了书。

关：这个更偏向于公益，我们这不是一个开发的平台，不会提供任何出口，只不过起到了资源聚合的作用。我也鼓励他们“一鱼两吃”，先开发再出版也都可以，尽量能让作者收益最大化。我们群里还有一位专门做版权受理的，帮助作者维护版权利益。

魁：您估计在中国热衷写长篇非虚构作品的群体大概有多少人？

关：这个没法统计，不过有个例子，我的一篇小文章反响还是超过预期的。我通过小程序每天发一篇文章到朋友圈，点击量是 5000 多次，来咨询报名的人大概有 100 个，但是有些人没有具体的计划，我就说还是要帮有具体计划的人。当然这只是很小一个浪花了，真正有写作梦想的人肯定要比这个数字多得多。

魁：这两年感觉非虚构写作特别热闹、特别繁荣，您觉得是什么条件促成了行业或者说这个领域发展得这么火热？

关：我们群里有这么几类人。一类是资深记者、媒体人出身，现在传统媒体本身有点衰败，不能满足所有的写作需求；而这些前媒体人他们有更大的梦想，有写长篇作品的需求，所以就转过来了。还有占很大比例的普通人，他们的很大一个需求是写自己的家人，尤其有的是亲人去世了以后，想给家人留一个回忆。

魁：这些需求可能一直都存在，相比之前的时代来说，这10年感觉好像非虚构写作热度很高，什么原因让大家现在更乐于去表达呢？

关：原因有两个方面，一个是自媒体的发展降低了写作门槛，借用脱口秀那句话“每个人都能说五分钟”，每个人都能写一点。另一个就是像“真实故事计划”、网易“人间”这些纯针对普通人的故事平台，它会激发很多作者的创作欲望，也提供了一个很好的发声渠道。

沈燕妮（以下简称“沈”）：非虚构写作可以理解为由传统文学界开始的一个风潮，当时他们只是觉得非虚构这种形式很好，但是缺乏平台或者栏目作为范例让大家看到，进而产生示范效应，所以他们非常鼓励、推荐大家去做这件事。其实主要还是2015年阿列克谢耶维奇获得诺贝尔文学奖之后，在《人民文学》上有很多人在讨论非虚构写作，李敬泽、李娟有一段时间主要推非虚构写作，但这几年又没有了。非虚构作品拿了诺奖之后，大家就觉得这种写作形式也挺好的，很有价值。

魁：在阿列克谢耶维奇拿诺奖之前，国内有人关注非虚构写作吗？

沈：也有人写，但是没有一个官方的平台。那个时候我们都去写特稿了。随着互联网的发展，用户越来越多，才能推动优质的东西传播，那个时候也没有这个条件。假如抖音这个概念是在2000年建起来的，那我感觉平台也做不起来，因为大多数人都没有手机，不会拍视频，也不方便拍视频，就是有一个视频网站，也做不成用户生产内容（UGC）这种模式。同样的道理，非虚构写作也和互联网的发展是同步的。传统文学界开始推非虚构写作，很多人拿出了不错的作品，像李娟，像梁鸿的《中国在梁庄》。

二　承：非虚构写作平台的出现

魁：互联网平台是什么时候意识到这个内容市场的，或者说你们加入进来的动机是什么？

沈：据我了解，腾讯、网易都是2014、2015年左右开始做非虚构写作的。大多数新闻记者开始写非虚构作品，视角会与普通人不一致。但非虚构与特稿不是对立的，前者包含了后者，只不过更愿意给更多的普通人提供这个机会，而不是把这个平台做成带着官方视角的形式，所以其实它们并不冲突，这两个并不是完全的两回事儿，而是可以相互融合的。我们做这个的原因是特稿做不了了，我们也想去采访一些东西，但如果我是作为官方的媒体，我是没法去采访的，所以我就把它的社会性藏在了个人的观点里面，这样的话你表达的东西就不是官方的东西，就是纯个人的东西了，纯个人的东西风险就小一点。审核的标准就不一样了，作为官方媒体和作为个人写一个经历、一段小故事，完全不走一套审核流程。

魁：关老师您当初是怎么加入网易“人间”的？

关：这是一个阴差阳错的故事，当初最早并不是要做这么一个平台，那时网易还有很多《南方都市报》过来的媒体人，他们是做新闻的。大家更偏向于做一个特稿平台，招募记者，通过网易来开发。后来发现这样行不通。因为互联网媒体尤其是门户网站不习惯付费获取内容这种路径，养一大批记者写特稿，投入产出有点不太成比例，互联网媒体没有这个需求，加上那时写作环境不是特别好，也不支持这种方式。而且网站需要日更，你想得养多少人才能支撑这么一个平台啊。所以后来就打消了这个想法，开始搞面向普通人的征稿，很快就有大量稿件资源过来，慢慢把这个平台撑起来。和网易“人间”有点类似的就是界面媒体旗下的“正午故事”平台，这也是一个非虚构写作的平台，以约稿为主，而非面向普通作者。我们就是真正意义上第一个靠普通人来稿支撑的非虚构写作平台，基本日更，或者每周五篇，“正午故事”产出周期更长，更新频率就相对低一点。

魁：您当初是一开始就加入了网易“人间”吗？还是平台有一段时间了才加入？

关：我是受当时网易门户网站总编辑陈峰和副总编辑钭江明的邀请加入来筹备这个平台的，他们俩提出这个想法，那个时候还没有什么眉目，“人间”这个名字也是后来起的，当时就是抱着做一个频道的想法，用了一两个月时间才确定如今这种收稿方式。刚起步没有来稿，我就采用了一个特别的办法，我跟作者打个招呼，获得对方许可之后，把以前很多优秀的特稿刊发在我们平台上，大概定下了非虚构写作平台的基调后，才去公开征稿。每天都有几篇稿子过来，来稿量还可以，但是总体来说质量没有那么高，我们几个编辑也要做大量修改，和作者沟通。后来有一天就收到了索文的稿子。他后来成为“人间”栏目很重要的一个作者，出了《我的浏阳兄弟》这本书，主要是回忆旧事、同龄朋友，和当下产生联系。他的稿子，很有写作的味道，故事性并不强，但很有烟火气。这样子慢慢发现了一些成熟的作者，我们就比较有信心。作者不成熟的话，我们就得投入大量精力来改稿子。燕妮是第一个招进来的编辑，后来又招了两个，还招了一个记者，就是王挺挺，但是王挺挺写得很少。开始还想慢慢招几个作者，有一些自己的产出，但是这条路完全走不通，就变成完全靠来稿支撑的模式。

三　转：非虚构写作平台的运作

魁：那普通作者投稿还有点儿看天吃饭的感觉？

沈：对，看天吃饭，好在我们这儿已经做了很多年了，所以从中选出好的文章是更容易的，就是已经形成气候了，就没有那么难。

魁：“人间”现在每天能收多少稿子？

沈：几十篇、一百多篇吧。读那么多东西，要从这里面找其实也蛮费力的，编辑有经验了就会好一点。

魁：你们采取了什么措施来确保稿件的真实性呢？比如说怎么判断它的真伪？

沈：很大程度上还是根据个人经历来判断的。就像记者去采访一个人，去判断这个人说的这个东西可不可以写进稿子里。所以基本上非虚构的编辑以记者出身为主。主要还是作者自己在写，如果他是基于自己的经历来写，那我们只能判断他从事的工作是什么，或者是与生活相关，或者是完全不做这个工作，你是记者去听别人讲的，所以不太一样。

魁：你们是如何确定选题的呢？比如说为什么你们会想到要去做一个中国人工作的栏目？

沈：如果不给一个选题，大家投来的稿子就会越写越窄，所以我们就像作文老师一样，就要给大家布置一些写作的主题，相当于给出一个命题作文，写命题作文好过不给题目随便写。所以我们每年都会想一个题目让大家写，然后这些题目要尽可能让更多的人能够参与进来、能够写。而且有的时候很难说单独一个选题会给人怎样的感受，“人间”的东西不在于它单个拉出来特别怎么样，而是要组织在一起，你就会有这种感受。像“人间有味”“人间骗局”这种很容易写的主题，大家可能都有经验，上学工作、衣食住行，都有得写。

魁：你们用的是普通作者投稿、编辑筛选反复修改这种模式，然后您这边讲你们这个模式不具备完全的可复制性，我好奇其他那些生产模式是怎样的？

沈：自己写啊。我听你讲完的故事我来写，我添油加醋也好，缺枝少叶也好。其实记者采访是具有可复制性的，因为我可以自己主动去找想写的故事，或者我写作的方式都是一样的，但是每一个作者他都有自己的写作方式，他都有自己的立论，我们不可能把每一个作者的世界观都调成一样的，那就变成自己写了。

魁：你们为什么要坚持这种生产模式？其他的非虚构写作平台很多都用其他的生产模式？

沈：其实很多非虚构写作平台现在早都不做了，他们做的跟记者采访那种模式比较像，其实是更贵的。然后稿件也不是每天都发的，稿子就很容易同质化，变成选题了。什么选题火就做什么，还有一些干脆就去找写手写情感类专栏，那就没必要了，因为网易也有其他的人在做类似这种事。我不感兴趣，我不喜欢做广告类的稿子。还有一些写故事的栏目，他们去买便宜的故事素材，然后找上几个便宜的写手把那个故事写出来，很博眼球，这就不是非虚构写作了。像“魔咒”，他们就是招了很多写手，然后到处去找人讲故事，讲完了之后花一两百块钱把素材买走写出来，你自己又不能再写了。

魁：项飙老师在 2018 年的一系列讲座中曾经把当下的非虚构写作和之前的报告文学联系起来。关军老师您经历过 20 世纪 80 年代报告文学的时代，后来也参与主导了最近 10 年非虚构文学的发展历程。您觉得不同阶段、不同类型的非虚构作品，它们有什么延续和转变的地方吗？

关：粗略划分，我感觉报告文学还是要区分媒体类和作家类这两种。最早做报告文学的媒体是《中国青年报》，一个资深编辑叫张建伟，他后来是《走向共和》的编剧。他是新闻专业出身，遵循专业原则写作，他的作品就比较规范，我感觉与现在非虚构作品没太大区别。另一位钱刚老师是《南方周末》副总编，后来到港大当教授，他写了《唐山大地震》，也是很严格、非常棒的一个非虚构作品，只是当时都叫做报告文学。至于作家类的报告文学，我可能有点绝对，这只是一个个人印象，多数作家类的报告文学还只是把现实当成素材，然后加入大量文学演绎、想象元素，这可以叫“文学虚构”，但不能叫“非虚构”。

魁：二位觉得非虚构写作和报告文学的不同之处在哪里呢？

沈：报告文学是有写作目的的写作，相比较之下非虚构写作是纯个人写作，写作者并不是抱着一个目的，只是想记录个人的经历和故事。现在看起来报告文学已经过时了。当时传统文学界，包括作协都在推非虚构写作这种形式，一群以前做媒体的人就开始做了。

魁：在内容方面，你们一开始只有非虚构，后来又加了虚构的栏目，这样做是因为？

沈：虚构就是为了增加收入嘛。我们的文学版块，面向的不是传统文学，也不是目前流行的网文风格，更偏向类型文学。现在就算是作协，他们也在慢慢模糊网文和文学的边界。

魁：你们对这个栏目长远的想法是什么？

沈：我的想法不一定能实现，内容对外输出还是一样的，定位保持在普通人的故事。运营方面，可以作为影视制片的上游环节提供素材，这是一个纯经营方面的计划。

四　合：非虚构写作的前景

魁：关军老师2017年在人大新闻系的一个采访中提到“非虚构写作发展仍然面临重重困难”，比如说个人写作门类单一、传播受阻、舆论风险之类，现在您觉得这个情况有哪些方面变好了，还是变得更加困难了？后来“人间”发展的道路上有什么在你看来比较艰难的时刻吗？

关：我做“人间”那个阶段没有太大的外部困难，当时网易比较支持，大家是辛苦一点，但是没有别的困难。后来会有一些生存的压力。我当时接受采访谈到的困难更多指向专业问题。我觉得有“人间”，有“真实故事计划”，是一个很好的事情，写作不再单一，个体获得话语权，非虚构不再只由媒体来定义。但是后来就变成媒体的非虚构越来越弱，这个我觉得又是反过来了。本来应该是齐头并进的，共同发展才比较好，我觉得这两者是不可互相替代的，有一些是公共性的话题，或者需要专业采访的稿子，素人作者是不能取代媒体的。

魁：互联网平台可能最擅长的就是类似于网易现在这种模式，那会不会是因为大家都看到了这种低成本投入的运营模式，反而无形中把专业的非虚构写作的生产空间挤压掉了？

关：互联网当然是天然更愿意低成本运行，但衰败的根本原因还是传统媒体本身在凋敝，这是一个没有办法的事情。好在我倒有另一个判断，虽然现在媒体没有那么多了，但是总体来说媒体的特稿质量我觉得还是不错的。我平时也给腾讯“谷雨”做评委，每个月评选当月的优秀作品，其中有些作品的质量一直是不错的。我觉得非虚构写作现在谈不上多繁荣，也谈不上多衰败，还行，形态比原来要丰富。经常有人问我非虚构写作，他们认为非虚构写作要和媒体联系在一起，我说媒体只是一个很小的部分，非虚构写作原来是一个出版概念，除了虚构几乎都是非虚构。只不过媒体后来有生存困难，所以找了这么个概念来包装某些作品，这样相对安全，过去叫作“特稿”或者“调查新闻”，现在叫“非虚构”，我觉得有点这个倾向，但其实这并不是非虚构写作的全貌。你们做社会学或者人类学的东西，包括民间记忆，只要不是编出来的故事，都是非虚构作品。

魁：相比于 20 世纪 80 年代的报告文学，目前非虚构作品的公共性是否在削弱，更加突出作者个人的自我呈现，从“我替你看”到“我带你看”?

关：这是有一个过渡期的，大概 20 年前，我们在《南方周末》写特稿的时候，极其避讳“我”的出现，必须要强调客观视角。只不过这 20 年间慢慢有一个转变，我感觉跟何伟的影响有很大关系，“××视角”并不一定会影响本身的客观性。另外也跟整个时代强调自我表达有关系，公共性在减弱，但大众不会以公共性来要求叙事主体一定要如何，“我”已经可以作为一个视角来讲述客观事情，受众也比较能接受，我觉得是这样。

魁：结合之前的问题，会不会是因为公共性减弱了，其实让这一类文学也更加安全，这一类题材其实更容易存活下来?

关：对，因为还有一点，其实绝大多数自媒体或者互联网媒体都没有新闻报道权，所以“我”可能相对来说还是更安全一些，变成个体的叙事，而不是代表媒体来去表达一些东西。你没法说“人间”的文章是一个报道，哪怕偶尔会关注一些公共性问题，比如当初“8·12 天津滨海新区爆炸事故”，但是确实更容易规避风险。

魁：之前提到过非虚构写作的变现比较困难，这个问题到现在也没有比较明显的变化，这些年各个互联网平台在非虚构写作商业化上做了哪些尝试?

关：这个方面可能燕妮或者“真实故事计划”的雷磊了解得更多。我个人从开始就不太看好这条路。它是两类东西，并不是说一个好的故事，就直接可以变成一个好的剧本，所以不能奔着成为剧本这条路去修改非虚构作品。我有朋友在做这个方向的平台，对文本进行大量修改，引导作者写作情节的设置和故事推进，我感觉就是完全违背作者初衷。另外一点，一个好的非虚构故事要转化成好的剧本，这需要一个专业人士或者团队去做，而不是说一个平台随便就能判断是不是好剧本，这个是不太现实的，中国真正缺的是好编剧。还有一个工序是比较需要的，这就要求从业人员既懂电影也懂非虚构写作，尤其还要具有一定的采访经验，可以根据一个故事的基础再采访、再补充，为剧本服务。一个好的故事和一个好的剧本，这两者基础还是不一样的。一个好的故事架构，万一被影视公司看中了，可能会变现，只是这个过程不那么容易。这两年大环境也在改变。他们以变现为目标时，正是影视改编最好的时候，现在早就风光不再了，这一两年影视改编也不值钱。

还有一点，许多非虚构文本的篇幅并没有充实到剧本应有的程度，如果要改编成剧集，需要编剧再加工创作，做大量工作重新补充采访等。非虚构能提供的东西很有限，更像是一个点子，这也可能是不特别值钱的原因。变现风潮最早是因为《时尚先生》发的一篇《太平洋大逃杀》，卖得特别贵，把大家都刺激起来了。

沈：非虚构文学，它的面向是多元的，作为互联网产品是一种话语，作为文化产品又是另一种话语。作为文化产品，我们会更关注变现的潜力，与社会的多种形态的链接。文字内容只是一个基础，为的是下游的更大的市场，不仅是为了上游做出来的东西本身。

现在现实主义题材是国家比较大力推进要做的，但是这些数据没有办法落实，比如说《我不是药神》。这么多非虚构写作的平台，出了这么多东西，好多没拍出来。我手里有几个 2017 年就卖了，然后目前最有可能拍出来的就是万达买的《三大队》，今年开机，但也不确定什么时候能上，这几年不能上的电影太多了。有很多挺好的作品原本是买的非虚构作品的版权改编的，但没上映就没办法。

魁：既然剧本这条路走不了，现在也时过境迁了，您觉得非虚构写作除了呈现个人的经历故事外，有没有什么可以跟商业结合的点？

关：多条腿走路吧，多跟别的平台合作，非虚构写作本身也做了一些出版外延的尝试。“人间”应该差不多实现盈利了，“真实故事计划”也做了好几年，起码有商业的希望，要不然也不会做这么久，肯定不是光靠卖版权。其实这个行当盈利路径选择范围很小，我的想象力比较有限，这些平台能活下来我还是觉得挺难的。

魁：互联网平台，特别是门户网站，这两年好像都“混”得不好，但是这些类似非虚构写作平台的子栏目反而都活下来了。像丁磊他们做非虚构写作平台是出于什么目的呢？

关：大概是这种感觉，不是纯粹为了社会公益，也不是出于新闻情怀，他们也没有多强的商业目的性，就觉得既然不花太多钱，那就做个实验看看效果，他们也知道这个反响还可以。其实我离开这个行业的一线已经好几年了，我大概知道有一些创业平台、内容平台不是专门做非虚构写作的，但也需要大量类似的特稿题材作品。比如我前两天跟一个朋友聊，他原来是在“人间”做编辑的，后来就到丁香医生给“偶尔治愈”写与医患相关的特稿。总体来说近几年非虚构作品还是有一定的扩展的，只是公共性的非虚构写作在弱化。

魁：公共性有重新得到强化的可能吗？

关：这个不太好下判断。2010 年前或者更早的时候，我们对互联网是充满期待的，认为互联网会带来很多改变，但是没想到带来的却是一个我们不愿意看到的改变，人们不是得到更多权利，而是失去了更多权利。我们尚未看到技术带来好的进步，却看到人变成一个更加原子化的状态。究竟互联网能够把人类或者说中国带到什么地方，很难做一个判断，目前我看来是比较悲观的。

魁：关老师刚刚提到现在自己在做的平台更多是公益性质的，感觉您这个平台和其他资本加持的平台功能较为类似，那您现在做这个事情的优势和特点是什么呢？

关：功能好像也不完全一样，因为我并没有一个输出平台，完全是一个中介，就是客观。我跟他们开玩笑说我并不是一个“拉皮条”的，实际上我做的事还是一个“拉皮条”的事儿（笑）。我是想构建一个作者共同体，大家能够互相激励、互相帮助一下，其次才是渠道拓展。因为毕竟写非虚构故事太孤独了，也太辛苦了，大家可能需要一定的互相支撑，哪怕仅仅是精神方面的互相慰藉也好。我们每个人都会把自己的题目、初衷、想法和如何操作做一个介绍，通过这样大家互相启发，有些人可能在犹豫要不要动笔，那他在社群中动力会稍微强一点。还有一点，我不太满足于非虚构作品只到1万多字这种模式，我还是认为长篇非虚构作品会更有公共性，也会更聚焦一些真问题，不能说大家都只满足于写一些短平快的东西。我是尽量不打鸡血，我也愿意真正能帮到想写长篇的作者。

魁：关于非虚构写作的问题，之前跟学术界有什么交流吗？

关：交流不是很多，有个别新闻类专业的老师会跟我有一些交流。

魁：这两年我们学术界开始关注和参与到非虚构写作这个领域来，因为我们经常觉得我们自己写篇论文，其实没有什么公共性。除了满足老师自己的科研任务的需求以外，对于社会、对于人类没有任何显著贡献。所以越来越多的老师愿意去花自己额外的时间来做这个事情，而且我们做社会学、人类学研究，很多时候也是可以以故事形式呈现出来的，并不一定要套上繁复的理论，然后发一个那种短平快的论文。所以我就好奇您本身和我们这个圈子有没有什么交流？

关：不太多，反正我的社群里，有些人本身他也是做研究的，有人研究律师，还有在校的研究生做西藏戏剧的。他们也想将社会学题材写成一个更面向大众的成果，而不是一个纯学术的作品。

我现在除了做这个平台，这几年我还在研究一个课题，就是普通非虚构写作与心理疗愈的关系，这个题目是我做“人间”以后触发的。非虚构写作更个人化，写自己的喜怒哀乐，写自己的家族或家庭关系、亲密关系、日常生活，那怎样通过这种写作来进行心理疗愈呢？其实这不是一个新的课题，美国已经研究很多年了，只不过我在国内想做进一步研究，然后做一些实践。我是带着一个很小的群体来做这个实践的，我在中国人民大学写的硕士学位论文也是关于这个课题的。这些年中国人的心理状况越来越差，尤其是年轻人。我想用自己的办法帮到一些人。经过研究，写作是行之有效的办法，当然不是对每个人都有效，但总体来讲还是可以作为一个渠道，而且它是最方便的，不需要任何花费，也不需要任何的介质。对吧，你只要会写就可以。这个小团队都是在我朋友圈的，我带着大家做一个基本的实践。当然我招募一些普通人，我肯定不会招那种真正的心理疾病患者。我的原则是只要你是吃药的，你还是继续吃药。对于比较严重的人，我担心我做得不专业，会产生相反效果，写作不可能完全替代医学。

魁：感谢二位接受我们的采访，希望我们保持联系！

浮生：新冠流行下的澜沧江－湄公河航运中国船员

陈肖旭*

01

疫情第三年，关累港依旧在停摆当中。没有人料到这次停航会持续两年多，关于复航的传言在船员之间不断引起喧嚣，又一次次让大家希望落空，人们都对来路不明的消息渐渐失去兴趣，但内心又暗暗期盼着奇迹会在某天降临。

2020 年 3 月 28 日清晨，张德生[①]大副与装载 260 吨货物的船一如往常地从关累港驶出，次日中午到达泰国清盛港，手机信号通了，他在微信群里得知有船回关累港后不能进港，只能停靠缅甸一侧。船员们都云里雾里，但没人往停航方面去想。疫情还在大城市蔓延，似乎和他们所处的边陲之地没太大关系，月初的时候有一条货船还从泰国运了一批防疫物资回国，这些似乎都是积极的信号。

没等大家把谜团弄清楚，30 号港口突然宣布封港，所有在港船舶就地停止作业，正在装货的 6 条船也没能幸免，最终在 4 月相继把 1800 吨货转到货车上由陆路口岸出境。境外船舶可以继续经营，但不能返航。疫情防控令正式发布时，张德生的船还在泰国卸货，同在境外的还有另外 15 条货船。停航的“闸门”拉下了，他们像是被放生的鱼，得以继续在外谋生，只是不能回家。而另一些船则没有期限地停靠在了关累港。

* 陈肖旭，香港浸会大学地理学 2022 级博士研究生，云南大学民族学与社会学学院民族学 2022 届硕士研究生（世界民族与问题方向）。

① 文中人名均为化名

实际上，云南省所有的陆路边境口岸都保留了货运通道，为了“外防输入”暂停了客运通道，唯独关累港客货运输都停止了。然而，没人去纠结个中缘由。毫无征兆的停航打乱了生活的节奏，大家都在慌乱中忙着找下个月的活计。

也有人一开始根本没把停航当一回事。经历过 2011 年“湄公河事件”的船长老邓说：“‘105’事件的时候那么严重才停了 3 个月，非典都没有影响，一开始我们以为停一两个月就会恢复，哪个想得到呢！”

最初，带着很快会复航的想法，老邓船长决定留下守船，他给船上的人都放了假，叫他们回家玩几个月等通知。到了 6 月，期盼的复航没有等来，老邓决定等到 10 月再看看，缅甸和泰国看似失控的局面让好些在境外的船员心惊胆战，他们开始给港口管理部门打电话申请回国。此起彼伏的疫情下，老邓也逐渐心灰意冷，他加入了澜沧江航道整治工程队，为工程队开船，虽然不如以前轻松，但至少有了一份稳定的收入。

02

2021 年 3 月底，笔者来到关累港开始了硕士学位论文的田野调查。距离封港已经一年，19 条货船整齐地停靠在码头，货车消失得无影无踪，装吊机生了一层厚厚的铁锈。

不论白天还是晚上，码头上都空空荡荡的。从早到晚无事可做，守船的船员们深居简出，到饭点才在船尾的厨房露一下面，或者去街上吃一碗米线，其他时间都待在卧室打游戏或者在会客室看电视。

船员、货车司机、装卸工人、货老板离开后，留下的是一片狼藉。关累的饭店、宾馆、KTV、烧烤摊关了一大半，老板们不知去向，坚守的人们在沉寂的压抑中默默维持生活。但他们很乐于向笔者讲述关累过往的喧嚣。回忆过去，似乎能给活在当下的人们某种安慰。

以前拉苹果的车从这里要排出去好几公里，全是等船去泰国的……

有时候货老板直接抱着现金在码头上找船，谈成了立马付钱。你要是能帮忙找到一条船拉货下泰国，几千块介绍费马上给你。

2000 年出头的时候，路不好，龙眼干从泰国拉进来运不出去，就堆在港口，整个关累港香啊！

在人们绘声绘色的描述中，排队的货车、焦急找船的货老板、通宵放映的录像厅和声光不断的卡拉 OK，以及每晚出没街头的几百个站街女，都是关累往日繁华的证明。这个在国境最前沿，与缅甸掸邦隔江而望，原来只有十几户人家的边陲傣族寨子，从籍籍无名的小村庄摇身一变成了人声鼎沸的贸易港，人们把它称作“小香港”，这都是航运带来的改变。

然而，昔日的荣光在慢慢褪去，以航运为生的人们的生活正在疫情盘踞的重压之下变得支离破碎。

笔者的房东一家来自昭通盐津，1990 年代举家搬来关累，他们的小儿子孙博出生于 1996 年，在关累长大，已经是一名年轻的大副。

停航一年，孙博已经把金沙江、昆明、盐津都转了个遍。一开始，父亲托老家的关系，给孙博介绍了在金沙江开船的工作，仅仅过了几个月，他就跑了。金沙江的航运生活完全是另一番光景，孙博有些猝不及防。老板的船主要运硫黄和肥料，因为担心被环保部门抓到，船员们只能在晚上拉货，通常晚上 8 点多钟去拉货，凌晨三四点才能收工下班。完全的日夜颠倒。

在澜沧江，夜航是海事局明令禁止的，因为航道复杂多变，夜航不能很好地判断水势，容易出事故。在金沙江，除了要承担更多的风险，工资也不如在澜沧江跑船高。孙博说：“钱倒是好拿，下午四五点不想干了就给老板发微信，他就转你钱。但是工资低，一个月三千多（元）……”而在停航前，孙博一个月能拿到六七千元。

回到关累以后，孙博在修筑堤坝的工地上开混凝土搅拌机。这份工作不需要太多的体能和经验，只要每天守在机器旁就可以了，工资比在金沙江开船要高，但钱却不好拿，因为项目上工资经常发不出。如果在本该上班的日子孙博没去上班，那多半是工友闹了罢工，他没活干，就回家去休息，而这样的情况几乎每周都发生。

在听说笔者调研的目的是了解澜湄航运生活后，孙博半开玩笑地说：“好多人（船员）去橄榄坝开沙船了，你去沙船上干一天，去抬一天沙板，就什么都懂了，保证你的论文写得溜溜的！”笔者问他为什么不去开沙船，他回答说：“那不是一般人干的，天不亮干到天黑，不休息，不然老板不高兴，皮都给你累掉几层！”不过他话锋一转，又说：“那个也要靠关系的，要有老板喊你才去得成。”

图 1　停航之后的关累码头

03

因为停航被迫失业的船员们无不羡慕那些在境外可以继续跑货运的船员们。然而，在外的船员们日子也并不容易。

2020 年下半年，新冠肺炎疫情在中国已经初步得到控制，然而国外不少国家的情况还比较严重。缅甸于 2020 年 3 月 23 日首次报告确诊病例，9 月 27 日累计确诊病例数破万，在此后约一个月时间内骤增近 4 万例，突然增长的病例数让轮机长老张开始担忧。

更让人绝望的是沿岸各地的防疫政策，一位李姓船长的肾结石在 9 月突然发作，船队把船开到泰国，想送李船长去当地医院就医，泰国移民局送了一些药，却拒绝了李船长上岸就医的请求。李船长忍着腹痛在江上坚持了几天，最后从缅甸掸邦取道陆路回国治病了。

老张听说了李船长去泰国就医被拒的事情，感到继续跑下去已经没有多大意义。疫情的威胁说近不近，说远不远，即使不被感染，也难保不得其他病，然而能否得到医治已经变得不可预测。老张在 9 月得过一场感冒，除了咳嗽没有别的症状，当时船正在老挝金木棉赌场的码头卸货，他上岸去药店买了一瓶国产咳嗽药，小小的一瓶，竟花了 50 元。物流管控导致的货源短缺，谁也没办法。

老张感到很没有安全感："缅甸几天增加了几千、上万例，我当时就想回去了，外边风险有点大，在外面如果发生点什么，根本就没法处理。我们去拉货、买菜，也是一样都不方便。之前在缅甸，检疫局的人拿棍子守在我们船上，不让我们和工人接触，我们还差点挨打！"

小孙女的出生坚定了老张回国的信念。9 月 21 日晚上，老张在缅甸掸邦码头接到儿子的电话得知小孙女出生了，那天他高兴得觉都没睡着。没过多久，他就给统计申请回国船员信息的陈大副发了消息，让他把自己加进申请回国的名单中。

2020 年 12 月 23 日，两条货船载着 28 名船员终于回到了关累，其中一条是老谭所在的船。他们在勐腊集中隔离 14 天后各自返乡。

04

但张德生决定坚持下去。

出生于 1970 年的张德生，1999 年从金沙江畔的水富县来到关累打工，先在码头干搬运，后来上船从水手一路做到大副，2018 年跟人合伙买了一条旧船，成了股东。用张德生自己的话说："我在西双版纳帮别人打工 20 年做出一点成绩，投资几十万元买了一条船，不可能就这么走了，这等于要了我的命。"

张德生的妻子原来在船上担任炊事员，后来随老张的船回国去了，"家里还是需要一个大人"。船上剩下四个大老爷们，包揽了所有的活计。

2021 年，新冠肺炎疫情丝毫没有好转的迹象。随着变异毒株德尔塔和奥密克戎的出现，张德生和他同在境外的 50 多个船员伙伴面临的是更加严格的防疫规定。防疫部门延续了前一年杜绝船员与岸上的人接触以及对船员进行体温测量的规定，在此基础上增加了船体消杀、核酸检测的要求。

从泰国到缅甸的每一个航次，张德生重复着船员消毒 - 工人装货 - 船员消毒 - 起航 - 核酸检测 - 防疫人员登船消毒 - 工人卸货 - 船员消毒的流程。工人登船装卸货时，通常会有两位全副武装的"大白"坐在船舱木板上，防止船员与工人的接触，张德生每次都戴着口罩在驾驶室观察，确保货物的来去无误。等货物卸空了，他就穿上防护服，背上喷雾器，去船舱消毒。

购买防疫物资并不容易，通常张德生需要提前一个月委托国内的发货人代买口罩、消毒液，发货人把物资和其他货物一起发到接货的码头，张德生和搬运工打好招呼，这样才能拿到一批物资。

与检测要求增加相对应的是靠泊门槛的提高。老挝沿岸村寨派有士兵驻守，货船靠泊村寨不再被允许，而缅甸码头则规定船上的人和货物必须接受核酸检测，每人150元一次，货物和船体采样200元一次。在采样结果出来之前，船不能靠泊码头。

河中小岛成了货船的临时靠泊点。所谓小岛不过是一堆嶙峋的礁石，可以被用作缆桩，固定船舶不被急流冲走或发生碰撞。在江中系缆过夜的非常规操作并不安全，用礁石替代正规码头的缆桩，是新冠肺炎疫情之下适应防疫要求的无奈之举。张德生有一次在礁石上系缆时摔伤了手臂。

船员不能踏足陆地半步，这给更新船上的补给带来了困难。在泰国，移民局派专人负责为货船购买蔬菜、粮油等补给；在缅甸，船员们依靠微信和商店老板订菜，他们大多是去缅甸做生意的中国人，讲中国话、会用微信支付，收到船员的订单，就把货送到码头，请检疫工作人员带上船。

妻子回国以后，张德生作为船的负责人，担负起了后勤买菜的职责。在泰国买菜最方便，种类多，蔬菜一买就是一个星期的量。至于肉类，他们则向老挝村民“进货”。船在靠近老挝寨子的地方停靠时，张德生就让会说傣语的大管轮岩庄用微信联系村民。11月份，张德生向村民买了两头黑猪，村民在天黑以后偷偷用小船把黑猪送上张德生的船，他们把猪杀好，将猪肉冻在冰柜里。一头70公斤左右的猪，够四个人吃一个多月。疫情发生一年多，他们吃掉了8头猪。

储存新鲜猪肉给船上的冷冻设备提出了新的要求，然而不能靠岸的货船接不上岸电，因此张德生的船即使不航行时也需要维持发动机的运转来发电，以保证肉的储存。张德生用16个字形容他们的处境——“上不沾天，下不沾地，左不沾岸，右不沾边”。

疫情前所未有地改变了船和岸的关系，隔绝了船员和码头社群的交往，船与船也成为一座座孤岛。在2020年以前，每天卸完货后上岸散步是张德生最惬意的事：逃离船上逼仄的空间，在开阔的码头吹着江风和船员们扯些闲篇，聊聊当天发生的新鲜事，讨论一下开船的技巧、河水的涨落……这些记忆已经在反复的消杀、核酸检测中变得十分模糊。

疫情为航运生活增加了诸多不便，但在乐观的张德生眼里，只要能够继续把船跑下去，维持正常的经营，所有配合防疫的付出都值得。和那些困守关累或出走工地的同行比起来，他觉得自己已经足够幸运了。

05

2021 年底几名船员的确诊突破了张德生的心理防线。过去的两年，疫情在全球传播，大有要感染全人类的态势，然而船员中没有一例确诊，大家按部就班地消毒、做核酸检测、打疫苗，在接种了第三针疫苗之后张德生觉得不那么害怕那个只听说过、没见过的病毒了。

11 月底，在缅甸索垒码头例行的核酸检测中，来自 3 条船上的 4 名船员检测结果呈阳性，船员们的微信群一下子炸了，所有人都听说了有人确诊。第一次如此近地感受到病毒的威胁，大家的心里都蒙上了一层阴影。两年间，测温、消杀、核酸检测以及接种疫苗，所有的“演练”和防御对象突然变得具体，气氛开始发生变化。

自封为船员协会会长，平时以插科打诨为乐的张德生表现出少见的焦躁，在得知有船员确诊的头两天，他整晚睡不着觉，总是独自一人在三层的小客厅里喝茶、玩手机，一晃就是几个小时，他给笔者发送的微信语音也明显地透露出往日没有的恐慌和疲惫。张德生说，船上的人已经无心聚在一起玩牌了，每天吃过饭就各自找地方待着，不愿多说一句话。

确诊的船得到了缅甸检疫局赠送的连花清瘟胶囊之后，把船开到泰、老、缅三国交界处的一个小岛开始了隔离。通过微信，大家了解到确诊船员咳嗽、鼻子不通的症状没有进一步恶化为重症，大概三四天以后，感冒症状也消失了。一周之后，他们把船开到泰国，接受了检疫部门的核酸检测，一切恢复了正常。笔者没能采访到确诊的几名船员，但在张德生恢复了生气的微信语音中了解到他们已经康复，“像是得了一场感冒”。

对于 4 名船员为什么会感染新冠病毒，大家莫衷一是。不过，张德生有一套自己的说法，他认为船员并不是感染了病毒，而是长久的“不接地气”，他花了不少工夫向我解释他的“寒气理论”。

其实他不是感染，他们自己的状况是感冒啊，就是说，自己觉得不舒服，四肢无力、咳嗽、鼻子不通这些症状。

怎么会查出来是阳性呢？我们已经一年多都在船上，一天能沾到地气的时间都没有一个小时，有时候一个星期都没下过船。

人这个身体不接触地气，身体里面寒气重，堆在喉咙里面，舌苔上面，就成了阳性。这些情况你父母才知道。

你说感染那个病毒，我一直在考虑……一般情况下，我们不会和工人接触，他们在前面搬货，我们在后面，他们做好了，我们抬舱板的时候都会拿消毒液把毒消好了才会去，怎么会染上那种病毒呢？我觉得应该是感冒，但是我听说有人感染，我心里还是有点害怕……

06

2021年9月，笔者从学校来到关累，开始第二轮的田野调查。抵达的当天却发现码头空空如也，船全都消失了。

在码头的上游、下游一公里左右的地方，笔者找到了一些船。他们的集体出走是对港务公司恢复收取码头停泊费的抗议。

关累港码头的管理由一家民营企业负责，在疫情之前，船舶进港都要收取停泊费0.2元/日/净吨，电费15元一天。以一艘准载吨位为400吨的货船为例，若船舶在港，每天需要向港务公司缴纳80元服务费和15元电费。港口封闭后，港务公司免除了货船的停泊费，每天仅对每条船收取15元电费。

停航的重压之下，港务公司也入不敷出、难以维持，在2021年7月底宣布恢复收取停泊费，这个决定不出意外地引发了众怒，船员们质疑道：

停航了，船主们每月也面临巨额的亏损，有人刚入股的新船甚至还没回本。哪有钱交停泊费？

船员打工的打工，守船的守船，饭都快吃不起了。

有人嘲讽港务公司是“在鸡脚杆上刮肉”。

老船长李师在得知这一消息的第三天就把船靠泊到了上游的“野码头”，但他在8月28日仍然收到了港务公司的缴费通知，通知称李师需缴纳过去297天的码头停泊费用和垃圾处理费用共4455元。李师的妻子苏阿姨愤慨地对笔者说：“停航了，码头都没有作业，为什么要我们交钱？”

李师因为身体原因，停航后没有找其他工作，一直在关累守船，船东最初承诺每个月给3000块生活费。但停航一年多后，李师逐渐不再能收到生活费。工资被拖欠了，船东说公司经营太难，投资的两条船都没跑，货也不好发，工资发不出来了。李师没有办法，他守的船自己也入了20%的股份，不能就这么丢下走了。

日子总要过下去，9月份，李师和几个留守的船员一起加入了边境疫情防控巡逻队，每天轮流在附近的堵卡点值班，一天有 100 元的收入。苏阿姨在港口的一家酒店找到了一份打扫和洗布草的工作，每个月有 2000 元的收入。这是关累为数不多还在正常营业的酒店，因为定位更高端，受到在关累出差的工程项目负责人、技术人员的青睐。

应李师和苏阿姨的邀请，笔者偶尔会去他们船上吃晚饭，有一天刚吃完饭，河谷里面狂风大作，骤雨随着黑沉的乌云从天上压下来，窗户几乎压不住外面的雨，而风好像要把船掀翻。苏阿姨叫笔者去房间里坐，这是一个狭窄的房间，放下一张双人床垫后只剩下不到一米宽的过道，靠墙摆着两个行李箱和一张置物桌。靠床里边的一面墙上挂着苏阿姨的秋冬大衣，它们被套上了袋子，整齐地排列着。突然，苏阿姨发现他们的房间在漏雨，她找来一个盆把雨接住，说等雨停了再去修补。

人们对待停航就像对待突然到来的暴雨，只能等待它过去，却无法阻止它的发生。

图 2　停靠野外的货船

07

2020 年，公文上最末尾的一句话决定了关累港两年半的停摆。停航毫无征兆，但航运的危机已经潜伏多年。

1990 年代初期的澜沧江－湄公河航运风光一时无两，该线路是云南通往东南亚最便捷的贸易通道。当时，船员的日子好过得不得了，每个月的工资比公务员还高一两倍，上船当水手都要拼技术、拼“关系”。这样的风光一直延续到 2000 年以后。

2008 年昆曼公路建成通车，船员们感受到的直观的冲击是逐渐不再能拉到水果、蔬菜类鲜货了。2016 年老挝和缅甸相继颁布原木出口禁令，这又给了澜沧江－湄公河航运重重的一击。此后的水运每况愈下，关累逐渐萧条，而磨憨却越来越火爆。2016 年磨憨实现了超关累 30 倍的进出口量。随着 2021 年底中老铁路的通车，澜沧江－湄公河航运在中国与东南亚的跨境交通基础设施建设这条赛道上越发边缘。而在疫情之下看似突然被按下的暂停键，彻底暴露了澜沧江－湄公河航运衰落的伤疤。

在这场无声的动荡中，船员首当其冲。水手以流动为生，而人的流动，特别是跨越国境的流动，在疫情之下正在丧失“必要性”乃至“合理性”。失业的水手断尾求生，像离开水的鱼儿一样到陆地找生活；而在境外，上演的是一出又一出三年不回家的“漂流记”。

2022 年 4 月，船长刘师去了老挝。他是澜沧江上最年轻的船长，还不到 40 岁，2019 年他刚投资了一条船成为一名股东。在关累守船两年，他发现不动的船逐渐变成了“牢笼”。期望变成绝望之后，他回了宜宾老家，在金沙江库区开船。随着老挝防疫政策的放宽，金木棉赌场逐步恢复营业，刘师被他的老东家金木棉集团叫回去开快艇了，听说该集团为他买了价值不菲的机票。刘师到达老挝后的两个月，更新了比之前两年数量都多的朋友圈。

疫情给世界增加了无数的不确定性，对于这群水手来说，继续漂浮下去，是他们唯一的选择。

口述史访谈者的自我定位及访谈风格

刘　柳*

摘　要：开展口述史研究的基础是访谈，而访谈的效果与质量又取决于访谈者的访谈技能。基于对25名曾参与过口述史访谈项目的老师和研究生的半结构式访谈，本研究主要探讨了口述史访谈者的自我定位及访谈风格。研究发现，不同的访谈者会为口述史访谈设定不同的目标，即“从被访者处获取信息”或者“与被访者探讨话题”，与之相对应，他们会将自我定位为“信息接收者”或“促进建构者”。同时，不同的自我定位会对访谈者的访谈风格有所影响，并使得这种差异性更加凸显。自我定位为“信息接收者”的访谈者基本都有着一种抽离的访谈风格，不太分享自己的故事和观点；而作为“促进建构者”的访谈者则大概率会采取更加积极而主动的访谈风格，深入被访者的人生故事中，并乐于分享自己的经历和自己对某些历史事件的看法。在具体的访谈实践面前，风格更多的是影响提问和交流策略的因素；而至于“说”还是“不说”，最终以实际情况为准，并形成一个访谈策略连续谱，即缄默、工具性分享、共情性分享和对谈。有经验的访谈者往往可以在这个连续谱中游刃有余地选择恰当的策略来完成访谈。

关键词：口述史访谈　自我定位　访谈风格　分享

一　研究背景及方法

口述史，作为一种研究方法，主要使用文字、录音、录像等特定的技

---

* 刘柳，南京大学社会学院教授、博士生导师，研究方向为质性研究方法、犯罪学、社会福利与社会政策。

术手段收集、记录和保存具有历史意义的基于个人陈述的生命历程、历史事件及个人评论（胡洁，2021；谢治菊、陆珍旭，2022；周海燕，2020）。或者，简单来说，口述史即“亲历者通过口头叙述的历史”（周晓虹，2019：10）。近些年来，口述史研究受到中国社会学界的青睐，因其长于关注个体化的人生经历与宏观的社会结构之间的关联（周晓虹，2021a）。将口述史作为方法，既可以从对个体化的生命历程的叙述中看到亲历者所经历的那个时代的国家和社会结构，也可以借由口述资料来研究或者重新审视历史中的社会结构与行动者轨迹（周晓虹，2021b）。

开展口述史研究的基础是访谈，因研究资料需要通过个人讲述来收集（刘亚秋，2021b），故一般需借助访谈从个体亲历者那里获取信息。由此可见，访谈对于口述史研究而言是极为重要的。甚至可以说，访谈的成功与否直接决定了口述史研究的成败。而访谈的效果与质量又取决于访谈者的访谈技能。正因如此，对于想要进行口述史研究的社会学者而言，掌握及精进口述史访谈技能显得尤为关键。然而，口述史访谈技能的初学者们在口述史访谈实践中，经常会遇到一个困境：作为访谈者，我需要表达自己的观点以及和被访者分享自己的经历吗？当他们向资深访谈者请教，或跟随资深访谈者学习时，他们会发现，分享或不分享好像都是可行的。然而，当他们真的满脸疑惑地去向前辈和老师们寻求答案时，他们又会发现事情并没有那么简单。有些专家会强调“分享”的必要性和有效性；另一些专家则会告诫后辈们“聆听”才是口述史访谈的成功秘诀，而自我披露是“万万使不得”的。这种差异当然不是由访谈者的资历或年龄等因素所决定的，它事实上反映了本研究所希望探讨的话题——口述史访谈者的自我定位及访谈风格。不同的访谈者会为口述史访谈设定不同的目标，而为了达到这个目标，他们往往会在访谈时选择不同的自我定位；同时，不同的自我定位也会对访谈者的访谈风格有所影响，并使这种差异性更加凸显。当然，在实践中，“分享”和“探讨”与否并不是非黑即白的二选一考题，而是一个可随具体情境变化的连续谱。有经验的访谈者往往可以在这个连续谱中游刃有余地选择恰当的策略来完成访谈。

本研究依托的是周晓虹主持的“新中国工业建设口述史”和“新中国人物群像口述史”项目及其研究团队的实践经验。自 2019 年起，南京大学当代中国研究中心受“双一流”建设“卓越研究计划”——“社会学理论与中国研究”项目资助，开启了“新中国工业建设口述史”和“新中国人物群像口述史”研究，至今已逾三载。在这几年中，该团队先后完成了对第一拖拉机制造厂、洛阳矿山机械厂、“三线建设”（贵州）企业、大庆油田、鞍山钢铁厂、义乌小商品城的600余位亲历者的口述史采集，以及社会学家、劳动模范、抗美援朝老兵、铁姑娘、知青、赤脚医生、下海知识分子等多个群体成员的口述史访谈。在这些口述史访谈实践中，有数十位老师和青年学生的参与。他们在此过程中既有成功的经验，亦有不足的遗憾。为了对访谈者的自我定位和访谈风格进行清晰、全面且细致的解读，本研究共对25名曾参与过“新中国工业建设口述史”及“新中国人物群像口述史”项目的老师（13名）和研究生（12名，绝大多数为博士研究生）进行了半结构式访谈，并形成了本研究的分析资料。参与研究的所有老师与学生均为自愿参加，作者也依据学术伦理在资料分析与文本呈现时对所有参与者的个人信息做了匿名处理。

二　口述史访谈的目标与访谈者的自我定位

口述史访谈的目标是什么？或者说，访谈者对口述史访谈的期待是什么？访谈者是抱着何种目的去完成访谈的？在访谈者进行口述史访谈实践时，其目标大多表现得不那么明显，以至于初学者在跟随有经验的资深访谈者学习时，往往抓不住要领。而当问及他们对于口述史访谈目标的达成及成功的口述史访谈的理解时，得到的答案大多停留在表层。

例如，在本研究中，有些博士生认为，如果“访谈者愿意聊，愿意回答问题”（参与者21），且“该问的问题问完了，被访者也比较配合，整个访谈的过程比较愉快和融洽”（参与者17），那便是一次成功的口述史访谈了。而另一些博士生则表示，得“聊透了”，聊上两三个小时是最基础的，最好是能够“聊上一整天”（参与者22）。从博士生对这个问题的理解中，可以看出，他们基本上只看到了老师们做访谈的过程本身，而并未全面理解他们这么做背后的逻辑。

当然，对于“口述史访谈的目标是什么”这样的问题，拥有不同经验的资深访谈者们的理解也不尽相同，这在一定程度上加深了跟随他们学习的初学者的困惑程度。一方面，他们不能够完全理解老师们如此行事的意图；另一方面，即便他们能够在观察、学习和比较的过程中有所领悟，也不知道自己应该学习哪一种，抑或哪种都不应该学。

鉴于访谈者对于口述史访谈目标的定位直接影响其在访谈时的自我定位以及相应的访谈策略，本研究专门就这个问题进行了探究，希望从老师们的陈述中和研究生们的比较总结中找寻一些规律。简单来说，尽管人们对口述史访谈的目标并没有一个统一确定的结论，但资深访谈者们通常会基于两个目标来规划他们的访谈，即“从被访者处获取信息”或者“与被访者探讨话题”，与之相对应，他们会将自我定位为“信息接收者”或“促进建构者”。

（一）从被访者处获取信息的信息接收者

有相当一部分有经验的访谈者认为，口述史访谈最主要的目标便是“从与被访者的对话中获取最多的信息”（参与者11），“尽可能地获取更多的资料”（参与者10），以及“尽量去收集更广泛范围的素材”（参与者09）。也即，口述史访谈应尽可能“把想要问的东西问出，以及让被访者更多地去讲她/他的事情”（参与者07）。

> 口述史访谈应该是发散型的，能在被访者感兴趣或熟悉的范围内尽量多地收集资料。我们应该对被访者充满好奇，她/他的所有（陈述）内容其实都应该是我们关心的。（参与者01）

这种观点很符合社会科学质性研究方法中常用的深度访谈法的一般规律。换句话说，在这些访谈者的眼中，无论什么类型的访谈，其目的都是统一的，都是从被访者那里获取信息。而至于这些信息是什么，则取决于其所研究的议题或访谈的主题。虽然口述史访谈也有相应的研究主题，但这个主题往往宏大且伴随被访者一生的经历。因此，口述史访谈大多以被访者的生命历程为主线，内容涵盖被访者学习、工作、生活的各个维度。从这个角度而言，访谈者从口述史访谈中应该能够获得与被访者经历及观点相关的各种全面而广泛的信息。可见，这种信息在广度上应超越一般的质性研究访谈所获取的信息。

如果将口述史访谈的目标设定为“从被访者处获取信息”的话，那么访谈者大多会自我定义为信息的接收者。这些访谈者往往会清晰地划分他们和被访者之间的界限，“一个是访谈者，一个是被访者，访谈者从被访者处获取信息”（参与者08）。

（二）与被访者探讨话题

当然，也有一些访谈者认为，口述史访谈的目标并不能单纯地被理解为“从被访者处获取信息”。相较于单方向的“获取”，他们往往更加在意互动，以及在互动过程中的意义创造和价值展现。正如一位参与本研究的老师所述：

> 理想的（口述史访谈）状态是，这个访谈我可以很容易地进入一种我跟被访者互相配合、互相建构，双方都达到一种交流起来特别舒服的状态。（参与者 04）

对于这类访谈者而言，“与被访者探讨话题”成为他们口述史访谈的目标。他们相信，口述史虽然名为史，但这只显示了它的“历史纵深感”（参与者 13）。而作为一种访谈类型，口述史访谈仍然带有很强的建构主义色彩，因为口述史访谈关注的重大历史事件本身，就是主观建构的。

> 所谓重大历史事件，它本身是主观建构的，每一代人都经过了重大（的历史事件）。工人阶级概念及工人阶级身份为什么会在那个时代成为一种很重要的身份？它跟国家的工业化建设是有关的，也跟共产主义理论中工人的重要性有关，还跟国家由此匹配的一系列的制度有关，包括收入，包括医疗，还包括分房子。这种主观的意义感和客观的物质条件，共同激发了工人阶级身份感，或者说人们对自己的这种工人身份和地位的认同感。1978 年以后，高考是重大事件了。1992 年也有重大事件，上大学以后不包分配了，这也算是一件重大（历史事件）。所以我个人觉得，重不重大除了一些客观的历史标志性事件以外，也跟人们在人生中追求自己一生的意义感有关，没有什么恒定的重大不重大。哪怕再无聊的事，在那一代人中一定有相对会赋予它的重大意义，只是这种重大意义的建构和赋予情况可能不一样。（参与者 13）

在这一背景下，访谈者与被访者之间的互动与交流可以在很大程度上促进这种建构的形成，从而更好地完成口述史访谈。正如参与本研究的一位老师所言，口述史访谈的特征就是在社会建构的基础上，强调“主体间的交流”，而非仅仅“把事实当成一种客体去获得”（参与者 12）。

而这些将口述史访谈的目标定义为“和被访者探讨话题”的访谈者显然会有另一种自我定位。鉴于访谈中互动和交流的重要性，他们更加可能把自己当作促进被访者完成主观建构的助手。此时，访谈不再是单方面的信息输出和接收，“而是一个互动的过程”（参与者 23）；访谈者需要适时“将引起共鸣的点给出来”，并“察言观色”，看被访者是否能够“被调动起来”（参与者 19），以达到促进访谈的目标。

三 访谈风格

除了访谈者的自我定位之外，访谈风格也是影响访谈者访谈实践的重要因素。也即，在访谈的过程中，访谈者会倾向于采用何种风格：是将自己代入被访者的回忆和故事之中与其共情，还是保持“冷静”地站在岸边观望？很显然，那些自我定位为“信息接收者”的访谈者基本都秉持一种抽离的访谈风格，不太分享自己的故事和观点；而作为“促进建构者”的访谈者则大概率会采用更加积极而主动的访谈风格，深入被访者的人生故事中，并乐于分享自己的经历和对某些历史事件的看法。

（一）冷静而抽离

访谈者采用冷静而抽离的访谈风格，并非意味着他们像机器那样面无表情，也非像结构式访谈的访谈者那样拿着事先准备好的问题和备选项按照顺序提问。通常情况下，他们会选择采取各种策略让被访者充分表达，“去倾听、收集”（参与者 10）信息，而避免在访谈过程中谈论自己的看法、观点和经历。例如，在下述这位参与本研究的老师的分享中，我们就可以清楚地了解这种风格在口述史访谈中是如何体现的。

> 我（的访谈）算是一种旁观者风格吧。一般我不说太多自己的看法和观点，即便很同意或者很反对被访者的观点，我也不会表达出来。我对口述史访谈的理解是，要想办法让被访者说出我作为研究者所希望让她/他说出来的内容，而不是我把自己的观点和看法说出来。（参与者 07）

可见，持此风格的访谈者希望完全掌握访谈的主动权，始终处于“提问者”而非“分享者”的位置。在这种情况下，他们大多具备花样百出的提问技术，擅于用各种方式巧妙地问出他们想从被访者那儿获取的信息。与此同时，他们又会尽可能避免提及自己的或其他已有的观点。

此外，此类访谈者往往又是冷静而“善于伪装”的，对被访者所述信息持“开放的态度”（参与者 10）；他们的“代入感很弱”（参与者 01），无论被访者如何表达，他们通常都会表现出认真和欣赏态度，因为这有利于访谈的顺利进行，即便他们实际上对此回答感到恼火。

> 虽然有时候（在口述史访谈中）我的心情是有起伏的，但是我不想把它表现出来。有的人会选择表达，选择跟她/他一块儿哭一块儿笑，这也是一种态度，但我不会做这个选择。比如说当我感到她/他说的这个事情让我不高兴的时候，我是不会表现出来的；当然，如果她/他讲了个什么东西让我觉得很高兴，我也不会表达出来。在访谈中，我还是倾向于以倾听和收集信息为主。（参与者 10）

（二）热情而深入

与冷静而抽离派相对应的是那些秉持热情而深入风格的访谈者，他们大多都会强调共情和共鸣的重要性，认为这是使被访者产生信任感的有效方法。

> 我觉得在做口述史访谈的时候共情是很重要的。访谈过程中的情绪上的这种感染力，是能够让我们和被访者惺惺相惜的。在动情之处能够共情，而不是为了迎合被访者去做一些刻意的语言描述。我觉得这样能够达到比较好的访谈效果，能够让被访者接纳你，并且能够告诉你你想知道的东西。（参与者 09）

当然，共情和共鸣并不意味着访谈者被被访者“牵着走”，从而丧失了对访谈的掌控力。相反，访谈者在共情和共鸣的同时，也应保持研究者的专业性，只有这样才有可能在学术层面提出有一定深度的问题，从而促进建构的达成。一位老师将持该种风格的访谈者表述为“既置身事内又置身事外，既能跟被访者产生共情，又能适当地跳出来，站在一个局外人的角度来看她/他的文化或者情感”（参与者 08）。对此，另一位有丰富经验的访谈者做了更为详细的陈述。

> 我觉得是两方面，一方面，从情感上（访谈者）要有共情能力，要能够设身处地地去理解（被访者的话）；另一方面，访谈者的表达又能够影响到被访者。换句话说，作为访谈者，首先要能够站在被访者当年的立场去想问题，事后诸葛亮是没有意义的。当然，我们也不能深陷其中。费先生（指费孝通）讲过，要“进得去，出得来”。进得去叫他者化，就是要变成当时当地的人才有可能共情。但是光共情也是不行的，为什么不行呢？这就涉及一个反身性的问题，或者可以

用间离化这个概念来说明。例如，为什么农民不能研究农民，工人不能研究工人？除了他们没有受到社会科学的训练之外，另一个更重要的原因是，他们不能够抽身以后反观自我。如果说他者化是跟别人融为一体的话，那么抽身就是间离化，或者可以称之为陌生化。（参与者13）

相较于冷静而抽离的访谈风格而言，这种热情而深入的访谈风格对于口述史访谈的初学者而言是具有很强吸引力和感染力的。他们在观察了老师们游刃有余地穿梭于内外之间时，往往期待自己也能够成为这样的访谈者。一位参与本研究的博士生说：

我感觉很多老师因为跟被访群体经历过相似的年代，他们就很容易进行互动，都会互相分享经历。我自己期望的话，我也是希望能跟对方交流起来的，但我觉得这是要考验阅历和知识储备的。（参与者20）

正如这位博士生所言，一定的知识储备和人生阅历是该种访谈风格能够得以体现的重要前提。对于此，一位参与本研究的年轻教师也坦言，自己在访谈中尚未达到自如的状态，还需要不断地积累。

我想，我还需要一定的积累，不管是知识方面还是信息方面，都需要有相对较多的人生经历之后才可以达到这样一种状态（指能够较为熟练和流畅地完成口述史访谈）吧。（参与者04）

四 “说”与“不说”的连续谱

诚然，口述史访谈者基于不同的访谈目标，确定了不同的自我定位，并形成了不同的访谈风格，但在实际操作层面，这种差异性并没有想象中的那么界限分明。这其实也是学生或口述史访谈的初学者们感觉迷惑的一个重要原因。在他们看来，老师们的访谈风格确实是有差别的，但是要想让他们将这些老师们的访谈风格总结出来并加以学习，好像又是件困难的事情。正如一位博士生所言：

我曾经跟随四位老师参与不同的访谈（指在访谈中担任助理），在这个过程中我也会观察和学习老师们的访谈经验和技巧。但说实话，挺难的。其实我都没办法去思考什么策略和风格，我觉得我能从

头到尾访谈下来就不错了。(参与者 18)

在口述史访谈初学者群体中，能顺利完成访谈就是胜利的想法是很有代表性的，这从一个侧面证实了口述史访谈的复杂多变。在实践中，两种访谈风格因其要点不同而导致其具有不一样的难点。冷静而抽离的访谈风格要求访谈者在最低程度代入和进行自我披露的前提下最大限度地从被访者处获取信息。这在很多初学者看来本身就是矛盾的，他们会想，这样的话，“被访者会不会觉得一直是他在说，他在表达，访谈者只是作为一个听众好像没有互动”(参与者 05)？这其实就是此种风格在实践时的难点：访谈者如何在不表达自我的同时实现和被访者的互动，并且还能让被访者感受到自己所说的话是有价值的。

相对的，秉持热情而深入访谈风格的访谈者则希望能够积极和被访者互动，并在这个过程中形成建构的意义和价值。此时初学者们又会面临另一个问题，他们害怕表达多了，“自己的观点会影响到被访者的回答，或者改变了被访者本来想要讲的内容”(参与者 18)；同时，“不停互动，也可能会打断整个访谈的思路”(参与者 04)。这也是此种风格的实践难点：作为访谈者，究竟该和被访者分享什么；什么能说，什么不能说，还是什么都能说；如果说的过多会不会喧宾夺主，会不会影响被访者的表达。

在实际访谈中处理这些问题时，是有各种“千奇百怪”的方法的，有些是有套路可以模仿的，而更多的则是基于经验的临场发挥。当我们看到一个个具体的口述史访谈时，会发现，“说”与“不说”并不那么绝对，冷静而抽离的访谈者在某些时候也会说些什么，而热情而深入的访谈者也会遇到令他们三缄其口的内容。在具体的访谈实践中，风格更多的是一种影响提问和交流策略的因素，至于“说”还是“不说”，最终还是以实际情况为准。因此，就像初学者们所看到的那样，差别是有的，可是又说不清楚，因为这种差异性不是非黑即白的，而是形成了一个“说”与“不说”的访谈策略连续谱。下面，我们就选择连续谱上的四种策略加以分析，即缄默、工具性分享、共情性分享和对谈(见图 1)。

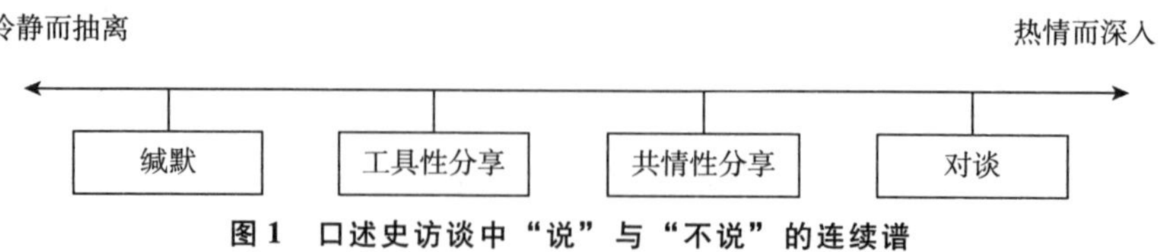

图 1 口述史访谈中“说”与“不说”的连续谱

（一）缄默

从访谈风格的角度来说，冷静而抽离的访谈者一定比热情而深入的访谈者自我披露得更少；而最极端的一种情况就是，访谈者在访谈中完全不涉及任何和自己有关的内容。有几位参与本研究的老师认为，自己基本上是倾向于采用此种形式完成口述史访谈的。

> 我觉得我还是应该坦诚地说，我不是一个特别愿意在工作当中跟人家去发展情感关系的人。我可能倾向于认为访谈就是一个工作，我和被访者是工作关系。在工作关系中，我不愿意去跟对方发展出那种全面而深刻的关系，我会保持一个分寸。有的人会说这个访谈完了，大家就交个朋友或者怎么样，我可能不是这个风格。所以我不太会在访谈中说我自己的事，根本不会说。（参与者 06）

当然，这种缄默仅指对有关自己的话题保持缄默，而非纯粹意义上的默默无语。换句话说，不分享自己的经历和观点，并不代表访谈者只提问而没有回应。对于这一点，一位老师详细做了如下阐述。

> 不分享并不意味着我除了提问什么都不说，如果这样的话访谈就进行不下去了。事实上，在访谈中，我还是会说很多话的，只不过这些话都不涉及我自己的观点和经历。简单来说，我会说一些话来表达我在认真听她/他讲述，我的提问也会顺着她/他的叙述进行。在适当的时候我也会进行过渡性总结，但不会添加新的东西（指被访者的表述所涉及内容之外的信息）。（参与者 07）

该种策略如果运用得当会令被访者感受到被尊重和被肯定，因为访谈者永远会表现出认真而亲切的态度，并时刻给予被访者“自己所说的话被时刻关注着”（参与者 07）的感受。一位博士生在回顾自己学习口述史访谈的经历时，就对一位老师的访谈风格十分推崇。

> 我觉得×老师采取的就是一种倾听的方式。他本身表达的并不多，但他会给人那种非常亲切的感觉。他会让对方觉得，我无论讲什么东西，都能被理解，就是这种感觉。始终给予访谈对象一种理解和肯定，无论她/他讲什么东西，都不会受到评价和判断。相当于在访

谈的过程中给被访者创造了一个安全的环境。所以我觉得这是口述史访谈当中非常厉害的一种访谈方式，访谈的效果也非常好。如果可能的话，我也想采取×老师的这种方式。(参与者15)

不过，对于学生或初学者而言，这种不带有任何个人经历和观点成分的访谈策略并不容易掌握。这在很大程度上是由于该种策略与我们在日常生活、学习与工作中的交流习惯相违背。通常情况下，无论我们做汇报、演讲、交流工作，还是与朋友聊天、与家人沟通，都是以输出自己的观点、看法、意见为主，极少有完全不表达自我的交流。因此，我们习惯于在语言交流中把自己的所思所想呈现出来，而对完全不涉及自己想法的交流模式则很不习惯。正因如此，初学者们通常需要花费很多的时间和精力去不断地练习，才能够达到这样的效果。而将其自如运用于口述史访谈实践中则是另一种考验。这也就是该种策略不那么流行的原因。

（二）工具性分享

与缄默相比，工具性分享策略显然受欢迎得多，也更容易被运用。运用这种策略的访谈者会出于工具性的考虑适当分享自己的经历及看法。

我可能会选择（分享）。如果是有共同经历的，在当时又觉得能够拉近彼此距离的（时候），我可能就会说一下。也可能跟她/他就什么观点讨论一下，如果我觉得能够有利于我们继续访谈的话。我觉得这种分享和讨论都是工具性的，我会工具性地选择到底能说还是不能说。(参与者01)

正如这位老师所言，这时的观点和经历分享大多是为了拉近与被访者的关系、烘托访谈气氛或者开启新话题等。这样做的目的很大程度上是基于尽快取得被访者信任、迅速打开话题的需要。

（适当的分享）会增加一些可信性。比如说被访者有小孩，我可能就会说一下我也有小孩，这样就能聊起来，人家会觉得我是一个活生生的人，不是一个纯粹来采访的。说到底，我们作为访谈者，还是希望跟被访者建立一些联系，无论是情感上的或者是社交层面上的。那么在她/他讲到一个什么东西的时候，你说我也有类似的经历，这感觉一下子就亲近了。(参与者02)

一些还处在初学者阶段的博士生表示，他们会尝试模仿老师们的做法，寻找机会“套一下近乎”（参与者 17），“尽力寻找跟被访者的共同点来拉近关系”（参与者 23），让对方“产生心理上的亲近感，并能够更放心地去讲述她/他的经历”（参与者 16）。

当然，正是出于工具性的目的，访谈者在使用该种访谈策略的时候基本上都是正向的、积极的，而不太会提出与被访者的表述相左的观点或涉及被访者未有过的经历。正如一位参与本研究的老师所言：

> 访谈的时候肯定不能跟对方辩论，更不能跟对方吵起来。我们能做的可以是适度恭维对方，或者应和对方，还有就是出于引起共鸣的目的分享一些自己的经历。访谈者如果要分享，那么这个东西就得要能引起对方的共鸣，对吧？如果不能引起共鸣，这个分享就失败了。所以分享还得是正面的，能拉近关系的，这才是有效的（分享）。（参与者 11）

并且，尽管工具性分享策略是包含访谈者的自我披露的，但其在程度上往往十分具有局限性。访谈者大多在一个很有限的范围内分享自己的经历和观点，而且他们还会不断地进行自我审视，看看自己是不是说得太多了。对此，一位老师解释道：

> 我觉得这是一个度的问题，如果访谈者说得太多了，就破坏了口述史本身的（目的）。而且，大多数情况下，访谈者是没有必要说很多的。我们其实需要时刻保持警醒。我们在访谈中一定会带着个人价值观或者某些主观想法，如果这些东西太多地表达出来，影响到我跟被访者的访谈了，或者我的判断开始让我产生一些不良的或者消极的情绪了，我就得及时调整，不要让它对访谈产生影响。（参与者 01）

也正因为如此，工具性分享策略看似不那么复杂，但想要运用娴熟也并非易事，其关键就在于分享节点和对分享内容的把握，应“恰到好处”，从而达到促进访谈顺利进行的工具性目标。一位年轻老师在观察了博士生和有丰富经验的资深访谈者的访谈后进行了总结：

> 其实这些访谈策略老师也都会教，但是我觉得学生们往往会很生硬地讲出来，听起来很刻意。我会感觉，怎么说，从整个访谈过程来

看，学生和真正的访谈者之间还是有很大距离的。要想达到最佳效果，就要在一个节点上去把握这个节奏，这个东西可能也是需要更多的经验和积累。（参与者 02）

（三）共情性分享

从代入感角度考虑，共情性分享会比工具性分享更加具有代入感。访谈者会更多地分享自己的经历，并和被访者产生共情和共鸣。

> A 老师的（访谈）方式很有效。他会先跟被访者建立一种关系。例如，我跟你是同龄人，我们俩一起经历过很多故事，然后你经历的东西我也都经历过，在这个过程当中，就会有共鸣产生。他就会通过这种方式让被访者有一种强烈的共鸣感。（参与者 15）

在共情和共鸣的基础上，访谈者和被访者逐渐发展出超越工作关系的类朋友关系，从而使访谈更加容易推进。

> 能够和对方分享是个很好用的方法。比如我访谈过一个做宠物产业的，我没养宠物，但是对这一块比较感兴趣，也能够交流起来。谈到后面还越来越熟，因为我们都觉得这是个比较有意思的话题。我觉得这种肯定对口述史访谈有比较大的推动作用。它能够使我们在访谈中像朋友一样交流，无话不谈。之后基本上就可以做到随便问什么，对方都愿意说了。（参与者 03）

不过，对于年轻的访谈初学者来说，他们可能非常难在短期内实现这一目标，这主要缘于口述史访谈的被访者大多是具有一定社会阅历的年长者，而年轻的访谈者较难和他们建立某种情感上的联系。一位博士生坦言，“我们所经历的跟他们所经历的还是有很大差别的”（参与者 17）；而另一位博士生则直接表示，“我觉得这种方式我是做不到的”（参与者 15）。下述这位博士生更详细地陈述了年轻的初学者所处的困境。

> 确实我们比他们（指口述史被访者）要年轻一些，对于他们来说有同样的生活经历的人是不太存在的，所以我们也就没有办法展开（分享）。我感觉我很少能够贡献一些真的能引发她/他谈得更多的经

历，就不像老师们那样阅历丰富，可以用自己的经历去引导对方谈得更多。像我的话，顶多也只是起到一个跟他们拉近一点距离的作用，不要让人家觉得说你只是一个小朋友，你不懂我在说什么，就是一个无情的研究者的这种感觉。总的来说，我没有太多可以真正发挥很大作用的这种经历可以去分享。（参与者 21）

如果想要和这些年长者达到相互理解以及共情，往往需要年轻的访谈者有更加丰富的知识储备，并在访谈中更加敏感和敏锐。对此，一位参与本研究的老师给出了如下建议：

我在访谈的时候，跟着我（学习）的同学们都有一个感觉，他们发现我访谈的时候，被访者都很喜欢说。她/他为什么喜欢说？因为她/他发现你知道她/他那段东西，你能回应。这就产生了共情，就在她/他身上激发出了某种东西。而产生共情的一个前提就是得有共同语言。如果她/他跟你讲的你完全不知道，她/他就没有讲的兴趣了。但这也不是说年轻人就只有劣势，其实不是，如果你这么年轻，去跟一个老人谈一些她/他认为你不该知道的东西，但是你知道了，她/他会更惊异。注意哦，我用的惊异（这个词），她/他会觉得，哟，你小姑娘/小伙子还懂这个呀！那时候她/他被激发的能力更强，当然前提是你懂。所以我的意思是，两种人各有优势。一种就是访谈者本身就知道或者经历过这段历史，跟她/他有话唠，这是一种语境。除了语境以外，话语系统的另外两个部分，一个叫语汇。什么叫语汇？她/他用的词你知道，她/他一听你还知道这个话，那么就聊起来了，对不对？但是语汇只是表征集体框架的片段式的素材，另一个重要部分是谈资，谈资又是什么？谈资是共同体成员在其掌握的各类信息的基础上形成的总体性的文化资本。对于经历过的人来说，本身就有谈资；但是对于年轻人来说，没有经历过，那么如何才能做到这样（指有谈资）呢？这就意味着前期要准备。如果你一点（谈资）都不知道，你当然就没有办法唤起被访者（的表达欲）。（参与者 13）

（四）对谈

相对而言，访谈者自我表达最多的一种策略是“对谈”，也即访谈者如朋友般和被访者进行交流，彼此交换意见和看法。和共情性分享相比，对谈策略要求访谈者更多地表达自己的观点，甚至进入和被访者相互探讨的状态。在本研究中，一位博士生介绍的她跟随学习的老师的访谈方法，便是对谈策略运用的一个优秀的例子。

> 我听过也整理过一些老师的访谈，我觉得一种理想的访谈方式可能是这样一种：访谈者一开始会谈一些自己的想法，这样其实是给对方一种印象，自己对这个问题是有深度思考和研究的，在这个基础之上再进行交流，那么交谈起来才比较容易碰撞出火花。当然，在对方阐述的过程中，访谈者还是以倾听为主，让被访者充分表达，然后再做出反思，或者是就某些价值方面的问题进行进一步探讨。其实这已经是一个对谈的状态。甚至，我有一次听到一位老师在访谈时跟被访者说，我知道你受过比较好的教育，或者说你在这方面是很有想法的，所以我相信我的想法是不会影响到你的判断的。也就是说，他会先亮明这种态度，然后再表达他的观点，并且和被访者进行讨论。这个时候，对方也会接收到，面前这个人所表达的是出于什么样的背景或者经历，然后她/他也会在这个基础上开始讲自己的故事和看法。我感觉这样的访谈，或者说所谓的对话，是在两个人非常信任和平等的前提下展开的。这其实对于访谈是很有帮助的，因为可能对方以前从来没有想过这个问题，但是老师一下子说出来，就启发被访者进行思考。特别是一些价值层面的问题，因为脱离生活实际，直接问可能很难问出什么，如果访谈者先表达一下自己的想法的话，可能可以启发被访者，然后引导她/他思考这个问题。这样被访者就知道，原来我们在讨论这个。其实被访者在表达的过程中也是边说边想的，这样做会有一个很好的启发作用。(参与者 20)

正如这位博士生所总结和反思的，对谈策略在应用得当时能够促进被访者思考并给出更有深度的信息；同时，这也是一个访谈者和被访者共同努力建构意义的过程。当然，这种策略对于初学者而言，甚至对于有一定经验的访谈者来说，都具有相当大的挑战性。这极为考验访谈者在自我输出时对度的把握。对此，有两位博士生在参与本研究时透露，他们在跟随老师学习的过程中有过不尽如人意的体验，其中一位说：

> 怎么讲呢，我觉得那次的访谈给我的感觉不是很好。我觉得那个老师可能是第一次做口述史访谈吧。他在访谈过程中，会对被访者的

信息有一个自己的理解，并且他希望能把自己的理解再去强加给被访者。我觉得这种访谈方式让我非常不舒服。（参与者 15）

由此可见，熟练运用对谈策略的关键在于把握输出观点的程度与时机。除了需要持续学习和练习之外，还需要在访谈的过程中保持敏感，“找到合适的契机，见机行事”（参与者 18），恰到好处地切入。相反，如果运用得不好，就会陷入一种“引导”甚至“干预”被访者观点的尴尬境地。

五　总结

在传统社会学质性研究中，口述史访谈法并不算十分常用，且因其在形态上和质性研究中所惯常使用的深度访谈法（in-depth interview）十分接近，故而在社会学领域专门研究口述史访谈法的作品并不常见。

有学者认为，口述史访谈最主要的特征之一便是由经过预先准备的访谈者向被访者（亲历者）提出问题，并利用访谈和被访者进行充分的交流（周海燕，2020）。正如文中所谈及的观点，口述史访谈总体而言是一种主观性建构的过程，其基于被访者对自己所经历的历史的叙述与展现，它不仅包括所谓的“事实”，亦包括个体化的体验和情感（谢治菊、陆珍旭，2022）。因此，访谈者与被访者之间的互动与沟通模式对于整个建构过程而言便显得十分重要。此外，口述史访谈除了可展现被访者的生命历程外，还揭示了其所经历事件的具体历史场景（刘亚秋，2021b）。同时，口述史访谈亦不仅限于关注被访者陈述的内容，还会对访谈过程中的插话、停顿、沉默以及其他更为多样化且富有个人特色的感情表达有所留意（刘亚秋，2021a；王东美，2022）。而这些内容与访谈者的习惯和风格相关。

本文便是基于此背景，依据 25 名老师和学生丰富的口述史经历和经验，探讨了口述史访谈者的自我定位及访谈风格。基于本文的论述，读者可以对社会学领域中的口述史访谈方法有一定的了解，亦可以依据本文所提及的访谈风格进行口述史访谈实践。此外，除了对正文观点进行佐证之外，作为访谈记录引文的老师们和学生们的观点、看法、经历和体验亦十分具有启发性。

参考文献

胡洁，2021，《个人叙事与集体记忆：口述史的多维建构》，《学术月刊》第 11 期。

刘亚秋，2021a，《口述史方法对中国社会学研究的意义》，《学习与探索》第 7 期。

刘亚秋，2021b，《口述史作为社区研究的方法》，《学术月刊》第 11 期。

王东美，2022，《口述史中的情感与集体记忆的生成》，《宁夏社会科学》第 1 期。

谢治菊、陆珍旭，2022，《社会学与口述史互构的逻辑、旨趣与取向》，《贵州师范大学学报》（社会科学版）第 1 期。

周海燕，2020，《史料、社会建构与行动：口述历史的三重理论向度》，《天津社会科学》第 4 期。

周晓虹，2019，《口述史与生命历程：记忆与建构》，《南京社会科学》第 12 期。

周晓虹，2021a，《口述史、三线研究与社会学想象力的锻造》，《宁夏社会科学》第 2 期。

周晓虹，2021b，《口述史作为方法：何以可能与何以可为——以新中国工业建设口述史研究为例》，《社会科学研究》第 5 期。

在实践中反思口述史方法的主体间性

锋竹沁*

摘　要：口述史学发展到现在已经历过四场范式革命，虽然在理论研究和实践领域都取得了较高成就，但仍没有得到充分的探索，仍然存在很多质疑和批判的声音。受近年来一些口述史研究者呼吁对口述史研究面临的挑战进行反思的启发，基于对25位社会学口述史研究者的半结构式访谈，本研究主要从三个层面，即叙述者与自己的对话、叙述者与访谈者的对话以及叙述者与过去、当下社会和文化间的对话，对口述史方法的主体间性进行了反思。

关键词：口述史访谈　实践　反思　主体间性

一　导言

口述史由口述传统发展而来，无论是在文盲社会中的口头或民间传说中，还是古代经典文史著作里，例如我国的《诗经》《楚辞》《论语》《史记》以及西方的《荷马史诗》《历史》等，我们都可以看到大量口述史料的使用。而现代口述史学的兴起则始于20世纪中叶，由阿兰·内文斯（Allan Nevins）于1948年在美国哥伦比亚大学设立了口述科研项目，并建立了美国历史上第一个研究口述史的研究室（侯儒，2017），从此正式开启了现代口述史研究的全新发展阶段。

口述史是指针对某个历史时间或集体时刻，由一个叙述者将当时个人经历的第一手资料以口头形式传递给采访者，并由该采访者记录保存下来的实践（Janesick，2010）。口述史协会（Oral History Association，简称OHA）在2009年又对口述史的定义进行了补充，即口述史既是记录和保

* 锋竹沁，南京大学社会学院博士后。

存口头证词的方法，也是该过程的结果（Oral History Association，2009）。换句话说，人们进行采访和记录的实践过程是口述史，而访谈的产出也是口述史（Abrams，2010）。为了将口述史访谈与其他形式的访谈区分开来，OHA 进一步强调了口述史访谈内容与程度上的特点。从内容上看，口述史访谈是基于对过去的反思，而非对当代事件纯粹的评论。从程度上看，口述史访谈更关注对个人经历和反思的深入描述，并需留足时间让叙述者能充分讲述他们想说的故事（Oral History Association，2009）。在 OHA 的基础上，Linda Shopes（2011）又扩展了口述史访谈的六个必要特性：（1）口述史访谈需有采访者和受访者，而不能仅有一个讲述者；（2）访谈需要被记录和保存，并可供研究人员与公众使用；（3）访谈的目的是通过个人叙述去深入了解过去并获取知识；（4）口述史既是记忆行为，也是对过去的主观描述；（5）口述史是有计划的，而不是随意的谈话；（6）口述史是口述的，反映了口语习惯与动态。

口述史学发展到现在已经历过四场范式革命，分别是第二次世界大战后以记忆为“人民历史”的来源的第一次范式转变；从 20 世纪 70 年代末开始，“后实证主义”对记忆和主体性方法发展的第二次范式转变；从 20 世纪 80 年代末开始，对口述史学家作为访谈者和分析者的“客观性”看法的第三次范式转变；从 20 世纪 90 年代末开始，以数字革命为中心的第四次范式转变（Thomson，2006）。

自 20 世纪 80 年代开始，口述史不再仅仅是历史学家用来收集过去事件的口述证据，以促进档案工作的方法论工具（Thompson，2000），它逐渐成为一种跨界方法，被广泛地应用到不同的学科中，包括民族学、人类学、社会学、心理学、医疗保健学、传播学、语言学、文学等（Abrams，2010）。21 世纪后，口述史研究的重心开始从精英人物转向普通百姓（Janesick，2007）。在美国、英国等国口述史学蓬勃发展的影响下，其他国家和地区的口述史学也正在悄然兴起（侯儒，2017）。

中国的口述史研究最初被应用于历史学科，以收集历史资料为主要目的，例如 20 世纪 50 年代到 70 年代曾集中对国家重大政治事件和党政要人口述资料进行收集（侯儒，2017）。从 80 年代开始，中国的口述史学逐渐向国际口述史学靠拢，在引进西方口述史学理论和方法的同时，强调口述史不是历史学的一门分支，而是一种新方法（钟少华，1997），口述史被广泛应用到其他领域。口述史最早开始在中国社会学领域崭露头角则是通过孙立平、郭于华在 20 世纪 90 年代中期围绕农村土改问题进行的口述史研究（郭于华，2002）。通过在西村和骥村收集来的口述资料，孙立平、郭于华深入探讨了中国农村普通农民对于国家的感受和认知。随后，王汉生等人在90年代末期对知青口述史的研究，则提供了口述史作为方法的一种新的可能性，即通过口述史方法来探究集体记忆（刘亚秋，2021a）。2019年开始，周晓虹及其口述史研究团队开始聚焦"新中国工业建设口述史"以及"新中国人物群像口述史"的研究（刘亚秋，2021b）。口述史研究在社会学学科的应用，更进一步推进了对口述史研究理论和方法的深入思考（刘亚秋，2021a），一些学者开始反思对于社会学学科，做口述史意味着什么，有什么意义。例如，周晓虹（2021）率先提出了"将口述史作为方法"的两大任务：其一，通过口述叙事与集体记忆实现对一个时代及其变迁的理解；其二，建构社会与文化记忆并实现代际文化传承。刘亚秋（2021a）则从四个方面探讨了口述史方法对中国社会学研究的意义，包括对质性方法的推进、对社会性的探索、对社会底层叙事的追寻以及对人文社会科学发展的推动。

口述史方法发展到现在，虽然在理论研究和实践领域都取得了较高成就，但仍没有得到充分的探索，仍然存在很多质疑和批判的声音。近年来，关于口述史研究中伦理问题的争论一直持续不断，例如，研究者对研究过程的影响、参与者和研究者之间的权力关系，以及口述史研究对被研究者是否有益等（Śiwa，2013）。口述史虽然被认为有可能开辟新的调查领域，或暴露那些被剥夺权力或被边缘化者的声音，但它不一定是变革的工具（Haynes，2010）。除此之外，口述史也不能直接避免研究过程中的权力关系问题。研究人员与和被研究者（特别是边缘化群体中的参与者）之间不平等的权力关系甚至可能强化关于种族、民族、阶级和性别的霸权意识形态（Kim，2008）。为了反驳将口述史方法视为一种为民主、平等而努力的神话，让更多研究者可以明确地意识到目前口述史研究的局限性，Kim（2008）呼吁口述史学者在根据自己在研究环境中的位置（包括研究者的经验、研究者和被研究者之间的关系以及研究者带入研究的假设和价值观等）进行反身性思考的同时，也要对研究中面临的挑战、限制以及伦理问题进行反思。

受Kim（2008）对口述史研究的挑战以及对伦理问题进行批判性反思的呼吁的启发，本文试图从社会学的口述史访谈者的视角出发，对口述史方法进行反思。本文讨论的经验材料是基于笔者与所在口述史方法研究团队于2022年1月至5月期间对25名参与过由周晓虹主持的"新中国工业建设口述史"以及"新中国人物群像口述史"项目的访谈者（包括13名老师与12名研究生，均为社会学专业背景），围绕他们的口述史访谈经历和反思进行的半结构式访谈。在对收集来的访谈资料进行分析后，笔者最终确定了本文反思的主题，即口述史方法的主体间性。

二　反思口述史方法的主体间性

口述史访谈往往会比自传体独白产生更矛盾、更复杂但更丰富的叙述（Thomson，2015），这是由口述史方法的特性——主体性与主体间性造成的。自 20 世纪 80 年代以来，口述史方法的一个重要转变是口述史研究者摈弃了之前强调客观性，将研究者在访谈中视为一个中立存在的看法，开始积极地认识到口述史访谈是一个涉及主体性动态互动的过程。主体性（subjectivity）是指一个人的自我意识的组成部分，通常由所在文化和社会所塑造（Ortner，2006）。20 世纪 30 年代，社会学家乔治·赫伯特·米德（George Herbert Mead）提出“自我”是在社会经历和活动中通过与他人的互动来建构的（Mead，1934）。50 年代末，社会学家欧文·戈夫曼（Erving Goffman）发现人们在日常人际互动中会根据环境的特定情况表现出不同的行为，扮演不同的角色（Goffman，1959）。在口述史的背景下，访谈者与叙述者双方都在利用他们自己的背景以及过去的经历来扮演角色，以投射特定的“自我”（Abrams，2010）。而当访谈者与叙述者这两种主体性相遇时，相互作用之下又产生了一种主体间性的效果。

主体间性（intersubjectivity）则是指访谈中两个主体之间的关系，通常涉及访谈中的人际关系动态，以及双方共同创造一个叙述的过程（Abrams，2010）。采访者在访谈中通过语言、行动和姿态从被访者那里获得叙述。在此过程中，访谈者的特征、获得信息的能力以及被访者对其的印象，都不可避免会影响到叙述者的反应（Thomson，2015），包括话语、故事内容、表现和叙述结构等。被访者会在考虑到不同听众的情况下给予不同的叙述（Green，2004），不同的采访者甚至可能获得截然不同的故事版本。除此之外，权力关系也是访谈关系的重要组成部分，影响着叙述者在访谈中分享什么和不分享什么。正如 Thompson（2000）所指出的，社会纽带，例如基于年龄、性别或种族的纽带，很可能导致被访者对记忆和自我的特殊选择。

如今的口述史方法普遍鼓励研究者反思自己在访谈过程中的角色，并对访谈环境中存在的主体间性保持透明。然而，要把主体间性问题的分析清晰地纳入自己的研究结果中是很难的，也很少有研究清楚地告知研究者该如何去做，这导致很多访谈者在田野实践中，对自己的位置以及口述史研究干预可能对被访者产生的影响缺乏自我反省。笔者在借鉴了不同研究者的访谈和反思经历后提出，研究者需要学会在三个层面进行反思，即叙述者与自己的对话、叙述者与访谈者的对话，以及叙述者与社会和文化间的对话，如此才能更透彻地理解和分析叙述者是如何创造和建构自己的记忆故事的。

（一）反思叙述者[①]与自己的对话

笔者发现，大多数访谈者在讲述他们的访谈经历时都关注被访者的记忆是透过被访者建构的主体性而折射出来的，他们建构和投射特定的自我的过程，也是他们与自己对话的过程。在此过程中，被访者往往会根据自己的需要去决定建构什么样的记忆故事来展示自己，以及该如何叙述他们的故事来回应访谈者。

例如，一位访谈者谈到她的一位被访者在访谈中为自己设定了一个英雄的角色，其所叙述的故事也是围绕这个中心而展开的，然而她在访谈后却发现这位被访者的叙述其实与被访者身边的人对被访者的评价有很大的出入。

> 这个人是一个盲人，他在做访谈的时候，说到自己眼睛瞎是立了军功还是什么，反正讲的感觉他是一个战斗英雄似的人物……但是后来我接触的——因为那一群人他们都相互认识——互相交流信息的时候，发现大家对这个人的评价其实是很低的，所以可能如果对这个人不熟悉的话，确实很容易造成这种只听他一面之词的情况。（访谈者22）

这位访谈者所感叹的“一面之词的情况”，恰好反映了叙述者的主体性。在访谈中，叙述者通常将自己定位为叙述的主体，无论是作为英雄、受害者、亲历者还是其他角色，通过建构一个记忆故事，在去理解过去经历的苦难的同时，将过去的的事件塑造成可以被接受的，并对现在有意义的事件。然而，这个被叙述者主观建构出来的故事，未必完全是真实、准确的。对一些访谈者来说，在访谈中“其实你不太容易去分辨他（叙述者）到底说的是真话还是假话”（访谈者22），然而作为社会学的研究者，仅“讨论真假可能没有意义”（访谈者12），因为当我们倾听叙述者的故事时，重点并非在考察口述史料的历史真实性上，我们更关注叙述者“他

---

① 本文中的“叙述者”即“被访者”。

为什么这么讲，他讲的这种东西对他来讲有什么意义”（访谈者12）。这正体现了周晓虹（2021：3）在《口述史作为方法：何以可能与何以可为——以新中国工业建设口述史研究为例》所提到的口述史料“主观性”甚至“不真实性”的独一无二的价值，即“‘不真实’的陈述，在心理上（常常）可能依旧是‘真实的’，并且这些先前的错误有时会比实际上准确的描述揭示出更多的东西”。

此外，叙述者在访谈中所讲的故事只是许多可能的故事之一，而故事的形式、内容是由当下叙述者建构一个记忆故事的需要决定的，因此并不是一成不变的。叙述者之前的经历，甚至访谈前几天或前几小时发生的事件，都可能影响叙述者对过去和现在的看法。一些访谈者注意到叙述者讲述的故事会受到他们在特定处境的情绪的影响。例如，一位访谈者对叙述者的个人处境是如何影响他对自己过去经历的解读进行了反思：

> 其实我后来发现他们对于这些的解释，很多是跟他后来的处境有关的，有些人可能后来生活得也挺好，可能就会相对来说更加正面一些，有些人可能……孩子很小就去世，然后老伴也去世了，然后反正可能就不会说……谈到那段历史有些绕不过去的伤心事，他肯定不会像前面说的就觉得一切都好，他可能就会想，当时如果我不来，我孩子就不会去世，那么我老伴也不会抑郁成疾。（访谈者25）

受访者的表现还取决于其在访谈中所处的主体地位。其中，一些访谈者不约而同地提到了一类“有备而来”（访谈者20）、“有套路”（访谈者25）、“表演型”（访谈者02）的被访者。这在作为体现被访者主体性的一类典型案例的同时，也被访谈者视为一种挑战。例如，一位访谈者谈到当她遇到长篇大论、有备而来的受访者时，心中往往会对他们的叙述保持警惕。

> 如果你看到那种一开始就有备而来，呱呱呱对你做出一篇长篇演讲的，那么极有可能他已经形成了被采访的一个套路，这时候即使他自己很相信他所说的东西，其实他自己也被那一套话语遮蔽了，他甚至是缺少反思的，所以我对这样的人会打个问号。（访谈者20）

另一位访谈者则分享了她访谈过一位已经接受过类似的访谈很多次，也自己写过回忆录的被访者的经历。这位访谈者在访谈结束后发现，被访者讲的很多东西都跟回忆录上写的几乎一样，于是感慨道：

他这种所谓的滔滔不绝，其实就像背书一样，因为他已经都写成书了……遇到那种滔滔不绝的人通常都有点问题，然后这时候你其实很难打断他，你想打断他去问一个新的问题，他两句又绕回去了，他又沿着他的思路在讲。（访谈者25）

这两位访谈者所谈到的问题，即被访者提前设计好剧本，并在访谈中全程通过“表演”来回应访谈者，其实对口述史的研究者来说很常见。作为研究者，我们只有清晰地认识到被访者所讲述的故事往往是在特定背景下为特定目的而创造的记忆故事的一个版本，才能在去除被访者与自己的对话中的遮蔽后，分析被访者所建构的故事的意义。一些访谈者也分享了他们的应对方式，例如通过在访谈中转换问问题的方式，去证实被访者的信息，去打断被访者的表演。

我不会完全不相信他，我会打个问号，然后在后面尝试让他去证实他所说的，其实会换一个角度再重新问问。（访谈者20）

如果他是个表演型的人，他在表演这个过程中，你一样也是可以去分析的……他为什么这样建构……如果你对他之前的资料研究到位的话，你可能就会分析出来。但是我的话，我就会打断他的表演……（我）可能会表示同情，然后换一个问题，换一个比较尖锐的问题。（访谈者02）

（二）反思叙述者与访谈者间的对话

另一个在访谈者反思访谈经历时常出现的主题是访谈者对访谈所得叙述的影响。叙述者的记忆由访谈中的主体间关系塑造，而一个人的性别、年龄、地位、经历以及能力等因素都可能对叙述者和访谈者之间的关系带来难以量化的影响。在笔者看来，这正促成了叙述者与访谈者间生成独有而复杂的对话，使分析叙述者的记忆故事对社会学研究者来说如此有趣。

从访谈双方一见面开始，一些经验丰富的访谈者就可能已经根据叙述者的特点对访谈的难易以及被访者的可研究性做出了初步判断。笔者在这里选取了由三位访谈者根据这些年访谈过的形形色色（包括不同性别、年龄、性格、社会地位、阅历等）的被访者所做出的总结：

一般来说女性被访者相对（男性）会更容易进入访谈的状态，她首先相对（男性）顾虑没有那么多，她更愿意聊她个人的事情……比如说我在问她的家庭的时候，她的爱人、她的孩子的时候，这个时候，通常情况下女性被访者会比男性被访者更愿意谈论。（访谈者05）

工厂的老人，就是从年龄段来讲，老人会更愿意跟你谈，然后年轻人你们可能更有共同话题，中年在职的，尤其是相对来说位高权重的最不容易谈，然后如果从工作性质来说的话，经历很丰富，就是体制外飘荡的那些人，你可能跟他交集比较少，所以你很难理解他那个状态。然后如果体制内的他可能会受到心中那些红线和组织上对他的要求的影响，他可能会避开一些问题，但是他退休了之后他可能愿意讲一讲……（访谈者13）

……1/3的人很健谈，他们的经历也很丰富，还有1/3可能处于两种情况，一种他不一定不健谈，但是他的人生经历简单或者苍白，所以他健谈的话都是虚的或者空的，口号式的嘛，这样子的东西其实对我们的研究用处也是不大的。剩下的1/3就是他不说，或者像挤牙膏一样，你追问一点，他就说一点，这就没什么意义，你又不能逼人家……（访谈者21）

叙述者在与访谈者见面和交谈后，也会对访谈者形成基于年龄、性别、地位等因素的初步印象，这可能会影响之后叙述者说什么和怎么说。例如一些访谈者提到当他们去访谈比他们年长的被访者时，可能是基于对访谈者年龄的考虑，被访者往往会形成一种访谈者对他们那个年代的情况不太了解的印象，而此时若一些有阅历或有知识储备的访谈者不但懂还能有所回应时，“聊天就聊起来了”（访谈者19）。

像他们生活在60年代、70年代，尤其是讲那时候的故事，他就会首先预设你不知道，他可能会讲一些问题就是说你肯定不知道，这种事就不说了对吧？我就跟他说，我知道……当你讲一个你的故事，我可以讲一个我相似的故事，这样的话聊天就聊起来了嘛。（访谈者19）

……访谈过一位铁路上的医生，她就讲到他们进入凉山地区的时候，当地因为少数民族还处在比较落后的状态，所以去做建设是非常困难的。那是个北京的大姐，她说你们根本想象不到有多困难，然后我就笑眯眯地加了一句，我说我是在那长大的，我说我非常理解您所遭遇的困难，然后举了一个我小时候遇到的例子，因为我妈妈恰好也是医生，所以我就讲我们家是怎么去治疗这些病人，她一拍腿说，说得太对了，所以这个时候老太太就打开了话匣子。（访谈者20）

而如若在接下来的互动中，访谈者没能打破被访者对他们“什么都不懂”（访谈人22）的印象，对被访者所提的重要人物和重要事件不太清楚，需要一一盘问核对的话，从访谈者的角度来说，一方面，“核对之后的结果反而有时候会影响访谈的节奏”（访谈者01），陷入“很被动”（访谈者25）甚至“地位非常不平等”（访谈者22）的局面；另一方面，“就有可能失去了一个可能可以拓展的，打开一个重要宝库的机会”（访谈者01）。毕竟口述史料的深度取决于访谈者对与访谈相关的历史背景资料的熟悉程度（刘亚秋，2021a）。而从被访者的角度来看，当他们觉得聊起来没有共同语言，产生不了共鸣时，便渐渐失去了深谈下去的兴致，正如一位访谈者所说：

如果他跟你讲的你完全不知道，他没有讲的兴趣的，因为我们跟别人聊天也是这样子的，发现那个人完全就不懂，那你跟他再谈下去的欲望（就降低了）。（访谈者21）

这种共同语言也被某些访谈者视为访谈能顺利进行下去的基础——相互信任的一个要素。

首先要相互信任和合作，信任可能包括对你的身份，也包括对你的那种理解力和共情能力及我们俩的某种意义上的同质性。我觉得你能够理解，我才愿意跟你说。（访谈者07）

有时，被访者可能会通过语言、行动或姿态将他们对访谈者的印象以及对访谈的态度传达给访谈者，而这不仅会对访谈者的心态造成影响，还会直接或间接地影响访谈的进程和最终呈现的效果。例如一位访谈者（访谈者22）在对某一次“不是很成功”的访谈进行反思时提到，尽管访谈前期做了很多资料上的准备，但在访谈结束后，还是被被访者告知“我跟你没有共同语言，我们不能产生生命上的共鸣”，这让她“非常受打击”。后来，这位访谈者将自己从被访者那里获得信息的能力与同一场访谈中另一位访谈者相比较后，感叹道，“A老师就能很轻易地接上话。这次访谈虽然一开始由我主导，但是后来真正打开话匣子，然后让他们更愿意讲述，其实A老师是很重要的原因”。而这位访谈者的反思也间接证明了受访者确实会在考虑到不同听众的情况下给予不同的叙述。

还有一位访谈者分享了他在面对一位社会地位很高的被访者时产生的心理压力以及感受到了对方对访谈敷衍的态度。

> ……跟那种大老板，压力很大……一个人就是……公司的董事长……就那种身家几百亿之类的。首先我心里头肯定是有点怂的，他接受过的访谈那是无数的，见多了各种什么记者，所以我一个大学生过去跟他聊，心里头还是有点没底。再一个他讲的很多东西我确实也不懂，然后他也能看出来，觉得这些东西跟你讲你也不懂，你能感觉到他的敷衍。（访谈者05）

虽然访谈者无法完全控制被访者对他们基于年龄、性别、地位的看法，但在一些经验丰富的访谈者来看，访谈前的充分准备，是有可能弥补访谈人与被访者间没有共同经历的短处的，甚至能够将其转化成访谈者的一种优势。

> 你不要觉得你们年轻人好像在这方面就会差，我告诉你其实不是，如果你这么年轻，你去跟一个老人去谈这些问题，而你一旦谈到老人理论上他认为你不该知道的东西你知道了，他会更惊异。我用的惊异（这个词），他会觉得，哟，你小姑娘还懂这个经历呀！那时候他的被激发的能力我觉得更强，当然前提是你懂。（访谈者21）

除了访谈者的年龄、性别、社会地位等因素会影响到叙述者与访谈者之间的关系外，一些访谈者还反思了访谈者语言能力对叙述者故事建构的影响。

> 对我们来讲，他如果有方言的话，如果我们懂他的方言，然后就能懂他的意思。但是反过来讲的话，对于被访者来讲，他有很多情感，如果他的普通话不是很好，不用方言的话，他很多地方很多情感可能表达不出来。（访谈者06）

在与被访者的互动中，访谈者偶尔也会遇到被访者无法打开心扉或不愿打开心扉的情况，例如一位访谈者就谈到曾访谈过一位“不仅不配合，而且比较抗拒”（访谈者06）的被访者。

> 他不愿意自我披露。我们可能问一个什么东西，他就是很简短的，就回答完了，所以我们那种一句一句地问，然后他很简单地回答，甚至到后来他开始就怀疑我们的身份，就怀疑我们的正当性、合法性。（访谈者06）

事实上，在访谈中，作为信息的提供者，被访者也拥有询问、倾听、沉默以及不回答的权力。被访者简单的应答可视作他不愿意回答问题的一种礼貌方式，研究者不可能总是知晓原因，但可以观察到访谈中回避的存在，并冒险做出解释。这有可能如前文所述，由访谈者与叙述者间没有建立起一定程度的信任关系所导致，但也有可能是因为叙述者受到过去或当下社会和文化的影响，而这正是我们需要反思的第三个层面。

三　反思叙述者与社会和文化间的对话

在口述史访谈中，受过去或当下的社会和文化的影响，叙述者建构记忆故事的过程也是其个体记忆和集体记忆混合与协调的过程。集体记忆（collective memory）的概念起源于法国社会学家莫里斯·哈布瓦赫（Maurice Halbawachs）的研究。在《论集体记忆》一书中，哈布瓦赫主张集体记忆是社会建构的过程，是“一个特定社会群体之成员共享往事的过程和结果”（哈布瓦赫，2002：58）。在过去的十年里，随着口述史研究者越来越关注个体回忆如何被嵌入文化脚本中并与其达成一致，口述史和集体记忆研究的解释理论正在趋同，其中个人记忆要么被认为是由个人所处的社会和文化背景决定，因而被归入“集体记忆”的范畴，降至无足轻重的地位，要么被置于未阐明的、被动无意识的心理领域（Green，2004）。社会学的口述史研究者在理解和分析叙述者在访谈中建构的记忆故事时应该保持警觉，究竟应该如何看待和反思叙述者个体记忆与集体记忆的关联，既能公正地对待一个人集体方面的意识，又能使个人无须被动地服从内部化的集体意志？

笔者发现，绝大多数访谈者都曾考察过被访者所建构故事中集体方面的意识。

有的时候我是觉得个人的经历就是很个体化的，大家都是不一样的，但是我没有想到大家（被访者）都保留着那种类似于集体的意识，就是他在表达的时候，他的描述里面就是有当年的那种我要为国家奉献的那种感觉。（访谈者 17）

我通过访谈，特别是访谈到……在三线的几个老人……就能感觉到他们其实是很真诚地讲那个话的时候，我就突然觉得就是说集体的概念。（访谈者 09）

集体记忆对个体记忆故事的叙述有着塑造或框架的力量。个体总是援引更广泛的公共话语，个人对过去的叙述从来都不是独立于这些公共叙述之外的（Green, 2004）。有的时候，这种集体记忆的力量是可以被访谈者直接观察到的，它或许是通过被访者们口中反复出现的相同词语而展现，又或许是借助被访者们对某一重要人物、事件、经历相一致的记忆和情感而展现。

比如讲一拖人的口述史里，反复会提到像“一五”“156”“哈尔科夫”啊……廿三里的敲糖帮会不断说到“鸡毛换糖”“三把毛”“严打办”。参加缅共的云南知青，嘴巴上离不开“切·格瓦拉”“支援世界革命”。（访谈者 21）

比如说我访谈的一位在义乌的老人，然后他在谈他早年经商的经济的时候，怎么讲，我觉得应该也是那一代人普遍的一种心理的反应，就是在回到那个时代的时候，他们会有很多委屈的这种体验。（访谈者 05）

像很多人会觉得，虽然我可能生活比不上我留在上海的那些同学，自己退休金拿得也少，但是你看现在三线，比如说我们贵州发展得这么好，我们都匀发展得这么好，这都是当时我们在这奋斗留下的这样一些痕迹。他们会有这样一种自豪感。（访谈者 25）

在集体记忆力量的约束下，被访者往往会将自己过去的经历融入现有的文化脚本中，以确保自己的叙事与集体的叙事保持一致，从而获得社会的认可。而在面对面的访谈过程中，虽然有些访谈者能够意识到集体记忆对个体叙述的影响，但有时却无法轻易分辨被访者的哪些叙述可能仅仅是集体意识的一种表达，而并非他的真情实感。这就需要访谈者在访谈中时刻保持警醒，如此才能挖掘出那些被集体意识排除或压制的个体记忆与情感。一些访谈者分享了他们在访谈中去深挖那些被集体记忆所遮蔽的个体记忆的经历。

他是个模范……然后我在采访他之前他就扔给了我（一份材料），他写了8页纸，他已经把他想讲的全部写好，他的意思是说你不用来采访，但是对我来讲，那就是官话。当然我主要是采访他的太太，采访他太太其实我觉得最有价值的问题就是铁姑娘……比如说再来一次（的话），她会不会同样这样选择？然后恰恰就是谈到这个问题的时候，她之前一直在维护，谈到这个问题她就哭了……然后你就会发现突然记忆变得不那么正面，这是一个例子。（访谈者02）

我们遇到一个被访者，他……是管生产安全的。然后有关安全事故，因为毕竟炼钢炼铁可能都会有事故，然后他对这个问题一开始含含糊糊，我没有意识到他在说这个问题，然后他自己主动问我们要不要说，然后我们就很感兴趣，但是我们当时主动提，如果你觉得不方便的话，我们可以把录音笔关掉。我们把（录音）暂停以后他就说得很详细、很放松的那种。（访谈者16）

在任何社会中，历史的创造或对过去看法的建构，都是为争夺对某一事件或时期的特定解释的主导权而进行斗争的产物（Abrams，2010）。当一个霸权主义的观点出现时，它通常会排除或压制其他的解释。为了获得社会的接受和肯定，个人可能会压制自己与集体不一致的观点（Green，2004）。因此，当被访者关于个体苦难和创伤的记忆不符合公共叙事时，它带来的不仅仅是危险和痛苦，还有沉默。作为研究者的我们，需要清楚地认识到，集体记忆的力量有的时候并不是通过被访者叙述出来的故事呈现的，而是通过被访者无法诉说的故事，正如一位访谈者所说，“那些你永远也不知道他没说出来的事情”（访谈者20），在回避、否认、沉默或哭泣中展现。

你会看到他的叙事中间突然有一段是没有的，他有意就不谈了，就突然有一个停顿，但是这个时候你其实不是很知道怎样切进去，一是他情感上有很大的创伤或者是冲击，他不愿意谈，或者是他有意遮蔽掉这一段……（访谈者20）

讲到现在的经历和以往的这种变化落差的时候，当时老爷爷他是一个领导，就在三线的企业里，然后还是蛮严肃的，但是当时在讲到

> 那段经历的时候，他忍不住，后来他老伴就赶紧打断我们说我们就不要谈了……他讲到那段历史的时候，他突然一下（忍不住），后来我看他眼眶发红，情绪比较激动……可能我们的谈话，让他想到了一些东西……然后他当时一下情绪到了那个点之后，他就不能说话了。（访谈者 25）

在叙述者与过去、当下社会和文化对话的过程中，尽管集体叙事比起个体叙事来更占上风，但并不必然会侵犯、涂抹、覆盖或清除个体叙事（刘亚秋，2010）。在口述史访谈中，一些被访者跟访谈者通过“分享的过程建构他的人生的意义感”（访谈者 21），从而创造出一个使自我感到舒适，并能被公众接受的叙事，进而在个体的苦难与创伤和公众期望中达到平衡。而作为研究者的我们，在分析被访者建构记忆故事的意义时，不能忽视被访者在面对困境时试图抗争的主体性，即被访者将建构人生的意义感作为积极管理过去痛苦经历的一种手段。

> 他们（被访者）在讲述自己的一生的时候，其实是在把他们那种破碎的生命事件，用自己的一套逻辑，用自己的叙事来把它串起来，在叙事中编织自己人生的意义和认同。（访谈者 10）

口述史访谈是三方对话的结果，而我们作为研究者在理解与分析人们的记忆故事如何被建构时，需要将这三个层面均纳入考虑，缺一不可。

四　总结

在 Alessandro Portelli（1981）看来，所有的口述史研究都应该引起研究者的自我反省以及对研究对象的反思。如今，口述史研究者常常被鼓励去承认访谈中存在的主体间关系，并思考它们如何影响研究结果。然而，很少有研究清楚地告知研究者该如何去做，这导致很多访谈者在田野实践中，对自己的位置以及口述史研究干预可能对被访者产生的影响缺乏自我反省。本文在借鉴了 25 位社会学口述史研究者的访谈和反思经历后提出，口述史研究者在分析叙述者如何建构记忆故事时，需要学会在三个层面进行反思，即叙述者与自己的对话、叙述者与访谈者的对话以及叙述者与社会和文化间的对话。

本文就口述史访谈者对这三个层面的反思得出了一些结论。记忆是透过叙述者建构的主体性而折射出来的，并由访谈中的主体间关系塑造。叙述者在访谈中的表现取决于其所处的主体地位，同时，访谈者的性别、年龄、地位、经历以及能力等因素也都会对叙述者的讲述带来影响。除此之外，叙述者所建构的记忆故事还会受到过去或当下的社会和文化的影响。在集体记忆与个体记忆的互动中，被访者在与访谈者分享的过程中建构人生意义感，从而创造出一个使自我感到舒适，并能被公众接受的叙事。

目前，我们正处在口述史的第四次范式转变中，数字技术正在改变我们作为口述史研究者工作的许多方面，口述史的未来，以及口述史研究者的角色从未如此让人激动，也从未如此不确定（Thomson，2006）。笔者希望本文从25位社会学口述史访谈者的田野实践中总结的经验与教训中汲取的营养，可以为口述史方法的发展提供新的声音和洞察力。

参考文献

郭于华，2002，《“弱者的武器”与“隐藏的文本”——研究农民反抗的底层视角》，《读书》第7期。

哈布瓦赫，莫里斯，2002，《论集体记忆》，毕然、郭金华译，上海人民出版社。

侯儒，2017，《国内外口述史学研究回顾》，《世纪桥》第4期。

刘亚秋，2010，《从集体记忆到个体记忆：对社会记忆研究的一个反思》，《社会》第5期。

刘亚秋，2021a，《口述史方法对中国社会学研究的意义》，《学习与探索》第7期。

刘亚秋，2021b，《口述史作为社区研究的方法》，《学术月刊》第11期。

钟少华，1997，《中国口述史学漫谈》，《学术研究》第5期。

周晓虹，2021，《口述史作为方法：何以可能与何以可为——以新中国工业建设口述史研究为例》，《社会科学研究》第5期。

Abrams, Lynn. 2010. *Oral History Theory*. New York: Routledge.

Goffman, Erving. 1959. *The Presentation of Self in Everyday Life*. New York: Doubleday.

Green, Anna. 2004. “Individual Remembering and ‘Collective Memory’: Theoretical Presuppositions and Contemporary Debates.” *Oral History* 32 (2).

Haynes, Kathryn. 2010. “Other Lives in Accounting: Critical Reflections on Oral History Methodology in Action.” *Critical Perspectives* 21.

Janesick, Valerie J. 2007. “Oral History as a Social Justice Project: Issues for the Qualitative Researcher.” *The Qualitative Report* 12 (1).

Janesick, Valerie J. 2010. *Oral History for the Qualitative Researcher: Choreographing the Story*. New York: The Guilford Press.

Kim, Soon N. 2008. “Whose Voice Is It Anyway? Rethinking the Oral History Method in Accounting Research on Race, Ethnicity and Gender." *Critical Perspectives on Accounting 19.*

Mead, George H. 1934. *Mind, Self, and Society from the Standpoint of a Social Behaviorist.* Chicago, IL: University of Chicago Press.

Oral History Association. 2009. "Principles and Best Practices." https://oralhistory.org/about/ principles - and - practices - revised - 2009.

Ortner, Sherry B. 2006. *Anthropology and Social Theory: Culture, Power and the Acting Subject.* London, United Kingdom: Duke University Press.

Portelli, Alessandro. 1981. "The Time of My Life: Functions of Time in Oral History." *International Journal of Oral History* 2 (3).

Shopes, Linda. 2011. "Oral History." In N. K. Denzin & Y. S. Lincoln (eds.), *The SAGE Handbook of Qualitative Research.* Thousand Oaks, CA: SAGE.

Śiwa, Martyna. 2013. "Learning to Listen: An Organizational Researcher's Reflections on 'Doing Oral History'." *Management and Organizational History* 8 (2).

Thomson, Alistair. 2006. "Four Paradigm Transformations in Oral History." *The Oral History Review* 34 (1).

Thomson, Alistair. 2015. "Anzac Memories Revisited: Trauma, Memory and Oral History." *The Oral History Review* 42 (1).

Thomson, Paul R. 2000. *The Voice of the Past: Oral History.* Oxford: Oxford University Press.

口述历史与社会科学的公共性[*]

陆　远[**]

摘　要：社会科学研究具有强烈的实践性和公共性特征，然而20世纪以来现代社会科学的体制化、专业化进程，在一定程度上侵蚀了社会科学的公共性，弱化了其公共责任。方兴未艾的口述历史研究，为重建社会科学公共性的路径提供了方向。本文以公共史学、公共社会学为例，考察了口述历史作为一种研究方法在跨学科研究实践中对学科公共性构建的价值，同时分析了口述知识生产过程中的公共性作用机制，进而倡导一种具有价值承诺和社会承诺的"公共社会科学"的生成。

关键词：口述历史　公共史学　公共社会学　公共性

一　公共性与社会科学公共性

在人类社会生活中，"公共性"既是一个普遍议题，又是一个现实难题。一方面，"人在本质上是社会性的"（亚里士多德，2003：18），"社会性"或曰"公共性"是人的本质属性，人群合作机制之所以成为可能，人类社会秩序之所以得以形成，公共性扮演着重要角色，用阿伦特的话说，"我们对现实的感受完全依赖于公共领域的存在……就连照亮我们的私人生活和隐私生活的微光最终也是来自公共领域的更加刺目的光芒……正是公共领域的公共性才能够吸纳人们想从时间的自然废墟中拯救出来的任何东西，并使之历经数百年而依然光辉照人"（阿伦特，1998：82）。在阿伦

* 本文是"社会学理论与中国研究"项目阶段性成果之一，受南京大学"双一流"建设项目"卓越研究计划"基金的支持。

** 陆远，社会学博士，南京大学社会学院讲师。

特看来，公共性意味着“凡是出现于公共场合的东西都能够为每个人所看见和听见，具有最广泛的公开性”（阿伦特，1998：81），正是在这种依靠彼此分享建立起来的生活世界中共同行动，人获得了存在的意义。另一方面，公共性的困境又是全人类始终无法解决的现实难题，从基层社区到国际领域，几乎所有的公众议题都会引发来自不同立场的利益相关者之间的争执、攻讦。可以说，自古至今，人类社会一直在“认同与团结”和“冲突与撕裂”的张力中踯躅前行。

当然，自古至今，人类也没有放弃对解决这种根本困境的路径探索。在“群”“己”之间寻求平衡，探求公共性生成之道，是中外社会思想中的核心议题之一，由此产生的思想动力，不仅影响了诸如历史学、哲学这样古老的人文学科，更催生了以社会学、政治学为代表的现代社会科学门类。从这个意义上说，“公共性是社会科学的灵魂所在”（樊凡，2017：120）。这种公共性，一方面体现在古今学者对公共性范畴的系统研究上，另一方面体现在社会科学实践作为一种参与社会运动并改变世界的工具，对生活世界公共性生成的促进上。

在西方学术传统中，对公共性的解读与建构，可以追溯至古希腊哲学传统，在那里，公共性在现实层面被理解为城邦共同体本身，在精神层面被理解为公民生活所追求的“共同善”。启蒙运动以后，洛克和卢梭从相反的角度共同探索了个人主义背景下公共性何以可能的核心议题：前者强调公共性建立的基础来自以个体自我保存为目标的个人主义，公权力取得公共性，必须获得个体通过契约制度的授权；后者则脱离个人经验，把公共性建立在一种以自由之名行强制之实的公意之上。最终，两股涓流汇聚到康德的启蒙学说那里，标志着公共领域理论的成熟（哈贝马斯，1999：120）。进入20世纪以后，波兰尼、李普曼、阿伦特、哈贝马斯、罗尔斯、桑德尔、桑内特等学者从不同角度丰富和深化了对公共性议题的探讨（肖瑛，2021）。

自20世纪30年代科学社会学[①]创立以来，从早期贝尔纳关注科学对社会改造的作用（贝尔纳，1982：513～541）到拉图尔对“重组社会连接”的呼吁（Latour，2005），都表明社会科学研究具有强烈的实践性和公共性。这种公共性表现为社会科学不断地、及时地渗入社会生活中，作为现代社会民主和科学决策的信息、知识和智能基础以及现代文化的基本信念与价值体系的组成部分，参与、塑造和改变着作为社会科学研究之对象

① 早期的科学社会学主要以自然科学与工程技术为研究对象，典型如默顿（2000），晚近的学者已经逐步将社会科学和人文科学纳入考察视野。

的社会生活本身（朱红文，2004）。

不过，20 世纪以来现代社会科学的体制化、专业化进程，在推进研究向纵深发展的同时，也导致学科分化严重，专业壁垒加深，“使研究者抛弃了专业知识积累之外的大部分道德和文化诉求”（吉本斯等，2011：62），形成了一套固定的、局限的、封闭的、内部循环的学科专业话语，很大程度上侵蚀了社会科学的公共性，弱化了其公共责任。优质知识的有效供给不足，将可能引发一系列社会问题。如果越来越多的专业人士不愿或不能参与公共议题，将会造成严重的知识短缺，使劣质知识竞相涌入并不断泛滥。这不仅会拉低公共知识的质量、破坏文化生态，甚至会影响社会和文明的进步。

重建社会科学研究与公共生活世界的紧密联系，进而建立能务实、有担当的公共社会科学，必然需要所有社科工作者的共同思考和行动。当下某些跨学科的学术实践，比如方兴未艾的口述历史研究，也为公共性的路径探索提供了方向，深具启发价值。

二　口述历史与公共史学

仅从字面上看，口述历史就是历史学的组成部分之一，如果我们考虑到在文字出现以前，人类经历过时间漫长得多的口传历史时期——用汤普逊的说法，“在这一阶段，所有的历史都是口述史”（汤普逊，2020：26），那么口述史的兴起不啻是一种历史叙述的“返祖”（孙江，2017：9）。如果说 20 世纪四五十年代口述史率先在美国兴起时①，还必须忍受来自主流史学界质疑乃至不屑的声音，那么到了 20 世纪七八十年代，当公共史学作为崭新的研究领域和研究范式在美国和欧洲走向成熟以后②，口述历史和公共史学就结成了坚定的同盟，不仅在学术上共同合作、互相促进，也携手让历史书写进入公共领域，参与现实历史进程（Douglass，1980；Blatti，1990；李娜，2015；朱联壁，2014；肖琦，2014；孟钟捷，2014）。

---

① 1948 年，哥伦比亚大学历史系教授内文斯（Allen Nelson）在该校创办口述历史研究室通常被视作早期口述历史发展的里程碑，标志着“口述史被确立为历史编纂的一种现代方式”（汤普逊，2000：73）；1966 年在美国召开的口述历史协会（Oral History Association）首届年会则成为美国口述历史研究和实践逐渐成熟，走向制度化的标志。

② 在美国，其标志是 1978 年专业期刊《公共历史学家》（*The Public Historian*）的创办和 1980 年美国全国公共史学委员会（National Council on Public History，简称 NCPH）的成立和首届年会在匹兹堡的召开。在欧洲，其标志是 1982 年欧洲范围内首次关于公众历史的研讨会在阿姆斯特丹召开。

公共史学在美国的兴起，直接原因是 20 世纪 70 年代以后美国传统史学教育遭遇的危机。大量历史系毕业生面临空前的就业压力，在与市场人力资源需求关系密切的美国高等教育界，这一状况反过来严重打击了各高校历史系的研究生项目。出于拓宽历史系研究生就业渠道进而保证历史系存续的“功利”目的，美国各高校历史系（尤其是那些在学术上处于第二梯队的机构）尝试开设不同于传统历史学教学的公共史学课程，在课程设置、方法训练、知识形态和就业方向等方面做了很大调整（Kelly，1978；王希，2010）。在这样的公共史学的教育和研究实践中，口述历史因其灵活、广泛、多元的特征作为主要研究方法被广泛采用。[①] 从更深层次看，公共史学的兴起又与 20 世纪社会变迁和历史学发展的内在理路息息相关。一方面，19 世纪以来的主流史学范式过于强调其为民族国家服务的功能，到 20 世纪 70 年代以后，以民族国家为基础的全球政治版图基本确定，政治层面对传统历史学的需求大大降低；另一方面，20 世纪 60 年代蔓延全世界的革命行动和平权运动极大地挑战了既有的权威和秩序，在学术上表现为人文社会科学纷纷把目光转向原先“失语”的边缘群体和底层民众，而这同样也是口述历史兴起的社会背景和思想动力。

口述历史与公共史学的结盟，对推动历史学的公共性具有重要意义，大致表现为以下几个方面。

其一，把历史的焦点转向普通民众，使大量原本不可能在历史上留下丝毫记录的人群从“失语”到“发声”，呈现明显的“人民化”（杨祥银，2022：60）趋势。2022 年，南京大学当代中国研究院推出了由周晓虹领衔的“新中国工业建设口述史”中的两册（周晓虹等，2022；陆远等，2022），收录了研究团队在洛阳两座大型国有企业访谈的数十位企业员工的个人生命史，如果不是这样的因缘，其中的大部分人，恐怕没有机会留下以自己为主角的声音、图像和文字。更多的人能够通过口述在历史上留下印记，其本身就具有公共性的意涵。正如阿伦特所言，“悲哀并不仅仅在于被剥夺了自由和可视性，而且也在于这些默默无闻的人自身的某种恐惧：他们害怕由于自己的默默无闻而最终死得不留痕迹，就仿佛他们从来不曾存在过一样”（阿伦特，1998：86）。

其二，吸引更多元的历史叙述，以新的书写形式和知识结构丰富了公众对历史的理解，改变了公众对历史的认知。这里的多元，既指形式上的

---

① 有些学者就将口述史学与通俗史学、影像史学、物质与非物质文化遗产保护和开发以及数字公共史学并称为公共史学的五大基本组成单元（姜萌，2020）。

多样性——比如除了口述记录外，自传写作也可以被视作一种自我口述的表现形式；也指内容上的多层次性——越来越多原先被官方的“大写历史”遮蔽的私人的“小写历史”开始出现。比如，一位普通退休中学教师的自传作品（沈博爱，2013），一位运输公司退休女职工书写母亲——一位普通家庭妇女——生命历程的作品（杨本芬，2020），都曾引起大量关注和讨论，其引发的公众的历史反思的广泛和深入程度，恐令大部分职业历史学者的专业著作难以望其项背。再比如，有学者曾分析了近30年以来有关三线建设的历史书写情况，认为“最突出的是，近十年来，书写群体发生了很大变化，有更多的普通民众（特别是三线建设亲历者及其家属）参与到历史记录与书写中来。这显然是具有普遍意义的公众参与，标志着三线建设的历史书写进入了一个新的阶段”（张勇，2018：225）。

其三，更加重要的是，口述历史和公众史学的结合，在很大程度上改变了历史学知识生产的权力关系。固然，我们每个人都是某一段历史的参与者，但关键的问题是，在众多的亲身经历中，谁的“过去”可以变成“历史”，并通过话语权力的编排，进入集体记忆中，成为公众知识结构的指定内容？或者说，谁有权力书写历史，谁又有权力进入历史？传统意义上对历史知识生产起控制和垄断作用的权威，要么来自毫不掩饰的官方意志，要么来自通过科层程序掌握了话语权的专业学者，尽管20世纪30年代，就已经有主流学者用一句“人人都是他自己的历史学家”对此进行反思（贝克尔，2013：195~212），但传统的历史知识权威体制真正开始受到挑战，是越来越多的口述历史和公共史学实践涌现之后。20世纪80年代，“参与性史学文化”（participatory historical culture）概念的提出（Grele，1981：44），正是基于这样的立场：历史知识的生产，应该是一个公共的、民主的过程，这种公共性，一方面体现在应该允许和鼓励更大范围的公众参与其中，另一方面表现为这种知识生产是历史书写者与其研究对象不断往复对话、协商、探讨和合作的过程，用美国学者弗里茨的话说，“话语权理应共享”（Frisch，1990：xxi）。

三 口述历史与公共社会学

与公共史学、公共哲学[①]等相对应，社会学界也有公共社会学的概念。

① 从20世纪50年代（李普曼，2020）到21世纪（桑德尔，2013），有关公共哲学的著作和讨论亦层出不穷。

2004 年，布洛维在美国社会学协会第 99 届年会上以“保卫公共社会学”为题发表了主题演讲（布洛维，2007：3～57），此后数年间，布洛维不遗余力地将推广公共社会学变成一场超越学术的“社会运动”（闻翔，2008：224）。他本人就撰写了一系列相关文章，不仅在美国国内各地巡回演讲，还曾前往巴西、法国、中国、南非、印度、越南等国，介绍公共社会学的学术理念，传播其富有公共关怀的学术追求。在他的推动下，数本有关公共社会学的普及读物得以出版，美国社会学协会还设立了专门机构以推动公共社会学的研究，一些大学也有开设公共社会学课程的动议。尽管社会学界对此的反响并不如期望中强烈——布洛维在 2004 年前后已遭到不少批评和质疑（Brady，2004；Turner，2005），公共社会学的呼吁者在此后数年寥寥无几——但当笔者以一个社会学学人的身份从事口述历史研究实践，并阅读了社会学家的相关论述后，依然觉得有关公共社会学的观点和理论，对我们深化口述历史和社会科学公共性的理解，有很大启示意义。

布洛维认为，存在四种类型的社会学：（1）专业社会学，它为其他三种类型的社会学提供真实并可检验的方法、积累的知识、定向的问题以及概念框架，是其他三者存在的必要条件；（2）政策社会学，其目标是为客户（政府、社区或商业机构等）提供知识服务，按照其要求生产工具性知识；（3）批判社会学，其角色是用来审视和反思前提预设和价值立场，提出必要的批评和指责，使专业社会学认识到自身的偏见，进而进行新的研究；（4）公共社会学，强调社会学要回到社会之中，与公众展开沟通性的对话，同时以公民社会的存在和维系为己任。布洛维以图表的形式总结了这种社会学的劳动分工（布洛维，2007：15～20）：

表 1　社会学的劳动分工

	专业听众	非专业听众
工具性知识	专业社会学	政策社会学
反思性知识	批判社会学	公共社会学

在布洛维看来，“批判社会学是专业社会学的良知，正如公共社会学是政策社会学的良知一样”（布洛维，2007：18），他强调，以上劳动分工的划分，回答了任何社会学家都不得不面对和思考的两个基本问题，即“社会学是为了谁”和“社会学是为了什么”。从“社会学是为了谁”来看，专业社会学和批判社会学面向的是学术界内部的阅听人，而政策和公共社会学则面向学院之外的对象。从“社会学是为了什么”来看，专业和

政策社会学生产的是解决实际问题或学术谜团的工具性知识，批判和公共社会学则思考社会学研究的内在基础和前提，或是与公众开展关于社会变迁的反思性对话（闻翔，2008：226）。

事实上，在社会学这门学科创立之初奠定其学术基业的诸位先贤，无不带有深刻的公共关怀和济世抱负，他们的学术目标带有强烈的公共性，即便到了20世纪，在诸如杜波依斯、大卫·里斯曼、罗伯特·贝拉的著作那里，我们依然可以看到共同的特点，它们引发了“关于美国社会本质的公共讨论”（布洛维，2007：11），因而在学术界之外被广泛阅读，这也就是米尔斯所谓的运用“社会学的想象力”的基本工具：在“源于周遭情境的个人困扰”和“关乎社会结构的公共议题”之间做出明确区分（米尔斯，2017：8）。

从这样的视角出发，我们就可以理解社会学取向的口述历史实践对扩充社会科学公共性的价值。简而言之，大致有以下两个方面。

其一，在口述历史中充分运用“社会学的想象力”，可以帮助人们（包括受访者、访问者和阅读者）超越自身日常生活的视野局限，把个体的生命历程投入一个更大的社会历史图景中，在此基础上反观和思考诸如人生、命运、民族、国家、历史等重要议题。在口述史访谈中，访谈者经常被受访者反问的第一个问题往往是“为什么要访问我?”，受访者往往认为，“我就是普普通通的一个人，没有被采访、被记录的价值”，“我的一生很平淡，没有什么惊心动魄的故事，这样的访谈写出来也没人感兴趣”，等等。对于受过专业训练的口述历史工作者，如何化解这种广泛存在的疑虑，至少可以从两个方面的公共性角度入手：从历史学的角度看，正如上文所言，进入“历史”的裁判权不再“定于一尊”，即便再普通的个体，也有为自己生命历程留下印迹的权利；从社会学的角度看，即便日常生活中再私人的际遇，也往往要投射到更大的社会历史背景中，才能得到更深刻（也往往更令人信服）的解释。比如，2021年，一本名为《外婆和她的房子》的口述史作品出版（吴根妹、商楚茼，2021）。采访人是一位高中生，受访人是她的外婆，一位最普通的苏南小镇居民，普通到没有任何“身份”——受访者的女儿在为本书撰写的序言中写道：“过去绝大部分的口述者总是会有一些特殊的身份，比如社会名流、少数民族、移民等；或者会有事件性的身份，比如亲历土地革命、亲历高考恢复等。但对于母亲而言，除了到最后有个别人给她贴上‘教授母亲’的身份，她几乎是没有身份的，找不出她的独特性来”（沈奕斐，2021：6）。对于这样一个平凡到几乎“没有面目”的人，值得专门写一部口述史吗？其价值或许可以用周晓虹为本书撰写的推荐语来回答：这是“一个最普通不过的中国妇女表征自己生活的艰辛与进步的生命之路和记忆之场，……浓缩了我们这个时代最炫目的历史瞬间”。实际上，米尔斯早在半个多世纪前也已做了回答：“人们通常不从历史变迁和制度矛盾的角度出发来界定自己所经历的困扰。他们只管享受安乐生活，一般不会将其归因于所处社会的大起大落。普通人很少会意识到，自己生活的模式与世界历史的进程之间，有着错综复杂的关联。他们通常并不知道，这种关联如何影响到自己会变成哪种人，如何影响到自己可能参与怎样的历史塑造”，因此米尔斯告诫道，“个体若想理解自己的体验，估测自己的命运，就必须将自己定位到所处的时代；他要想知晓自己的生活机会，就必须搞清楚所有与自己境遇相同的个体的生活”，“无论哪一代人，哪一个人，都生活在某个社会当中，他活出了一场人生，而这场人生又是在某个历史序列中演绎出来的……单凭他活着这桩事实，他就为这个社会的历史进程出了一份力，无论这份力量多么微不足道”（米尔斯，2017：2，4～5）。米尔斯的论述，为我们从社会学角度理解口述历史的公共性，做了最好的注脚。

其二，如果说普通人的经历可以借由口述史实践汇聚为复数的历史，那么职业社会学者在口述资料基础上进行的学术解读，则更深入地展示了社会公共性的不同特征，同时也将口述史的关怀融入对社会学相关理论和方法的思考中。例如，周晓虹对集体记忆的社会建构（周晓虹，2020a）、命运共同体的形成和作用机制（周晓虹，2022）等议题的解读；杨善华和孙飞宇对“社会底蕴”概念的分析和解读（杨善华、孙飞宇，2015）；刘亚秋对具有特殊历史身份群体心态史的描摹（刘亚秋，2021a）；方慧容对作为一种社会心态的“无事件境”范畴的阐发（方慧容，2001）；等等。以上所有研究的基础材料，都来自口述历史实践，其研究旨趣则都是在呼应现代中国社会公共性的生成及其流变这一核心话题。在这一点上，社会学取向的口述史实践“努力赋予社会史人性的一面”（托什，2011：8），与“作为社会科学的主流社会拉开了距离，并承担了对过去和现实进行反思的功能。在更深层次的意义上，它与费孝通先生晚年倡扬的社会学的人文性以及社会学培育社会的意涵是一致的”（刘亚秋，2021：147）。

四　口述历史的知识生产与公共性生成

口述历史的公共性，不仅体现在它作为研究方法在不同学科学术实践的应用中，也体现在口述历史知识生产的整个链条中。按照原美国口述历史协会会长里奇的说法，一个完整的口述历史实践，应该包括以下流程：

口述历史项目的设立（也就是选题）、口述访谈、口述历史的写作与出版、口述历史的保存、口述历史的展示和被阅听（里奇，2019），所有这些环节的顺利实现，与学术研究的公共性问题密切相关。

（一）选题

从理论上来说，口述史是一种开放性的学术实践，任何个体都可以成为口述史访谈的对象。但是，好的口述历史作品的价值，往往在确定选题的那一刻，已经埋下伏笔。笔者认为，公共性恰是衡量口述史选题价值的重要标准。这种公共性主要体现在两个方面：其一，是否能关注一个历史时期最重要的社会公共事件，呼应其公共议题；其二，是否能为未来研究者留下具有潜在公共价值的话题和资料。比如，20 世纪 90 年代中期，孙立平、郭于华主持的“二十世纪下半期中国农村社会生活口述资料收集与研究”，特别聚焦从土地改革到农业合作化时期的农民生活与心态变迁；1999 年启动的由王汉生主持的“重大历史实践与知青的生命历程”研究；2000 年前后启动的“南京大屠杀幸存者口述史访谈项目”；直到 2019 年启动的由周晓虹主持的“新中国工业建设”（洛阳工业基地、贵州三线建设企业、鞍钢集团、大庆油田、义乌小商品市场等）和“新中国人物群像口述史”（中国社会学重建亲历者群体、赤脚医生群体、女兵与铁姑娘群体、抗美援朝老兵群体、乡村教师群体等），这些口述史实践之所以是“更有价值”的选题，能引起广泛的关注，正是因为它们准确地把握了当代中国各历史时期最重要的公共事件和公共议题，并进而与那些最核心的社会科学问题（如国家与社会结构，民族与政治认同、国家基本政治经济形态等）相关联。

相比之下，某些市场导向的口述史项目（如企事业单位委托的本单位发展口述史）或纯粹私人性质的心路历程记录，往往因为其公共性的缺乏而较少具有社会层面的影响力。即便如此，在这一类口述史项目中，公共性也是衡量选题价值的主要标准。比如，一家拥有上百年历史、起源于教会慈善机构的医院的口述史，就比一家只有十来年发展历史的私营企业的口述史更有公共价值，这不仅与机构存续的时间长短相关，更与其发展变迁过程中可能涉及的公共议题有密切关联。再比如，前文提及的退休教师沈博爱的自传作品，作者并没有全面铺陈自己的人生经历，而是主要记录自己在历次政治运动中历经的劫波和对此的思考，这样的生命历程描写，就不再是一个单纯的个体经历，而是有显著历史特征的一群人的样本，因而具有更高的历史价值。

（二）访谈

有关访谈过程中的公共性议题，学术界已多有论述，如周晓虹提出的在访谈互动中受访者“即视感”的形成（周晓虹，2020b），周海燕强调的情感因素在访谈互动中的功能与意义（周海燕，2020）等。在笔者看来，口述史访谈过程的公共性，正来源于其互动性。这种互动性，既蕴含了影响访谈过程的无数可能性，也对访谈人的驾驭能力提出了更高的要求。

（三）书写

口述历史作品的生成，是口述史研究过程中的重要环节，但学界对此的研究，尚不多见。一个可能的原因或许在于，在原始口述资料的基础上，要么书写口述史文稿，要么剪辑成口述史音视频作品，都是相对私人的工作。其过程即使有研究的意义，也多是基于技术层面的视角，如写作技巧问题、剪辑技巧问题等，似乎不存在需要考量的公共性问题。但实际上，口述史作品的呈现形态，直接关系到其目标受众的接受程度，进而又与后续的传播密切相关。

仅以文字呈现的口述文稿为例来说，近些年曾有两部口述史作品在坊间引起巨大反响，乃至成为畅销书，这就是由美国学者艾恺整理的梁漱溟口述史（梁漱溟、艾恺，2015）和作家李晋西整理的原人民出版社社长曾彦修口述史（曾彦修、李西，2020）。两者的文本呈现形式完全不同：梁漱溟口述史完全保留了录音原貌，同时记录了访问人（艾恺）和受访者（梁漱溟）的原话，只做了基本的标点和核对，录音中脱漏和重复处，基本保持原貌，本书相当于口述录音的逐字稿；曾彦修口述史虽然以“访谈录”为题出版，但访谈人和他付出的大量编辑工作完全隐没在文字背后，从读者能够接触到的本文来看，称为“曾彦修自述”恐怕更加合适。两部文本形态大相径庭的作品，为何同样能打动读者，很重要的原因在于整理者准确把握了受访者的主要特征和读者的根本期待。艾恺访问梁漱溟自 1980 年开始，当时梁漱溟已 87 岁高龄，称其为鲁殿灵光亦不为过，等到这本口述实录第一次面世，更是到了约四分之一个世纪以后的 2006 年。读者惊讶的是，这样一位中国现代史上的传奇人物，居然有这么长篇的录音资料，人们对梁漱溟在录音中的一词一句、一笑一骂都有高度的兴趣，因此最大限度原汁原味地还原梁漱溟谈话的原貌，成为读者最大的期待。相比之下，曾彦修虽然也是人生经历丰富的文化老人，但公众层面的知名度与影响力，显然远不及梁漱溟，读者并不需要了解访谈中的只言片语，他们更期待从条理清晰、结构完整的叙述中获得关于历史事件的知识和对历史智慧的体察，显然整理者的做法是明智的，事实证明也是成功的。

（四）传播

在那本著名的口述历史操作指南中，里奇专门辟出一个篇章，讨论口述历史作品的展示与应用问题（里奇，2019：306～356），相比之下，中国口述历史的实践者和研究者，似乎对此尚未有充分的关注。在笔者看来，在某种程度上，作品的完成只意味着口述历史实践完成了半环，口述历史作品的公共性的生成，构成了这种实践的另外半环，而这种公共性，就体现在作品在被传播、被阅听、被言说、被评论乃至被质疑、被批评的过程中产生的社会公共效应。

阿伦特在论述社会生活的公共性价值时，有过一段生动的描述，她说："被他人看见和听见的意义在于，每个人都是站在一个不同的位置上来看和听的，这就是公共生活的意义。相形之下，即使是最丰富、最惬意的家庭生活也只能使一个人自己的立场以及与之相伴的各种视点和方面得到延长或倍增……这一家庭世界永远无法取代从一个物体呈现在众多的观看者面前的各个方面的总和中产生出来的那一现实。事物必须能够被许多人从不同的方面看见，与此同时又并不因此而改变其同一性，只有这样，世俗的现实才能真正地、可靠地出现"（阿伦特，1998：88～89）。口述历史作品需要被看见和被听见，乃至被评判的意义，正在于此。

此外，口述历史作品被争议，也能从另一个角度促进公共性的生成。口述历史被人诟病最多的，就是言说的可靠性问题，这不仅涉及受访者的记忆可信程度，也与口述史访谈实践互动过程本身相关，诺拉就质疑"口述史到底是当事人的历史还是设问者的历史"（孙江，2017：9）。而按照哲学家利科的说法，记忆要成为公共史学的研究对象就必须经受检验。个人的证言是从诉之语言记忆开始的，被讲述的记忆从一个体制（集体）向另一个体制流动，进而进入公共领域。证者言之凿凿，闻者未必尽信，甚至怀疑。这样，证言就需要接受验证，不能经受诘问的证言就不能称为事实。从这个意义上说，一部口述历史作品在被传播和被阅听的过程中引发的争论越多，就越能够在更大的范围内引起公众关注，引发更多的亲历者参与记忆的再现，这样的公共性行动越多，离达成共识的学术目标或许就越近。

五 总结与反思：口述史公共性的边界

学术是一种公器，它隐含着价值承诺和社会责任，知识人自然也负有社会责任。优秀的社会科学研究，应以其智慧的光芒映照充满荆棘的现实丛林，使人类的知和行更具深度、高度及力度，从而更有效地认识世界、改造世界。

周海燕曾经援引汤普逊在《过去的声音》中的话强调口述历史作为参与社会运动并改变世界的价值，“口述史的访问应该成为另一个认识深入的时刻，以及行动者所共享的、激进愿景的创立基础，研究则应该成为当下反抗压迫的斗争的一部分。激进的、反抗的传统应该被复活，在当下的社会运动中扮演其重要角色。这是口述史的两个愿景”（周海燕，2022：244）。如果我们认同口述史的实践不仅可以唤起不同程度的社会行动，并且其行为本身就是这种行动的一部分，那么我们就应该承认，促进公共性的生成和重建社会性联结，是这种社会行动的第一步。它也意味着价值立场及问题意识的转型，意味着在选题、立意、格局、思考方式等方面都要融贯更深厚的人性关怀、现实观照和世界意识，为人类文明进步提供更具智慧的照护。

当然，口述历史走向公共，并非没有边界。比如，我们固然欢迎更多的同道中人共同参与口述历史实践，但这种开放性并不意味着准入门槛的降低甚至消失。口述历史的操作，从技巧到伦理，有一整套严格的规范，需要执行者经过专业的训练，甚至可以说，对优秀口述历史从业者业务素养的要求，往往超过传统的社会科学研究者，单凭兴趣、热情或利益驱动的学术公共化，对良好的学术生态构建绝非好事，有学者就曾多次对看似繁花锦簇实则弊端丛生的公共历史写作提出严厉批评（葛剑雄，2020）。①再比如，无论公共史学抑或公共社会学，在“门户大开”进入公共领域后，会遇到种种此前曾极力规避的问题，诸如“情感先于事实”（孙江，2017：8），在过度的表达（当素不相识的陌生人拿着装订成皇皇巨著的事无巨细的回忆录出现在你面前时）和过度的沉默（当你绞尽脑汁都无法打开一个中意的受访者的话匣子时）之间如何寻求平衡，等等，都有待口述历史实践者耐心、细致而深入地思考。

① 相比之下，社会学的专业准入门槛更高，这一方面当然保证了该学科领域的严肃性，但也在一定程度上弱化了该专业走向公众的能力。

参考文献

阿伦特，汉娜，1998，《公共领域和私人领域》，载汪晖、陈燕谷主编《文化与公共性》，生活·读书·新知三联书店。

贝尔纳，J. D.，1982，《科学的社会功能》，陈体芳译，商务印书馆。

贝克尔，卡尔，2013，《人人都是他自己的历史学家：论历史与政治》，马万利译，北京大学出版社。

布洛维，麦克，2007，《公共社会学》，沈原等译，社会科学文献出版社。

樊凡，2017，《问题与挑战：社会科学研究趋向的哲学反思》，《哲学研究》第 6 期。

方慧容，2001，《"无事件境"与生活世界中的"真实"——西村农民土地改革时期社会生活的记忆》，载杨念群主编《空间·记忆·社会转型——"新社会史"研究论文精选集》，上海人民出版社。

哈贝马斯，1999，《公共领域的结构转型》，曹卫东等译，学林出版社。

吉本斯，迈克尔等，2011，《知识生产的新模式：当代社会科学与研究的动力学》，陈洪捷、沈文钦等译，北京大学出版社。

姜萌主编，2020，《公共史学概论》，高等教育出版社。

李普曼，沃尔特，2020，《公共哲学》，任晓译，上海译文出版社。

里奇，唐纳德，2019，《大家来做口述历史》，王芝芝、姚力译，当代中国出版社。

梁漱溟、艾恺，2015，《这个世界会好吗？——梁漱溟晚年口述》，生活·读书·新知三联书店。

刘亚秋，2021，《口述、记忆与主体性：社会学的人文转向》，社会科学文献出版社。

陆远等主编，2022，《工人阶级劳动传统的形成：洛阳矿山机器厂口述实录（1953—2019）》，商务印书馆。

孟钟捷，2014，《德国的公众史学》，《历史教学问题》第 3 期。

米尔斯，C. 赖特，2017，《社会学的想象力》，李康译，北京师范大学出版社。

默顿，罗伯特·金，2000，《十七世纪英格兰的科学、技术与社会》，范岱年、吴忠、蒋效东译，商务印书馆。

桑德尔，迈克尔，2013，《公共哲学政治中的道德问题》，朱东华、陈文娟、朱慧玲译，中国人民大学出版社。

沈博爱，2013，《蹉跎坡旧事：一代中国农人的耕读梦》，语文出版社。

沈奕斐，2021，《序言》，载吴根妹口述、商楚茼撰写《外婆和她的房子》，东方出版中心有限公司。

孙江，2017，《"后真相"中的"真相"》，《探索与争鸣》第 4 期。

汤普逊，保尔，2000，《过去的声音——口述史》，覃方明、渠东、张旅平译，辽宁教育出版社。

托什，约翰，2011，《口述史》，载定宜庄、汪润主编《口述史读本》，北京大学出版社。

王希，2010，《谁拥有历史——美国公共史学的起源、发展和挑战》，《历史研究》第 3 期。

沃勒斯坦，伊曼纽尔，2008，《否思社会科学：19 世纪范式的局限》，刘琦岩、叶萌芽译，生活·读书·新知三联书店。
吴根妹口述，商楚苘撰写，2021，《外婆和她的房子》，东方出版中心有限公司。
肖琦，2014，《法国的公众史学》，《历史教学问题》第4期。
肖瑛，2021，《公共性及其实践：中西古今之间》，中国社会科学出版社。
亚里士多德，2003，《尼各马可伦理学》，廖申白译注，商务印书馆。
杨本芬，2020，《秋园》，北京联合出版公司。
杨善华、孙飞宇，2015，《"社会底蕴"：田野经验与思考》，《社会》第1期。
曾彦修口述，李晋西记录整理，2020，《曾彦修访谈录》，人民文学出版社。
张勇，2018，《历史书写与公共参与——以三线建设为中心的考察》，《东南学术》第5期。
周海燕，2020，《见证历史，也建构历史：口述史中的社会建构》，《南京社会科学》第6期。
周海燕，2022，《史料、社会建构与行动：口述史的三重理论向度》，载左玉河主编《中国口述历史理论》，人民出版社。
周晓虹，2020a，《口述历史与集体记忆的社会建构》，《天津社会科学》第4期。
周晓虹，2020b，《口述史、集体记忆与新中国工业化叙事——以洛阳工业基地和贵州"三线建设"企业为例》，《学习与探索》第7期。
周晓虹等，2022，《农业机械化的中国想象：第一拖拉机厂口述实录（1953—2019）》，商务印书馆。
周晓虹，2022，《集体记忆：命运共同体与个人叙事的社会建构》，《学术月刊》第3期。
朱红文，2004，《社会科学的性质和意义》，《光明日报》9月21日。
朱联璧，2014，《英国的公众史学》，《历史教学问题》第2期。
Brady, David. 2004. "Why Public Sociology May Fail." *Social Forces* 82 (4).
Douglass, Enid H. 1980. "Oral History and Public History." *The Oral History Review* 8.
Frisch, Michael. 1990. *A Shared Authority: Essays on the Craft and Meaning of Oral and Public History*, Albany. NY: State University of New York Press.
Kelley, Robert. 1978. "Public History: Its Origins, Nature and Prospects." *The Public Historian* 1 (1).
Latour, Bruno. 2005. *Reassembling the Social: An Introduction to Actor-Network-Theory*. New York, NY: Oxford University Press.
Turner, Jonathan H. 2005. "Is Public Sociology Such a Good Idea?" The American Sociologist 36 (3-4).

国家-社会关系中的主导性政治的变迁：以贵州三线地区“树村”为例[*]

袁美娜[**]

摘　要：本文从集体化时代的三线建设出发，基于国家与社会关系变迁的视角，通过建构“生命政治”“生活政治”“基建政治”三种政治形式交互运作的分析模型，探讨国家在现代化建设不同时期的治理艺术和普通人的策略技艺，试图呈现三线建设以降中国式现代化实践的经验。本文指出，生命政治、生活政治与基建政治并非相互割裂与独立存在，它们在现代国家建设过程中相互交织，在不同历史时期又因国家与社会“在场”程度的强弱而相应弱化或突显，因此这三种政治形式具有共时的建构性和历时的突显性，构成了中国在现代国家建设过程中不可或缺的政治逻辑。

关键词：国家-社会关系　生命政治　生活政治　基建政治

一　引言

20 世纪 60 年代开始，中国周边的地缘政治形势日益严峻：美国在东部沿海、南部邻国引发军事冲突，印度在西部边疆制造领土争端，北部则和苏联长期对峙（陈东林，2003）。鉴于我国当时面临的军事威胁，党和国家领导人将应对战争的爆发纳入“三五”计划，决定将全国划分为一、二、三线进行经济建设，从东部沿海及北部工业城市调动了大批人力、物力转移到四川、贵州、云南等被划为三线地区的 13 个省，史称“三线建

---

* 本文为作者硕士学位论文中的一部分。

** 袁美娜，云南大学民族学与社会学学院 2020 级社会学硕士研究生。

设”。虽然三线建设是一场基于国防军事目的而启动的区域工业化进程，建设项目也以军工、交通、矿产等重工业项目为主，但学界认为这不是对“一五”计划时期苏联援助工业体系的简单复制，而是新中国成立以来第二次自主探索中国式现代化道路的实践。

虽然自 20 世纪 80 年代起一些历史学者与社会学者开始关注研究三线建设，但对于三线建设广泛而系统的研究则始于 21 世纪初。当时学界期望从三线建设战略中找到有益的经验来服务同时启动的西部大开发战略，于是对三线建设的起因、经过以及成就与意义等进行过宏观意义上的讨论。不少学者也从社会特征、调整改造等中观视角对多家三线企业进行分析。近年来，对于三线建设的研究越来越走向微观层面的探讨，尤其是通过口述史的方法“涉足某个特定企业或特定人群，侧重于日常生活、集体记忆、身份认同、行动策略、政治动员等方面”（董方杰、周海燕，2021），极大地扩展了本领域研究的视角，也弥补了之前文献“只见制度不见人”“只见事件不见人”的不足。而口述史方法与传统研究方法的结合，从关系层面将三线建设研究拓展到了工农关系等新领域。但基于口述材料的三线建设研究也有其固有不足，往往限于文章篇幅，大量微观素材并未能和宏观制度层面的分析很好地结合，导致个体、社会、国家三者之间的互动暂付阙如。而另外的不足则是未能将三线建设置于连续的、长时段的历史背景中加以考察。三线地区的社会经济发展是一个从未中断的进程，但现有文献要么仅仅局限于三线建设本身，要么直接将三线建设和西部大开发对接跳过了 20 世纪八九十年代的发展期，未能呈现一个完整的图景，进一步导致个体、社会、国家三者的互动逻辑在分析上呈现割裂状态，难以体现该逻辑在不同历史时期受到不同机制影响所引发的社会变迁。这种无形中将改革开放前后割裂的做法，让学界很难归纳中国式现代化的宝贵经验。

本文试图结合三线建设者口述史与官方叙事，从国家与社会关系的视角和跨时段的研究方法出发，基于生命政治、生活政治和基建政治的理论视角，以贵州“树村”这一三线建设项目所在地为案例，分析三线地区社会变迁背后隐含的中国式现代化国家建设的主导性政治形式的变迁。

二 生命政治、生活政治和基建政治

国家行为与社会、个人行为必然建立在一定的行动逻辑上，国家与社会、个人之间在不同时期存在不同程度的张力，必然会呈现不同的国家治理和群体、个人理性的行为逻辑，总体来说，其背后隐含的逻辑就是国家和社会关系。

“国家指在一定的领土范围内通过合法垄断的使用权而对其居民进行强制性管理的各种组织机构及其体现的强制性等级制关系的总体；社会则相应地指在该国家领土范围内的居民及其群体的非国家组织与关系的总和。”（何艳玲，2004）随着国家与社会关系研究的深入，“学术界对此问题的认识不断深入，出现了‘国家优于市民社会’‘市民社会优于国家’‘国家 - 社会合作互动’等理论，国家 - 社会分析视角也由此确立并不断发展。中国学者在借鉴西方理论的基础上，发展了新权威主义、市民社会理论、法团主义理论等理论模型”（郭风英，2013）。这些理论虽然为解释国家与社会关系问题提供了一定的理论参考，但是每种理论都是从某一视角或某一层面出发对国家与社会关系进行解析，而面对国家与社会关系的复杂性，则需要进行多角度的考察，因此本文试图从不同主体的角度为看待国家与社会关系问题提供一种新视角。

一般而言，在国家与社会关系框架中，国家被赋予一种具有强制和暴力特征的公共权力，而这种权力也是对社会中的“人”的一种宰制权力。随着现代性的到来与发展，国家的宰制方式逐渐从对个体的“规训权力”转向对人口的“生命权力”。“权力对于现在的生命及其生命过程建立起了它的控制机制，主导我们社会的政治权力是以管理生命为任务的。它是以物种的肉体、渗透着生命力学并且作为生命过程的载体的肉体为中心的，它是通过一连串的介入和‘调整控制’来完成的。这种‘调整控制’就是一种人口的生命政治。”（福柯，2002）在生命政治中，这种权力是一种国家层面行使的权力，也就是“宏观调控”，其运作模式为“治理”，治理是为了维护人口的利益或安全。虽然治理的对象依旧是人，但已经是“与财富、资源、物资、领土这些东西相关联和交织的人……与习俗、习惯、行为方式和思维方式这些东西相关联的人”（福柯，2010）。虽然福柯从生命政治的角度向我们展示了一种类似于在“强国家 - 弱社会”状态下国家与社会维持政治秩序的方式，但该理论将生命“在个体层面被规训为一个个驯顺的肉体，在整体上则被抽象为随时被抹除的人口数字”（沈湘平、张海满，2021），极大地忽视了社会的能动性，社会（生命）的主体性在被忽视的同时被消极化以及客体化。然而国家与社会的关系并不是单向的。在全球化以及高度现代性的背景下，生命政治理论从权力出发以自上而下的视角解释这种互动关系具有局限性。

在对现代性的反思中产生的生活政治理论则突破了生命政治理论的局

限，帮助我们全面地理解国家与社会的互动关系。生活政治脱胎于 20 世纪 90 年代的解放政治转向，“解放政治是通过征服和改造自然，从自然、传统等束缚中摆脱出来，或是通过斗争反抗压迫和剥削，打破传统的政治统治秩序”（上官酒瑞，2016）。在吉登斯看来，“解放政治要‘解放’的是人的被束缚状态，要摆脱这样的束缚，必然要设定一定没有束缚的自由的‘天堂式’的社会，这个社会理想作为现实人的奋斗目标，役使着人民也规约着人们的日常生活，这样人们的生活就浸入在‘解放’的想象中，而不是在真正的现实生活中，在现代性的条件下，需要从解放政治转变到生活政治”（陈华兴，2020）。而“生活政治是一种生活方式的政治，是一种由反思而调动起来的秩序，在一种反思性秩序的环境中，它是一种自我实现的政治。其关涉的是来自后传统背景下，在自我实现过程中所引发的政治问题”（吉登斯，1998），关注的是“‘我们应如何生活’的道德问题”（沈湘平、张海满，2021）。在现代性的反思中，国家中个人的日常生活与现代性相互交织且相互影响，个人的身份认同和生活方式等成为关注的重点，政治的行动者也从国家转向了普通的行动者。

而基建政治则弥补了生命政治理论的另一个不足。福柯的生命权力包含解剖政治和生命政治两种形式并对应着直接针对人的身体的惩戒技术与直接作用于人的生命的非惩戒技术。尽管他指出生命政治要治理的是与财富、资源、物资、领土相关的“人”，但是却没有对伴随着人口的“调整控制”而产生的器物进行进一步讨论。虽然福柯在著作中提及监狱、学校和工厂等场域都是规训权力的载体，但却未能对此做进一步的抽象化和理论化，使得生命政治理论在对现实问题的解决方面捉襟见肘。

基建政治来源于迈克尔·曼的基础设施权力，其“指的是一个集中的国家以标准和可预测的方式在大片地区行使的权力类型，例如在税收征收和人口登记方面。与强加于社会上的专制权力相比，基础设施权力是通过社会运作的。从历史上看，基础设施的权力随着官僚主义、人口识字率的发展以及通信、交通等各种社会技术系统的发展而增长”（ Xiang ，2017）。基建政治有两个运作逻辑，一是通过国家对社会进行建设，“在一条道路开始规划之时，不同利益主体的博弈已经开始，而国家通过道路的兴建和使用，连接了乡村和边疆，将其纳入权力体系之内，道路的修建代表的是国家的意志。基础设施建设与使用具有鲜明的意识形态色彩，并通过其强大的中介能力展现着国家的意志，实践着国家的权力”（朱凌飞，2019），其为生命政治服务。二是以社会（市场）为主导的运作。基础设施权力通过社会进行基础设施建设，而这些基础设施“让形形色色的地方发生互动，将其中一些彼此相连，又将另一些予以隔绝，不断地将空间和人们进行排序、连接和分隔”（拉金，2014）。例如道路作为一种基础设施形式，“为我们提供了研究空间、地点、景观、流动、流通和人与人之间互动关系的媒介，这一物理实体承载着文化、社会、政治、经济和象征意义”（杨梅，2020）。“现代公路的规划和建设涉及许多利益相关者——道路建设等公共工程项目通常涉及金融、监管和技术等关系，这些关系往往可以在某一单一、特定的空间中折射出国际、国家和地方权力”（Dalakoglou and Harvey，2012）。

本研究认为，生命政治、生活政治与基建政治并不是相互割裂并独立存在的，在现代国家建设过程中的每个时期它们都相互交织，只是在不同的历史时期不同的政治形式会因为国家与社会关系的变化而相应凸显或弱化。本研究将以上三种理论结合起来构建新的分析模型，并将三线建设以来的时间划分为三线建设时期、改革开放早期、21世纪以来三个时段，以此模型来分析国家与社会关系的演化，从而体现三种政治形式在中国式现代化建设中的共时性建构和历时性变迁，并以此折射一个从革命到建设再到发展不断经历反思和创新改造社会手段形成具有中国特色的现代国家建设经验的过程。

三 社会变迁视角下的国家与社会关系分析模型

作为“公域”的国家与作为“私域”的社会在不同社会形态和历史发展阶段，两者的关系具有巨大的差异性。同时，与现代西方理论中设定的二元对立的“国家-社会”关系不同，在长时段的中国历史演变中，“国家”与“社会”的关系一直都相互交织。特别是新中国成立以来，我国的国家与社会关系以改革开放（市场）为分水岭经历了集体化时期的国家在场、改革开放的市场冲击以及21世纪以来国家与社会（市场）共谋三个重要阶段。虽然三线建设项目所涉及的部分西部地区的国家与社会关系也经历了这三个阶段的演变，但因为三线建设以及后来西部大开发等战略本身的时代特殊性，所以当地的国家与社会关系具有自身的独特性。

自三线建设以来，三种政治形式相互交织并形塑着当地的国家与社会关系，而国家与社会由于角色强弱的变迁也会引发三种政治形式主导地位的变化。具体来看，生命政治要借助国家的强制力发挥作用，生活政治是社会自发的策略，基建政治则在不同时期随着国家与社会互动关系的变迁由国家或社会运作，如图1所示。

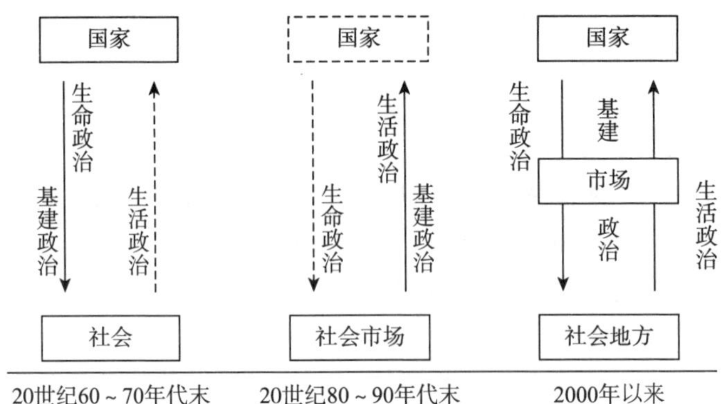

图 1　三种政治形式同国家与社会关系的交互作用

四　三线建设时期国家主导的生命政治

在 20 世纪 60～70 年代末的第一阶段，出于战备需要国家的建设重心从东部转向西部地区，将东部地区的部分企业搬至西部，吸引了东部的几百万名工人、干部、军人、知识分子、民工等建设者参与三线建设，还加大对西部的基础设施建设投资。整个集体化时代，国家与社会关系呈现强国家－弱社会模式。在三线地方社会中，国家的强制权力占据主导位置，一方面以生命政治的手段对人口和经济资源进行大规模重新配置，另一方面伴随着重新配置而来的基建政治成为国家的政策抓手；而在这两种政治主导下重新构建的新社会环境中则萌生了生活政治，但其也服务于三线建设这一国家战略。因此在这一阶段，国家与社会关系的表征以生命政治最为突出。

三线建设时期，国家为搬迁和兴建大量生产建设项目，需要通过“制度、程序、分析、反思、计算和策略”（郑鹏，2014）对人口进行“调整控制”，动员数百万人迁往西部。以贵州为例，从“1965 年开始，贵州列入国家计划的大中型项目以及新建、扩建等项目有 26 个，加上国防工业的搬迁和新建工程项目共计近百个，‘三五’计划期间整个三线地区投资 360 亿元，贵州就安排了 46.26 亿元，占总投资的 12.9%。为了建设这些项目，1965 年仅半年时间从全国各地调到贵州的施工队伍就达 18 万人”（扈伦，1998）。但因为当时西部地区和东部、中部地区社会经济发展水平存在巨大的差异，国家必须采用一系列生命政治式的举措方能驱动这一规模巨大的逆向人口流动。虽然这些举措的核心是“让人活”，但在具体操作层面则分为意识形态与物质生活两个层面。

三线建设有两次高潮阶段，每一个阶段都与外国的战争威胁有关。“第一次高潮在 1964 年，当时我国领导人确定美国制定了对中国发动突然袭击的计划；第二次高潮在 1969 年，当时我国获知苏共政治局讨论对中国实施军事打压的意见”（陈东林，2003）。特别是在 1964 年左右，中国遭受了来自四周的军事威胁。因此，虽然当时世界处于冷战格局之中，但就现实情况而言，中国处于“热战”的边缘，舆论上形成了三线时期的“备战叙事”，这一叙事不仅为三线建设的合法性和合理性提供依据，也使得三线建设成为抵抗苏美导弹、保护国家和人民安全的政治运动。

而除了“备战叙事”还有“备荒叙事”。这一方面是践行和强化国家在历朝历代荒政中所扮演的传统角色，另一方面也是用“备荒叙事”激活人民群众对“大跃进”和三年自然灾害的新鲜记忆，以此组织、团结、发动人民群众投身这一带有自救意涵的三线建设。毛泽东指出：“总而言之，第一是老百姓，不能丧失民心；第二是打仗；第三是灾荒。计划要考虑这三个因素。脱离老百姓，毫无出路，搞那么多，就会脱离群众。”① 因此，“备战备荒为人民”演变成一个面对广大人民的承诺：备战，是为防止广大人民群众再受到帝国主义反动派与修正主义的迫害；备荒，是对自然灾害的修正以及为人民粮食安全着想。备战备荒不仅是建设时代中国广大人民群众将革命时期追求国家独立和人民解放的美好愿望的延续，也是人民在面对现实窘迫时追求国家安全与人民温饱的殷切期望。

但国家也充分认识到意识形态动员的局限性。党和国家领导人认为生产力的核心是人，中国革命与建设成功的关键也在于人，因此需要有效调控人口使得人口达到建设效率最大化的最优配置。为维持建设者们较高的革命和工作积极性，克服艰苦环境带来的重重挑战，确保三线项目能顺利建成投产，怎样将工人阶级的自然身体转换为政治身体——即怎样使工人阶级将生命政治化——也就变得越来越具有紧迫感，而这一问题的解决需要将意识形态层面的“让人活”先转换为物质生活层面的“让人活”。一方面，国家给予三线建设者们较高的收入待遇、非货币福利和精神奖励，来激励建设者们前往并扎根三线地区。

当时没点关系，你回不去，另一方面回去干啥呢，我老家是山东的，就是因为穷，我才跑到黑龙江去挖煤，干了几年也只解决了温

① 毛泽东于 1965 年 6 月 16 日听取计划工作汇报时的讲话记录，引自金冲及，1998：1803。

> 饱。三线建设把我们调到这边来，虽然干的是一样的活，但是待遇好啊，来到这边第二年我就结了婚，后面还给分了房子，给家里人解决了工作，三线建设我留下就占到便宜了，我舅舅他们回去都没有退休金，但我有。（SX4，2021）

同时，为了服务生产，国家投资的三线建设单位大多采用“包下来”的政策，而“包下来”本身也变成围绕三线建设的众多以人口治理为目标的生命政治式的举措之一。

> 我们厂很大，在山沟里边的时候，孩子从小学到技校，从幼儿园一直升到高中。我的 4 个孩子都是在山沟里的时候生的，在山沟里面有个医院，叫 × × 机械二厂医院。因为国防、机要、公办的那些各级领导定期来厂里开会，所以厂里还有招待所。有些工人家属没有工作，跟领导汇报一下，厂里就让她们当普工，后面就转正了。我们 56 天产假过去就把娃娃送去幼儿园，一样都不需要我们，我们只需要上好班，没得什么顾虑的。反正一天给你两个小时的喂奶时间，你中午回来喂一次，下午提前一个小时回来喂他一次，不管是有哪样情况，工会就出面帮你解决了。反正那会儿是人人有饭吃、人人有衣穿，从娃娃生下来看病都是有工会有医院帮你管，不用你操多大心，我们只想着干好工作就行，就算我们带着娃娃喂着奶，还要争当先进、争当三八红旗手这些，从来不甘于落后。（SX3，2021）

“包下来”政策在单位这一场域之中展开，单位人身份确定后，各种单位体制的福利也随之而来，相较于农民的公社分配，单位的工人则具有更多的资源。在单位中的各种生活福利都是“让人活”的生命政治策略的工具与结果，工人在单位中实现了“人口单位化”的改造，生活与生产相互交叉。当工人在生活方面无忧时，生产就占了上风，这样工人才能成为“纯洁的劳动力”进行最大效率的生产，人口也才能完完全全地成为劳动力，从而实现社会主义工业化，完成社会主义现代化的理想蓝图。

而在社会资源总量不足的情况下，“包下来”政策无疑要对“欲望”进行恰当地利用，特别是在三线建设动员时期，移民过程中伴随着对搬迁职工及家属的相关福利制定，使得三线建设者不论是为了“解决身份编制、夫妻团聚、入党提干、调回家乡等个人或家庭因素”（时昱，2021），还是简单地为了换个工作环境（SX4，2021）而投身建设，这些“让人活”的生命政治策略不断激发集体化时代工人的理性，并与理想性所引发的道德感共同驱使广大人民群众“组织起来”参与三线建设。

国家为这一系列三线建设项目投入了2052.6亿元人民币，其规模远超之前国民政府在抗战时期将东部工业内迁以及之后于2001年启动的西部大开发，占同期中国基础建设总投资的39.01%。[①] 而出于备战需要，20世纪六七十年代建成的1100多个大中型工矿企业、科研单位和大专院校大多遵循“分散、隐蔽、靠山”的指导原则而坐落在交通不便、远离原材料以及相关上下游企业的地方，为了连通这些地方而大规模兴建和升级了西部地区的基础设施。而为了“让人活”而兴建的宿舍、食堂、幼儿园等生活设施虽然是服务生命政治的，但也大大加速了三线地区的城市化建设，不仅改变了当地经济落后的面貌，促进了当地社会的发展进步，而且让东西部更紧密地联结起来，巩固了新生政权在西部地区的执政基础，维护了国家统一和民族团结，成功地发挥了基建政治的作用。

三线建设时期虽然国家在各类政治事务中发挥主导作用，但当地人的生活政治也随着人口、基建、经济等一系列巨大的社会变化而开始萌发。“在建设初期，三线单位担负着加强工农联盟、促进乡村工业化、带领农民走社会主义道路的重任，因而在国家倡导之下二者建构起温情脉脉的协作关系。”（张杨，2021）在厂社结合的原则下工农业相互支援，工业对农业的支援主要是“‘三带’，即‘带政治’、‘带生产、科学技术’和‘带文化’。在经济上通过厂办社用、厂社合办、社办厂助、无偿支援等帮助公社利用建厂带来的电力、技术等有利条件建设农业。并且帮助农村普及文化知识，提高社员的政治、文化、科学水平。而农业对工业的支援主要体现在根据工厂需要支援劳动力”（李德英，2020）。农村的土地虽然被占用，但因为是集体的土地，并且三线厂是作为国家力量的符号嵌入农村扮演一种不可抗的角色的，所以工农之间的关系较为平稳。但是正如陈熙所说，“三线厂给予迁入地大量援助的同时，也形成了文化扩散、经济变动、环境污染等溢出效应，而双方的互动关系也并非简单的工业文明对农业文明的‘输出－接受’模式，农村的主场优势同样不可忽略，当地的农村和农民也给予三线厂主动的反馈，其中既有提供土地、劳动力和安定的环境等正面支持，也包括各种谋取私利、机会主义的负面行为”（陈熙，2019）。

① 资料来源：《三线建设》编写组编《三线建设》，1991年，第32页。转引自周明长，2014。

五 改革开放前期国家退场的生活政治

改革开放以来，第二代领导集体确立了以经济建设为中心的执政思路，提出“和平与发展”是当时的时代主题，带领中国建立社会主义市场经济体制，并逐渐融入国际经贸体系。这一时期为“纠正集体化时期重工业优先发展战略给国民经济结构造成的偏差”（刘庆沿，孙早，2009）以及提高人民生活水平，国家确立了“让一部分地区先富起来”的指导思想。东部地区作为“先富起来”的地区，国家投入大量生产要素以推动其经济总量增长。“从东西部地区固定资产投资总额占全国总量的比重来看，1981 年东部占 42.4%，西部占 20.7%。1986 年，东部占 45.6%，西部为 17.7%。1993 年，东部占到 55.7%，西部是 16.8%。1994 年东部 65.91%，西部 12.4%。1995 年东部为 66.05%，西部为 12.04%。”（李卫华，1997）可知，市场作为推动社会变迁的重要因素在这一时期得到重建，并与国家的强制性权力逐渐形成平衡，而国家在西部地区则逐渐“退场”。与之相伴随的，是国家停止了以备战备荒为指导思想、带有鲜明计划经济色彩、为应对地缘政治局势恶化而推动的三线建设。而随着三线建设从国家层面的高阶政治转化为地方层面的低阶政治，人民群众也就徐徐拉开了生活政治的篇章。

国家退场在微观层面反映在两个方面。首先，随着国家减少对三线企业的投资，三线企业的政治使命消失，这类企业也开始调整改造，以经济效益为主要目标，实施企业盈亏包干和经济责任制。而因为三线企业地理位置上的劣势，加上当初建设仓促，很多项目“边设计、边施工、边生产”，不仅导致巨大浪费，在市场经济时代缺少竞争力，除部分企业成功转型之外，大量三线企业倒闭关停。而在经营日趋恶化的时候，过去由企业承担的社会再生产职能，如托幼、医疗、养老等，都逐渐在改制转型过程中被剥离，无形中降低了三线建设者们的福利水平。其次，部分三线建设者成为“留守的三线建设者”，回不了“老家”，不得不开始融入当地社会。而企业的市场化转型也加剧了建设者之间的工作竞争，部分转型失败企业的破产或者私有化更是导致大量原本抱着“好人好马上三线”的理想来到西部地区的建设者们下岗失业，面临意识形态与物质生活的双重打击，也就逐渐失去了原本悬浮于当地社会之上的优越感。

与此同时，三线当地人逐渐对三线企业祛魅，特别是 1982 年起包产到户的具体落实使得土地使用权归农户所有。因此在市场带来的经济激励以及三线企业工业化的生产方式和相对现代化的生活方式的冲击下，当地人在20世纪90年代与三线厂展开博弈，围绕“土地资源”的生活政治在当地人的日常生活中展开。和20世纪六七十年代三线企业可以近乎无成本地从公社大队等集体那里征地不同，20世纪八九十年代，三线企业为扩建投产而征用当地农地和生活用地则面临来自农民个体的极大阻力。一方面，三线地区本来就因为三线项目建设而导致“农业过密化”的问题，造成大量剩余劳动力，当地农业岌岌可危，如果进一步被征地则可能加剧原本“人多地少”的矛盾，因此当地人开始试图用集体行动来解决这一问题。

> 当时北方人来建矿占着土地，村里的人去矿上闹说：土地被北方人占了，虽然给了集体钱，但我们地变少了，很多人没有地种就没得生活来源，也就养不活家庭了，要求矿上的人安排我们当地人在矿上上班，所以后来经过大队队长和矿上的人协商，我们住在河边的以及离矿近的被占了土地的人家可以农转非，矿上每年都要给我们指标，每个村分为几个组，每个组有几个指标，并且招工也是要先以我们河边的农村人优先。（DD[①]2，2021）
>
> 当时他们把我们的地占了，有一些是耕地，一些是田地。大概90年代左右，来了个领导视察，村子里的人就跑过去要个说法，后面矿上就给了我们补偿。当时招工只要是我们当地的年轻人可以干活的都可以去当工人，每个大队都有指标，其他地方的人来就有限制，像必须要达到文凭要求，需要退伍军人转业之类的。后面矿井生产需要的劳动力多起来，就开始也招其他地方的人来当工人。（DD3，2021）

从当地人的口中可知，在土地被占导致生活困难之后，当地人开始采取措施进行抗争以维护自己的利益。不论是“闹”还是“要个说法”，其实本质上都是当地人重新选择生活方式的一种策略。工人身份的优越性所带来生活水平的提高是农民所不可企及的，因此当地人在抗争中要求农转非成为工人，而因为被占地所以当地人身份也具有优越性，这使得农民有被优先招工的特权。而这一生活政治延续到20世纪90年代后期。

> 1997年左右，当时矿上说还要占土地，要把我们这开发成城镇，要扩大医院、机关大楼这些。但是我们这儿的人不同意，怕土地占了

① DD即当地人。

> 没得地种了，就一直在闹。矿上的没办法就去开发另一个地方了，以前医院这些在的时候我们这儿很热闹，做生意的、看病的、游玩的人特别多，后来矿上的医院、机关全部都搬到那个地方了，我们这儿人也变少了，只留下工人和工人家属。（DD5，2022）

但因为缺少国家资源的倾斜，农民不肯低价转让土地或要求转工人身份都会导致企业无法降低经营成本，使得企业更加缺少市场竞争力。可以说，当地生活政治的低水平博弈让相当多的三线企业市场化转型更加困难，最后双方出于自利目的而做出的理性选择导致双输局面，陷入囚徒困境。

当地人虽然在和三线企业的博弈中容易两败俱伤，但在多次生活政治的博弈过程中他们的经济诉求和自利取向也会逐渐强化、明晰化，而后者是市场经济繁育的基本要素，依托三线企业的优良基础设施和随之而来的人口内迁，以及当地因为三线企业建设而发生的生计模式转型，对于当地经济从农业向商业的市场化转型来说有着非常积极的意义。

在三线建设之前，“树村”主要以小农经济为主，种植水稻和玉米，而水稻种植周期长，需要作田、捞秧、攀稻花等。三线建设后，由于亦工亦农政策的实施，矿上开始招收村里的男性劳动力进行基础设施建设等工作，因此“树村”男性劳动力开始商品化。而因为三线建设需要，当地的主要农作物也从水稻转为更具市场流通价值的蔬菜等。这不仅是农作物种植种类从自给作物到经济作物的变革，更是当地人为应对劳动力变迁和市场冲击将赖以生存的土地商业化的一种生活策略。

> 刚开始我们这里主要是种水稻，后面村里当工人的越来越多，虽然是三班倒，但是种稻子还是有点困难，村子里面各家各户也会经常相互帮忙。后来国家也限制我们这个地方的水稻种植，我们把水田改成旱地种玉米、蔬菜，种出来的蔬菜也可以卖，在矿上挣着的钱也可以买米吃，所以种水稻的人家越来越少，十多年前就没人再种了（DD6，2021）

在三线建设后期，三线地区由于良好的基础设施（医院、电影院、火车站、学校等）以及各矿建成投产招工吸引了大量的外来人口流入，部分当地人开始成为“租家户”，将居住空间商品化；而大多数当地人则开始做起“买卖”，在三线地区创造了一个小型“商业飞地”。尽管这样的时间并不长，但却给当地人的生活带来深刻的变化，哪怕在大量的人员流失之后，当地人也继续选择蔬菜种植以及做“买卖”等生活方式。

在这个时期，国家虽然退场，但并非完全无所作为。相反，三线企业作为国有企业，变成了国家的符号，也让国家可以更容易地实施生命政治和基建政治的举措。以文化基础设施为例，“自十一届三中全会以后，在‘两手抓，两手都要硬’的思想指导下，随着矿区的快速发展，经济效益的不断提高，为满足矿区职工日益增长的物质文化生活的需要，矿区内诸如文化广场、文化走廊、公园、花园、亭台楼阁、雕塑等具有文化气息、可供职工观赏和娱乐的文化设施相继建成”（程立、马金玉，2006）。而在1982 年我国将计划生育定为基本国策之后，该地区矿务局人口生育在“1979—1982 年以前自然增长率均在 6% 以上，1983 年就降到 5. 86%，1984 年更降至 1. 9%，1985 年为 2. 46%”（程立、马金玉，2006）。

六　新世纪国家与市场相协作的基建政治

进入 21 世纪，随着我国加入世界贸易组织，我国的经济体制改革进一步深化，逐步建立了资源分配以市场为主体的社会主义市场经济，但国家依旧在二次分配和政策引导上起到至关重要的作用。与此同时，国家也意识到 20 世纪八九十年代过于将优惠政策向东部地区倾斜导致西部地区发展较慢、西部地区人口大量流失、对国家整体地缘政治安全不利等一系列负面影响，并且后来又希望以西部地区的发展，积极带动其融入共建“一带一路”倡议。在西部大开发战略上，形成了国家指导与市场共同发力推进，以基础设施建设为抓手的基建政治。

在三线建设时期，虽然基础设施较过去有较大的改善，但基建政治是服务于生命政治的。由于资金、技术等限制，这一时期的基础设施建设仅仅只为三线地区奠定了现代交通的基础。以本文所调查的三线地区为例，由于煤炭运输需要，“截至 1985 年该县共拥有铁路专用线 23 公里；境内国道仅一条，省道共 4 条并只有两条油路，12 条县道均为石路且仅一条为等级路，45 条乡道均为等级外切大部分均为土路与石路混合的道路”（贵州省盘县特区地方志编纂委员会，1998）。其所在省“到 1998 年止，公路通车里程 33604km，其中，二级公路仅 623km，占 1. 85%；相当部分县、乡公路路况差，晴是‘扬灰路’，甚至晴通雨阻；全省 1463 个乡镇，尚有 68 个乡未通公路，占乡镇总数的 4. 6%；在 25739 个村中，未通公路的达 8751 个，占 34%”（邓培雁、屠玉麟，2000）。但是，20 世纪 80 年代三线建设开始接近尾声时，三线地区还是存在着基础设施规模小、技术等级低、布局紊乱等问题，并不能维持当地社会长远发展。随着改革开放的深入，在市场为东部地区带来巨大的经济效益的同时，交通不便却给西部地区的经济发展带来巨大制约，导致东西部的发展差距逐渐拉大。

在全面建设现代化的目标驱动下，国家为平衡东西部的建设投入加大了对西部的建设投资力度，以基础设施建设先行的西部大开发等一系列战略在西部地区实施。1999年9月，党的十五届四中全会通过了《中共中央关于国有企业改革和发展若干重大问题的决定》，第一次明确提出“国家要实施西部大开发战略”。两个月后的中央经济工作会议则正式启动西部大开发。新世纪一开始，国务院成立西部地区开发领导小组，确立的五大目标之首就是“加快基础设施建设”。2004年的《国务院关于进一步推进西部大开发的若干意见》指出：“要继续加快基础设施重点工程建设，为西部地区加快发展打好基础；进一步加强农业和农村基础设施建设。基础设施建设事关西部开发全局，要加强城市交通、供电、通信、给排水、环保、消防等基础设施建设。”

基础设施建设作为物质层面现代化的重要符号是西部大开发的建设重点，以贵州为例，作为以投资拉动型经济为主的省份，“2007年贵州交通基础设施建设完成投资165.6亿元，完成投资占贵州省全社会固定资产投资的11.8%”（王丽，2008）。西部大开发10年以来，“贵州交通基础设施建设进展迅猛，公路通车里程10年增加11万公里，已突破14万公里。2009年贵州高速公路通车里程突破1000公里，达到1188公里。到2010年底，全省高速公路通车里程将达1507公里，在建高速公路里程将达2600公里”（董泽阳，2010）。第一轮的西部大开发虽然取得了一定的发展，但并没有从根本上改善贵州省基础设施建设薄弱的状况。到第二轮西部大开发结束，基础设施占投资总量的比重为41.8%，贵州省基础设施建设取得另一轮突破：全省市州通高铁，通民航，全省实现县县通高速、乡乡通油路、村村通公路，100%建制村通宽带（林玲，2019）。

基础设施建设取得的成功不仅给贵州的社会经济发展奠定了坚实的基础，还从时间和空间上悄然改变着贵州人民的日常生活。20世纪60年代东北的三线建设者应召来到本文所调查的三线地区需要“坐十天十夜拉煤的火车”（SX4，2021）到贵阳，再乘坐军用卡车不断转乘两到三天才能到达。而现在从该地到贵阳只需要1小时，到昆明也只需1小时，到重庆需3个多小时，到成都需4个小时，时空距离上的缩短给当地社会的“进”与“出”都带来一定便利。在“县县通高铁”后，各市州建成自己的

“交通圈”，依托基础设施并结合其区位及资源优势不断深入现代化建设。

基础设施建设全面现代化为贵州三线地区从根本上改变区域性贫困状况奠定了基础。过去，中国7000多万农村贫困人口有十分之一在贵州，数量居全国第1位；贫困发生率18%，比全国平均水平高10.8个百分点。[①] 2015年11月29日，《中共中央 国务院关于打赢脱贫攻坚战的决定》发布，指出继续发挥基建政治的作用，要求加强贫困地区基础设施建设，加快破除发展瓶颈制约。贵州在2017年打通了贫困地区脱贫致富“最后一公里”[②] 的同时，在水利建设上投入突破3000亿元，基本实现县县有中型水库，供水能力显著提升，农村自来水普及率达90%以上[③]；在电力建设上投入数千亿元，实现农网供电可靠率达99.808%，农网综合电压合格率达98.872%[④]。在脱贫攻坚战中，贵州还运用易地搬迁、“厕所革命”、通信基础设施建设等基建政治手段，最终完成“到2020年底，所有（66个）贫困县全部脱贫摘帽，9000个贫困村实现出列，932万贫困人口全部脱贫，192万人搬出大山”（李华红、陆光米，2022）的脱贫任务，为有效衔接乡村振兴奠定坚实的基础。

进入21世纪后，基础设施建设资金分别来源于国家、地方、社会（市场）。例如，2000年贵州公路建设资金构成情况中，“中央拨款占8.04%，地方自筹（交通发展基金、公路建设费、车辆通行费、财政贴息、返还营业税）占10.32%，银行贷款（基建贷款、国债贷款、外资贷款）为81.64%”（陈黔灵，2001）。可以看出，市场（银行）已然成为基础设施建设资金来源的最重要主体。此外，市场在这一时期亦成为生命政治和生活政治实施的重要中介，一方面，为协助基建政治的高效落实，国家通过市场对资源以及人口进行再一次的“调整控制”；另一方面，在基建政治与生命政治所创造的良好市场环境中，人民的生活政治也日趋成熟，与基建政治、生命政治一起成为乡村振兴战略的重要推手。

自三线建设结束以及改革开放以来，中国的人口流动长期呈现“孔雀

---

① 《习近平：脱贫攻坚战冲锋号已经吹响 全党全国咬定目标苦干实干》，2015年11月28日，http://www.xinhuanet.com/politics/2015-11/28/c_1117292150.htm。

② 《贵州省全面打赢脱贫攻坚战》，2022年4月11日，http://gznw.guizhou.gov.cn/gznjw/kzx/njzx/nwtt/850627/index.html。

③ 《全面加强基础设施 为高质量发展提供坚强支撑》，2022年9月15日，https://baijiahao.baidu.com/s?id=1743984202640026312&wfr=spider&for=pc。

④ 《决战决胜脱贫攻坚丨南方电网贵州电网：“农网建设要走在脱贫前头”》，2019年12月23日，http://finance.sina.com.cn/wm/2019-12-23/doc-iihnzhfz7802304.shtml。

东南飞”之势，而贵州更是农民工输出大省，以2015年为例，贵州省跨省流出人口达580万人。[①] 但是随着西部大开发以及脱贫攻坚的深入实施，国家通过对西部贫困地区的基础设施建设以及一系列“放宽”政策的实施扩大了该地区的就业市场和投资市场，引起西部地区人口流动变迁。

首先，西部基础设施建设需要大量的劳动力，而在建设过程中相关企业与三线建设时期一样采取优先录用本地农民工的招工原则，因此本地农民工成为基础设施建设的主力军。例如贵州电网公司2020年“帮助2.95万名农民工就业，其中电网项目施工解决了1.8万名贫困地区农民工就业，包括来自‘9+3’贫困县区的农民工近3000人”[②]。其次是“优惠”政策引导的人口回流。2011年贵州省下发《贵州省扶持微型企业发展实施办法》等16项政策措施及配套文件，扶持各类群体创业，吸引众多农民工返乡创业就业，“正安县2016年以来，农民工返乡创业就业累计4.5万余人，创办企业、合作社、个体经济实体23458个，实现产值35亿元‘一区一园十八带’的格局；荔波县，2017年，全县返乡创业累计达7134人，对家乡的乡村振兴做出了相应的贡献；玉屏县外出务工农民殷宏民在外拼搏创业十多年，回乡成立了贵州超胜精工科技有限公司，实现年产值1559万元，带动48人就业”（王轶，2018）。而“截至2021年底，全省创建农民工创业园99个，创业点233个，共计332个创业园和创业点入驻企业7617家，带动就业18.46万人”[③]。据统计，“十二五”期间贵州返乡创业就业人数“分别达到53万人、57万人、62万人、81万人，农民工省内转移就业人数呈逐年上升之势，分别达185万人、200万人、226万人、248万人”[④]。

而近年来贵州通过制定并实施一系列招才引智、引商的政策措施，也吸引了大量外部人才以及外资入黔，实现人口与资金流入，形成“孔雀西南飞”之风。据悉“十二五”期间，贵州全省人才资源总量增至360.6万人，人才流入量持续大于流出量。引进各类人才6万余人，引进高层次外

---

① 《“贵州人”去哪儿了？贵州省跨省流出人口580万，近7成去浙江和广东》，2015年7月31日，http://wjw.guizhou.gov.cn/zfxxgk/fdzdgknr/tjsj_5637839/201610/t20161020_38151337.html。

② 《南方电网贵州电网公司助力贵州高质量打赢脱贫攻坚战》，2020年10月17日，https://baijiahao.baidu.com/s?id=1680749437020098029&wfr=spider&for=pc。

③ 《贵州持续推动农民工创业园（点）建设》，2022年10月10日，https://baijiahao.baidu.com/s?id=1746259067568326333&wfr=spider&for=pc。

④ 《贵州省250余万农民工回流就业创业》，2016年7月4日，http://chinajob.mohrss.gov.cn/h5/c/2016-07-04/37161.shtml。

国专家1976人次，引进“百千万”领军人才22人，创新创业人才42人，在大学生毕业净流入地排行榜中，贵州名列第七。[①] 除此之外，仅2016年至2020年，上海、广州、杭州、宁波、苏州等东部城市对贵州就实施了5932个帮扶项目，累计投入财政帮扶资金113.99亿元。[②] 因此，这一时期为实现乡村振兴和全面现代化又形成了以市场为导向的有关人口与资源的“调整控制”。

随着基础设施逐渐完善以及投资环境逐渐优化，生活政治也在基建政治和生命政治的实施过程中走向成熟。如果说改革开放初期农民围绕土地资源与“超地方力量”进行博弈或者利用市场进行商业化发展而形成的生活政治实质上还具有些微“解放政治”的意味，那么21世纪以来随着西部大开发、脱贫攻坚的实施，在贫困问题得以在一定程度上缓解的基础上，人民才真正开始对生活方式进行自由选择。无论是“返乡创业”“省内就业”过程中的积极性，还是易地搬迁、发展集体经济过程中的配合性，本质上都是人民在社会变迁中充分发挥自身主体性寻求自我认同和加强国家认同的行为呈现，而这一行为呈现也必然使人民在中国式现代化道路上坚决拥护“两个确立”以及坚决做到“两个维护”，继而推动社会主义现代化强国在国家与社会的共谋之中得以全面建成。

七 结论

综上所述，不同时期三种政治形式在三线地方社会的相互交织过程证明，在国家与社会的互动中，各方主体的关系呈现多元性且随时间变化，三线建设的实施以及地方社会的变迁是国家、社会以及三线地区的人民相互交织的结果，而通过构建生命政治、生活政治、基建政治相互交织与交替的政治逻辑框架并呈现三种政治形式的共时性以及历时性，本文展现了不同时期地方社会的变迁以及权力关系的变化，从而在整体上把握了三线建设以来国家的建设逻辑以及地方社会的传统与现代，由此更进一步呈现了现代中国建构过程中复杂的“国家-社会”关系流变。

不论是集体化时代的生命政治、市场冲击下的生活政治，还是国家、

① 《贵州探索创新体制机制加快脱贫攻坚越来越多人首选贵州创业 贵州成为人才流入省》，2016年3月25日，http://news.gog.cn/system/2016/03/25/014833435.shtml。

② 《累计投入113.99亿元！7个东部城市助力贵州脱贫攻坚》，2021年1月12日，https://baijiahao.baidu.com/s?id=1688649800180974296&wfr=spider&for=pc。

市场与社会共建下的基建政治，都是中国在现代国家建构过程中不可或缺的政治逻辑。虽然仅以某个地区在不同时期所呈现的政治逻辑说明中国现代国家建构的经验是缺乏普遍性的，但正是由于不同地区所呈现的具有地方性的国家建构逻辑的多元性结合，形成了今日之中国。因此，本文所展现的三线地方社会的变迁可以为回答中国国家建设与现代性实践的中国式现代化经验问题提供某种经验与理论上的思考。

参考文献

阿甘本，吉奥乔，2016，《神圣人：至高权力与赤裸生命》，吴冠军译，中央编译出版社。

陈东林，2003，《三线建设——备战时期的西部大开发》，中共中央党校出版社。

陈华兴，2020，《从解放政治到生活政治——论 A. 吉登斯政治哲学的基本线索》，《浙江社会科学》第 9 期。

陈黔灵，2001，《西部大开发基础设施建设中应设立公路专项资金》，《交通财会》第 9 期。

陈熙，2019，《三线厂与农村的互动关系——以上海小三线建设为中心》，《二十一世纪》第 2 期。

邓培雁、屠玉麟，2000，《贵州交通建设中的生态环境问题及其对策》，《贵州环保科技》第 4 期。

董方杰、周海燕，2021，《三线建设、现代性嵌入与中国体验——以口述史为中心的考察》，《社会科学研究》第 5 期。

董泽阳，2010，《贵州加快交通建设形成便捷交通网络》，《西部时报》11 月 9 日，第 16 版。

福柯，米歇尔，2010，《安全、领土与人口：法兰西学院演讲系列 1977—1978》，钱翰、陈晓径译，上海人民出版社。

福柯，米歇尔，2010，《必须保卫社会：法兰西学院演讲系列 1976》，钱翰译，上海人民出版社。

贵州省盘县特区地方志编纂委员会编，1998，《盘县特区志》，方志出版社。

郭风英，2013，《“国家与社会”关系的发展及理论探索》，《河南师范大学学报》（哲学社会科学版）第 6 期。

何艳玲，2004，《西方话语与本土关怀——基层社会变迁过程中“国家与社会”研究综述》，《江西行政学院学报》第 1 期。

扈伦，1988，《贵州的三线建设》，《贵州文史丛刊》第 4 期。

吉登斯，安东尼，1998，《现代性与自我认同：现代晚期的自我与社会》，赵旭东、方文、王铭铭译，生活·读书·新知三联书店。

金冲及主编，1998，《周恩来传》（全四册），中央文献出版社。

拉金，布莱恩，2014，《信号与噪音：尼日利亚的媒体、基础设施与都市文化》，陈静静译，商务印书馆。

李德英、粟薪樾，2020，《三线建设初期“厂社结合”模式检视（1965—1966）》，《史林》第5期。

李华红、陆光米，2022，《贵州巩固拓展脱贫攻坚成果与乡村振兴有效衔接研究》，《新西部》第Z1期。

李卫华，1997，《从地区政策的差异看我国东西部地区经济发展的差距》，《科学·经济·社会》第1期。

林玲，2019，《西部大开发的贵州创举》，《新西部》第28期。

刘庆岩、孙早，《国家意志、发展战略与市场制度的演进——改革开放以来中国西部地区的经济发展轨迹及展望》，《财经研究》第3期。

《马克思恩格斯选集》（第一卷），1995，中共中央马克思恩格斯列宁斯大林著作编译局编，人民出版社。

《盘江煤矿志》编纂委员会编，2005，《盘江煤矿志》，贵州人民出版社。

上官酒瑞，2016，《从解放政治走向生活政治——关于中国发展中政治的一种分析》，《中共天津市委党校学报》第1期。

沈湘平、张海满，2021，《生命政治理论亟需“生活政治”的深化》，《探索与争鸣》第4期。

时昱，2021，《青年政治动员的路径及其策略——以三线建设时期国家政治动员话语分析为例》，《西部学刊》第13期。

王丽，2008，《贵州今年交通建设投资将突破200亿元》，《西部时报》2月19日，第16版。

王轶，2018，《贵州农民工回流与乡村振兴战略的思考》，《理论与当代》第8期。

吴承坤，2004，《大开发背景下贵州交通的机遇与变化》，《西部时报》7月14日，第31版。

杨梅，2020，《道路建设与现代民族国家建构——民国时期乐西公路的个案研究》，《原生态民族文化学刊》第6期。

郑鹏，2014，《现代性、国家与人口治理术（1949—1980年）》，博士学位论文，中国农业大学。

周明长，2014，《三线建设与中国内地城市发展（1964—1980年）》，《中国经济史研究》第1期。

朱凌飞、胡为佳，2019，《道路、聚落与空间正义：对大丽高速公路及其节点九河的路人类学研究》，《开放时代》第6期。

Dalakoglou, D. and Harvey, P. 2012. “Roads and Anthropology: Ethnographic Perspectives on Space, Time and (Im) Mobility.” *Mobilities* 7 (4): 459 – 465.

Xiang, B. 2017. “The Base: A Case of Infrastructural Governance of Labour Outmigration in China.” *Mobilities* 12 (2): 175 – 187.

知识生产你还需要知道这些

访谈人：严　飞　郦　菁*

严飞：我一直都在倡导两种不同的知识生产。第一种是在学院体制里的知识生产，注重专业化、体系化，比如说一篇论文要有前言、理论分析、研究方法和参考资料等。这样一种知识生产的受众局限在学院体系里，最终变成了一种学院内部的知识生产和对话。一方面，学院内生产的知识非常精细化和有深度；另一方面，我们的受众范围相对较小。

我打一个比方。我自己的博士学位论文研究的是中国近代史中一个城市里的群众运动之间的派系斗争和分裂。在我写完博士学位论文的时候，全世界懂这一个领域的学者和读者大约只有10位。所以，我们可以对话的群体非常小。而且很不幸的是，在这样一个学术群体里面，知识是高度同质化的，所以不太容易去激发出一些新鲜的观点或者是异质性的联结。我们今天一直强调要增加学术的一种异质性的联结，我觉得这才可以激发出新鲜的学术的火花。

第二种知识生产是走出学院，进行面向公众的写作、对谈、知识分享，更加偏向通识类的学术普及。当然，其中也有一些弊端。在学院外的空间里，读者们往往拥有不同的背景，针对同一个话题，大家意见不统一，就会产生一些争执和辩论，认为分享者水平不够，或者太会掉书袋等。但正是因为这样一种高度的异质性，才可以使分享者看到自己在固有领域之外的盲点，进行跨领域的对话，从而激发自身对知识的深度探索的欲望。从这一点来讲，还是很有意思的一种尝试。

对于我自己来说，在过去的15年间，我一直在媒体平台、书店等场合尝试一种面向公众的书写、辩论，甚至还要跨界，比如和艺术家、书评人、书店老板、文化评论者就一些社会上出现的话题展开讨论。其实是以学者的视角进入公众中。在这个过程中，听众也提出很多的问题，交流下来，我也会非常有收获。

---

* 严飞，清华大学社会学系副教授；郦菁，浙江大学社会学系“百人计划B”研究员。

郦菁：严飞老师刚才讲得很有意思，其中有他自己的一些体会和实践。其实也促使我们反思两个问题：什么是知识生产？谁可以进行知识生产？我们提到知识生产的时候，往往把它跟学院体系联系在一起，特别是以研究型大学为基础的学院体系，认为它是知识生产的唯一权威。实际上，现代大学的发展不过是 19 世纪以来的事情，只有 200 多年的时间，但人类一直在进行知识生产。特别是在西方迈向现代性的转型过程当中，出现了很多知识生产的方式，大学只是其中一种。

有一位叫彼得·伯克的历史学家在《知识社会史》这本书里讲到，从工业革命时期开始就出现了知识生产的很多形式，比如说大百科全书，甚至包括商业情报、外交情报等间谍活动。在英国，出现了全国范围内的巡回公开演讲、新的知识产权及核心媒介的发展等。出版业的迅速发展和全国性的政治体系的形成也有很强的关系。主导这些知识生产形式的人往往不是学院知识分子，况且，当时也没有纯粹的学院知识分子。

著名的历史学家、社会学家佩里·安德森写过一篇很有意思的文章，其中谈到了在二战之前的欧洲，学者并不是一个有清晰职业边界的群体，而是和广义上的公共知识分子是同一个群体。这些公共知识分子通过出版、沙龙或是在咖啡馆里聚集等渠道，和记者、艺术家甚至是当时左翼政党里的一些知识分子都有密切的交往。这点和现在是完全不一样的。由于各种各样的原因，现在的学者群体更加封闭，和其他类型的知识生产者不再形成一个广义上的网络。

严飞：我特别喜欢郦老师提出来的一个问题：谁是知识的生产者？大家都错误地认为，只有学院里的精英才有资质或者特权进行知识生产。但恰恰不应该如此。首先，如果作为精英的知识分子不愿意抛弃自己高高在上的、精英化的地位，而是以一种俯视的姿态进入面对公众的知识的分享和生产中，用通俗的话说，他们就不是在讲人话。他们在自己的框架之下，用一套知识谱系去引导这些受众，让受众成为一种知识的附庸，或者是个人知识的追随者，这样就会特别可怕。

其次，我认为其实人人都可以是知识的生产者，每个人都可以在某一特定领域中分享知识。我就举一个最简单的例子，我们今年暑假做了一个非常有趣的人文创造营。在创造营里我们请来了不同学科背景的老师，一起给同学们做有关城市文化、城市精神的分享。我们会发现最有意思的或最受同学们好评的其实并不是老师的分享。我们在当中请来了一位专门做景泰蓝陶瓷的老师，他教同学们如何通过一件景泰蓝瓷器的历史来认识城市及其历史，然后老师也手把手地带着同学们去制作，所以老师也和他们一起去参与。这一块是我们完全陌生的知识，那么我们学习到了以后就觉得非常惊艳，从这样一个角度来讲，每个人他都有一个专业的知识的一个点，你可以在这里面进行一种知识的分享或是去学习，就打破传统的精英化的一种边界。

郦菁：对，我很同意严老师的一些说法。实际上在最近的二三十年中，学院体系的生产面临着严重衰弱，内部越来越缺乏新的动力。其中有一些历史的原因，应该从美国讲起。中国目前的学院体制的组织方式，包括长聘轨的聘任制度、同行评议的学术期刊组织方式，还有其他有关晋升和研究经费的组织方式等，都是向美国学的。特别是20世纪90年代之后，有一波向美国学习的浪潮，但美国原来也不是通过这种制度来组织学术研究的。

20世纪70年代的时候，美国发生了一场所谓的新社会运动，有一些左翼学生进入了学术体系。这些年轻人为了能更快地进入学术体系，挑战旧的学术权威，就需要一定数量、质量的论文和相对客观的评价标准，就会倾向于提倡同行评议等制度。这些制度一开始是年轻人上升的一个工具，后来呈现的面貌对年轻人其实反而不是很友好了，在某种程度上也扼杀了学术的创造力。因为如果要进行同行评议，其中一个后果就是一些创新的、不那么符合学术规范的东西很可能就发表不了，而那些中规中矩的、大多数人都能认同的东西就可以发表。

最后，你会发现整个学术体系越来越封闭，生产的东西也越来越形式化，既没有回应实质的议题，也没有回应一些时代的议题，而且这些制度都在相互加强。中国把这些学过来之后，也产生了一系列的问题，我觉得整个体系的生产力和创新力都在下降。

严飞：其实这也是我之前提到的，学院内部的知识生产越来越同质化，缺少一种异质性的联结。这种同质化进入技术时代之后更加明显，因为我们引入了统计分析的工具，之后还经历了从传统的定量模型到复杂的定量模型，未来还将牵涉到更加精巧、量化的计算，去验证一些常识性的东西。在这一趋势之下，学生们只是为了发表论文而发表论文，在几个变量之间来回倒，寻找一个因果的关系。学者们不是不愿意去做创新，而是因为在现有体制和晋升轨迹的束缚、压迫之下，不得已去选择一种最为稳妥的方式发表论文。所以，也许走出学院，做一些异质性的联结是非常有意思的事。但这里又会产生一个悖论：如果你不能在学院体制之内生存下来，你有什么样的资格在学院之外进行联结？

还有一点，关于知识的供给和需求。我们之前分析的是知识的供给者只愿意在自己的小圈子里，关起门来玩，因为一旦跨出舒适圈，接触到前沿的学术讨论和方法，很多人过去掌握的一些知识就会跟不上趟。所以，那些旧有的知识可以不断地延续，使很多人因此而获得权力，这也意味着知识的供给越来越少。同时，在过去的5到10年间，社会大众整体受教育水平、知识水平不断提升，而且要求越来越高。很多人还是很想获得第一手的知识，想去探究为什么。但与此同时，我们接触到的知识面其实在变窄。

在这个过程当中，资本和市场的力量就慢慢地出现了，请来一些愿意踏出自己舒适圈的学者来做知识的分享和传播。依托资本市场的运作又会进入另外一个怪圈。资本追求的是效益和利润的最大化，所以会在知识分享的过程中，不自觉地去寻找所谓的学术权威，建立起一种魅力型权威（charismatic authority），为这些知识的需求者和消费者赋魅。但是，这些知识权威自身的知识体系又很陈旧。虽然也有一些学术“小鲜肉”的面孔出现，但资本会觉得他们的学术地位不够高，对公众的辐射力也许会不够大，最终导致其中出现一个断层：公众想听到的这些人没有办法分享，不想听到的一些学术权威却可以侃侃其谈。于是，资本的力量进入供给和需求之间后，就产生了一种畸形的“三角恋”关系。

郦菁：严飞老师提到了很重要也很有趣的一点，在最近至少十几年学院体系衰弱的过程中，也出现了对其他类型的知识生产方式的探索。但我们很不愿意看到的事实是，大部分这样的探索很快就被资本收编了。比如说早期出现的一些音频平台，起初提倡所有人都可以自由地进行内容生产，但现在因为股权结构、零售压力等问题，也慢慢转向了资本端平台，提供主导性的知识生产方式，而不再是大家平等生产的一个更加接近乌托邦的状态，不再是鼓励大家平等生产的平台了。

回想一下，其实还出现过一些其他形式的探索。比如2000年之后，有好多家媒体都想做书评出版物，比如说纽约时报书评、伦敦书评这样不以营利为目的，而是在于促进广泛的公共知识分子交流的形式。但是在2013年之后，这种形式就衰落了，很大程度上是受到了移动端媒体的冲击。另外，出版作为一种相对重要的知识生产方式，也在2000年之后发生了较大的变化。特别是在2010年之后，网上售书的平台通过垄断的力量，极大地压低了纸质图书的价格，使得出版业面临很大的困境。这些平台其实相对能够保持中立，这些不完全以营利为目的的学习平台其实都受到了一定程度的挤压。

同时，学院体系也出现了自身的问题和外部的压力。这就促使我们再回过头来看看，自1978年以来的中国乃至世界范围内，有哪些新的知识生产形式？最近10年的互联网技术有哪些发展？原有的知识生产体系当中的行动者和场域之间的关系发生了变化之后，还会产生哪些新的形式？这些我们都可以加以考虑。

严飞：10年以前，大家还在讨论电子书是不是要取代纸质书。有一段时间出版业人人自危，觉得这个行业要从此消亡，然后进入一种平面电子媒体的展示时代。但今天，大家基本上已经达成一种共识，认为纸质书还是非常重要。反而是随着过去 10 年里，新的媒体形式的涌现，大家发现了纸质和电子之外的另一个赛道，也就是通过声音的媒介去展现内容。后来还有了视频和动画短片的知识生产形式。通过这样一个崭新的市场，大家也开始促进纸质书和电子书的发展。换句话说，就是把这个蛋糕做得越来越大。做大的这一部分主要是 App 里的声音端或者是短视频端。

在过去的 5 年间，声音端的知识分享产品越来越多，特别是在 2016 ~ 2017 年达到了一个“井喷”式的发展阶段，种类越来越纷繁，导致整个市场竞争越来越激烈。甚至有一段时间，大家会觉得知识分享的音频节目实在是太多了，多到我们也许只会去购买音频产品，但永远不会去听。今天大家都在讨论音频类型的知识分享市场是不是已经饱和了，并且进入了一个衰落期。我对这一点其实没有答案。但是就我自己的体会来讲，从我自己全平台地去收听所有的知识分享节目的频率上来讲的话，其实非常低；但这也许是和我自己的工作性质有关，因为我还有大量专业性的知识生产需要去完成。因为自己的特殊的原因，我没有那么多时间去收听。但是我知道很多很多年轻人他们是会收听的。比如说小宇宙的热爱者，小宇宙上面专门有一栏是统计你听节目的所有时间的，我看到很多朋友都是几百、几千小时在上面。所以在这样一种付费的音频知识分享节目饱和的情况下，只有真正感兴趣的东西我才会去听。

郦菁：但在最近一两年间，声音端知识生产的市场并没有进一步扩张，我觉得其中有很多原因。一个是资本市场进入点的变化，还有一个是很多听众意识到，利用碎片化的时间可能并不是最好的学习方式。这也涉及一个问题，也就是媒介形式在很大程度上决定了哪种性质的知识和内容更适合被传播。可能很多人后面会逐渐地意识到，音频这种形式有内在的局限，不是深度学习的一个合适的方式。

传媒研究把不同的传播媒介分为两类，一类是所谓的热媒体，还有一类是所谓的冷媒体。通过读书来获取知识肯定是一种冷媒体，因为你可以随时开始，随时停止，放下书还有思考的空间，这就是冷媒体的特性。广播作为最开始的音频节目也被认为是一种冷媒体，因为你可以在开车等场景中随时进入、出来，有一个选择的空间。电视、电影一般都是热媒体，主要是跟着它的话语走，很少有停下来反思或者解构的机会。但在资本进入并主导付费知识生产的过程中，音频这种媒介被逐渐改造成一种更接近热媒体的形式。

严飞：也许真的是，大家会慢慢地熟悉这一套游戏规则。如果我想更加深入地了解这个领域，音频它只是让我摸到了这一个门槛，但是想迈过这一个门槛，还需要再进行深度学习。我可以分享一下我在录一档音频节目时的心得和体会。我当时在某个平台录一档叫作“像社会学家一样思考”的音频节目，后来也出了一本通识类的书，其中结合了社会学的经典理论和当代中国社会的热点问题。这档节目的制作过程和所有同类别的音频一样，延续了一套固定的操作模式，将一个复杂的知识进行拆解。

我想到的模式有三种。第一种是知识生产的权威化，通过分享者本人的学术地位和影响力，对知识进行一种包装。大家得知这些知识是由这一领域的权威人士所传授，会被这样一种权力的不对等所吸引。

第二种是知识的世俗化，或者说简约化。对于一档社会学类的知识分享节目来说，其中有很多专业知识，是由社会学家通过自己在特定时期对社会的观察，总结出的一套非常复杂的知识体系。但如果要在15分钟的时间内讲述这一套体系，听众们是没有办法及时消化的。所以，讲者需要把这套体系拆解成不同的知识点，并用最通俗的话来进行表达，让读者更容易接受。在通俗化的表达基础之上，还要加入故事和场景，听众才会更容易去买单，而不会在整个音频节目里面迷失自己。

第三种是知识生产的重复性。我自己在录音频节目的时候，编辑经常会让我在开头用比较通俗的语言描述一下知识要点，在音频录制的中间和结尾，还要再重复一次。通过这三种模式进行拆解后的知识，不再是一个知识体系，而是一个个知识片段，其实就是一种浅知识。这就回到郦菁老师刚才所提到的，也许，今天的受众会更加希望在浅知识的基础之上获得更深度的知识。读者的需求也是慢慢地在进化。

郦菁：其实新的付费知识平台和知识生产方式的出现，的确给传统的学院知识分子提供了联结的方式和可能，但也带来了很多新的危险。作为一个老师，我可以在某种程度上控制我的知识生产的过程，比如我要传授怎样的知识，或者以怎样的节奏和方式来传授。但是传统知识生产空间中的人通过各种各样的方式进入新的空间之后，必须要按照新空间的逻辑来组织生产方式和内容，并不能完全控制这个过程：平台会帮你重新组织课程，以一种更利于售卖的形式加以包装。

在这个过程的前期，一些传统的学院知识分子的确获得了很大的回报，不管是经济方面还是声誉方面。但到了中后期，由于知识生产的过程被分割成多个环节，每个环节就相对专业化了，权力集中在平台本身。这也是我们需要反思的一面。严飞老师刚才讲到平台在知识生产过程中的一些秘密和技巧。我记得我之前在研究过程中看到某一个平台对自己生产过程描述的一个手册，会讲话语建构、知识传播的过程中要营造一种“剧场感”，还有它强调要达到一定的知识密度——“叙述势能”。因为物理学里就有个概念叫作“势能”，比如说你把一个东西放得更高然后滚下来的势能就更大，其实就是讲这个话语是不是够吸引人、够有“力量”。资本在推动这个内容生产的时候更多考虑的是点击率和销售量，这就会涉及一系列的技术和组织方式，最后把音频产品改造成一种拥有更少反思空间的话语传递的形式。所以，思考如何使用媒介和谁在使用媒介是很重要的。

严飞：我们发现，过去两年间出现了一种崭新的音频类知识分享的形式，也就是播客。我在录音频节目时，其实是一个人对着话筒讲述知识。今天，我发现大家更喜欢在对话的过程当中，进行一种私域流量的知识分享。播客促进了一种人人都可以做的知识分享。知识不一定是专业化、体系化的，也可以是生活经验的一种分享，比如怎么处理婚姻关系、恋人关系等，这些生活经验的分享也是一种知识的体系。我一直觉得知识不仅仅是非常深奥的、学院体系内的知识，呈现一种高高在上的状态。日常生活经验的分享，也是一种知识。不知道郦老师是怎么看“知识”的？

郦菁：一般意义上，我们理解的知识其实是对信息流的一种特定的组织方式。不同的人、不同的场域和不同的制度在知识生产过程中，对于信息流的组织方式是不一样的，背后其实有不同的话语、假设以及出发点。所以，我很同意严老师的观点。大家都可以进行知识生产，不光是学院知识分子。每个人对于信息都有不同的组织方式，只不过有些人的组织方式可以给大家带来更多用处，或者会吸引更多的人。

那么，为什么学院有这样大的权威？很大程度上是因为学院对信息流的组织方式是更为抽象的。一旦知识以抽象理论的形式出现，知识的应用场景就更广，使其在一定的历史时期可以立于不败之地，生产知识的人也获得了权威。所以，在某种程度上，学院的优势和合法性来自这里，但是这并不意味着这样的知识生产方式就高人一等。

其实还有一些对当代政治经济的基本格局特别重要的知识生产方式，比如说智库。在 20 世纪 80 年代之后的美国，无论是共和党的政策，还是平台主导的新自由主义的政策框架，它们的制定都在很大程度上受到了 20 世纪 70 年代出现的一些保守派智库的推动。现代意义上的智库最早出现在美国，早在 20 世纪二三十年代的进步运动时期就已经出现了。例如兰德这样的公司在二战之前就开始运行，但是到了二战后，它的主要功能是所谓的以科学为基础的研究，来为政策提供辅助。

20 世纪 70 年代之后，兰德公司发生了一个很大的变化，就是大量的精力和资源从研究转移到游说上。其中所进行的知识生产不再是大规模数据的研究，而更可能是在很短的时间内，写出一篇报纸文章或者一个政策报告。这一变化后来也成为新自由主义时期政策辩论政治化的重要推动力之一。这是我们在理解 20 世纪 80 年代之后的美国新自由主义政策时，谈论得比较少的一个侧面。

严飞：也许一种比较好的知识生产的方式，是在一个知识的社区里面进行一种共创，我们要做的其实是打破知识的高墙和壁垒。也许，未来的一个发展趋势是通过技术的手段，每个人都可以在一个由自由意志组成的虚拟世界里进行知识的创造、聚合、发散以及碰撞，等等。从这一点上来讲的话，我觉得元宇宙也许是一个未来的方向。这是一个神秘的未知世界，给我们带来了很多不可预知的兴奋。

最近有一部电影，英文名字叫 *Free Guy*，翻译过来以后名字叫《失控玩家》，讲述了一个 NPC 突然有了自由意志，在一个虚拟世界里去寻找自己的爱情、独立的人生，最后去创造一个崭新的世界的这样一个故事。所以通过英文名我们可以看到，free 它是一个自由意志、自由人、自由玩家的翻译，但是引进国内之后被翻译为“失控”。这样的翻译就具有很深的蕴含，因为“失控”意味着必须再增加控制、增加管制、增加束缚，但实际上这部电影讲的是在一个虚拟的世界中人的意志的生发对创造力的革新带来极大的提升。人人都应该有一种 free 的状态，在 free 的状态之下知识的壁垒就会被打破，知识的分享也会更加自由自在，知识会生发出来，而且来自不同领域、不同层级、不同边界的知识可以打破原有的一种束缚，进行自由交流，这是对于未来的知识分享的一种崭新的设想。

郦菁：作为社会学家，我觉得我们还是要批判性地来看待新的技术。互联网和区块链技术在一开始都给大家带来有关多元性、平等性的承诺，似乎通过互联网或者是区块链技术，我们都可以实现去中心化。但在具体的发展过程当中，我们会看到各种形式的垄断出现，或者是在再中心化的过程中，出现了更加集中的权力结构，他们都没有完成最初的一些设想。

严飞：整体来说，这样一种异质性的联结给我个人带来很多启发，也许未来我也会不断地探索。我最近完成的一本书是关于都市里的陌生人的，关注的点实际上是来到城市里面打工的这一些外来务工者，在我们的附近所展现的一种生存状态。在写作上，我将一些非虚构的元素嫁接到了学术反思中。在传统的社会学研究里，特别是质性研究领域，我们对于人的展现都是来自一种编码化的、符号性的呈现，例如严某某、严××等，完全抹杀了具象的人的面孔，呈现的是一些人的群像和共性。

今天，越来越多年轻的老师愿意进入新的平台，进行更多的尝试。我觉得有一点很重要，就是知识一定要进行分享，只有通过分享的知识才值得我们去进行讨论、辩论。真理愈辩愈明。只有这样的知识才可以被越来越多的人记住，最终才能达到一种提升大众整体的知识水平和观念水位的目的——这也是我今天想提到的最后一句话。

结绳志的质地、方法和议程

结绳志*

摘　要：2020 年的新冠肺炎疫情及其次生社会问题给人类学的知识生产反思带来了实践上的紧迫感，在这一背景下，几位人类学学生/学者在 2020 年开启了中文公共人类学平台"结绳志"。结绳志力图从最具社会关切和张力的事件和现象出发，寻找人类学及相关领域能提供的问题意识和实践方法，操作上强调探索、联结与网络，在警惕知识生产资源化的同时力图实践去中心合作的工作方法。本文从结绳志平台的产生背景出发，对结绳志近两年的工作进行了梳理，力图从对即时公共议题的回应、联结共创的方法、翻译的目标与障碍、基础设施几个角度进行实践反思，以推进对公共人类学何以可能的探讨。

关键词：公共人类学　知识生产　翻译　批评　实践

人类学关于知识生产的讨论可以追溯到巴特关于原住民仪式秘传知识的经典研究（Barth，1975）。在晚年对知识人类学研究的进一步推进中，巴特已卓有自反性地将 20 世纪大学的发展纳入其关注的框架（Barth，2002），而七八十年代自反人类学（Clifford and Marcus，1986；Abu-Lughod，1996）、"向上研究"（study up）（Nader，2019）、科技与社会研究（science and technology studies，STS）（Haraway，1988；Tambiah，1990；Barad，2007）等领域的发展也给这一尚未建制化的领域提供了理论框架。而 2020 年的新冠肺炎疫情则给这一议题带来了实践上的紧迫感。发展迅猛、涉及面向繁多的疫情及其次生社会问题，一方面对基于长时间田野并辖域化在诸多细

* 结绳志编辑团队成员：安孟竹，云南大学民族学与社会学学院博士后；林子皓，芝加哥大学比较人类发展学系博士研究生在读；王菁，宾夕法尼亚大学传播学院全球传播研究中心高级研究主管；叶葳，明尼苏达大学人类学系博士候选人；曾毓坤，芝加哥大学人类学系博士候选人。

分分支的人类学本身产生了强烈的方法、伦理乃至学科意义层面的冲击（Günel, Varma and Watanabe, 2020），另一方面也刺激了人类学家们进行更即时的有公共面向的介入性知识生产（刘绍华，2020；Fassin and Fourcade, 2021）。在这一反思和刺激下，几位人类学学生/学者在2020年开启了中文公共人类学平台“结绳志”。

立足于“人类学的观点、方法和行动”，结绳志所涉及的议题往往不从既定的学科理论和分支脉络出发，而是力图从最具社会关切和张力的事件和现象出发，寻找人类学及相关领域能提供的问题意识和实践方法。在操作方法上，结绳志从“结”这一意向出发，强调探索、联结与网络，但有意识地警惕知识生产资源化（Strathern, 1996；Ingold, 2015），并力图实践去中心合作的工作方法。本文是对近两年实践的一次梳理，也想以此推进我们一直以来的思考：谁是人类学的受众？什么是人类学的公共性？什么又是有效的联结？翻译意味着什么？媒体和学术的关系是什么？怎样重新定义和形塑编辑与作者、批评与联结、知识和实践之间的关系？

一 此时此刻的人类学

结绳志的前史是一系列从个体到群体的知识实践与反思，重要的事件是2020年的新冠肺炎疫情。新冠肺炎疫情发生的场景有三个特殊之处。其一是发展迅速；其二是机理复杂，次生灾害面向繁多；其三是疫情发生后，很多人都只能待在家中。第一点会唤起普通人的紧迫感。2020年以来的诸多公共写作和民间自组织便是明证。第二点则是有社科背景的观察者和行动者面临的挑战，疫情所涉及的传染、歧视、隔离、养老、照料、生命政治、共情和援助、人畜共患病、媒介与表征等面向都呼吁结合社科问题意识的思考和行动。第三点则是传统田野方法面临的难题。

2020年以来，人类学的诸多方法反思触及了疫情下知识生产-实践的这三方面。曾于2009年在中国疾控中心进行田野调查的人类学家凯瑟琳·梅森曾生动地分析过自己此前的田野经验如何让她误判新冠肺炎疫情的规模、发展速度和对社会的深远影响，这几个方面的冲击都远远超出了中国乃至世界现行公卫系统在2020年的准备。对人类学等关注面甚广的学科而言，疫情与其次生问题及社会行动者的自反构成了独特的缝隙，得以照见和暴露许多平日里隐藏在“正常状态”中的社会问题（Roy, 2020；Fassin and Fourcade, 2021）。而近年来，这类海内外社会议题超出了封装在既定理论内的学术问题意识，人类学如何介入当下以紧密追踪和思考这些涌现的动态并与相关实践及时交流，这一紧要问题也在中文语境的人类学中有所回应（刘绍华，2020）。此处，上述问题对基于长期田野调查的社科质性研究方法的巨大冲击，引起了田野方法的调整（Babcock，2020；Briggs，2021；Günel，Varma and Watanabe，2020）。其中卓有影响力的“拼布民族志”（patchwork ethnography）就提醒到，传统的田野方法在实践上早已是一个岌岌可危的神话。传统的长时间浸入型田野所预设的时空是与家相隔绝的田野，人类学家可以长时间在田野中进行不受外界干扰的田野工作。这一全能的田野工作者形象背后其实是一系列未充分考虑性别、国籍等因素的不平等关系。而田野工作的滞后、田野方法的神话、学术问题意识在“当下”的不在场，更是在长时段田野方法诞生之初即已纠合在一起①，在当下的背景下又被重新照亮。

从 2020 年 2 月 4 日开始，曾毓坤从人类学疫病研究的几个明显着手点出发（传染病人类学、生命政治、2003 年 SARS 重读、媒介与叙述、公卫史、人畜关系）组织文献，在网络上发帖公开组建读书会，陆续有数百位背景各异的朋友加入（不完全统计，包括学生、媒体人、医疗人员、IT 从业者、教师、艺术从业者等）。大家参与的初衷并非积累自己的理论知识，而是“困而学之”，面对扑面而来的情况寻找更好的语言来识别、反思、应对。Corona 读书会的题眼多从直接发生的事件出发，如跨国的物资援助，WHO 等机构背后的国际人道主义政治、隔离、中医等。每次布置的页数并不大多，常会直接搭配清楚纪实的新闻文本，讨论时重视的不是文本或作者，而是对话和交流。在疫情后，Corona 读书会进一步关注的议题包括 2020 年长江流域大水激发的大坝政治和鄱阳湖批判历史地理讨论、因“墨茶事件”而引发的不稳定劳工、因“泰州骑手自焚事件”而引发的外卖骑手劳动状况讨论、“通化疫情”延伸出的关于东北历史和文化生产的

---

① 以马林诺夫斯基的经典工作为例，在特里恩布田野调查中他创立了长期田野方法，而第一次世界大战的爆发则是他相对隔绝地滞留在特里恩布前后近四年的重要原因。但在马林诺夫斯基的民族志中，对世界大战、太平洋殖民的政治治理和当时爆发且传入南太平洋的西班牙流感却只字未提。他在《一本严格意义上的日记》中常常以缩写提到对未婚妻艾尔茜·梅森（Elsie Rosaline Masson）的思念，并在田野结束后与梅森完婚。两人后来双双感染西班牙流感，马林诺夫斯基更是在漫长的康复期中完成了相关写作（Young，2004）。梅森曾是一位记者和旅行作家，但婚后她作为写作者的形象逐渐让位于著名人类学家的妻子和写作助手（Wayne，1985）。由此，我们不难看到家与田野的隔绝、家务与田野的隐形分工、人类学理论与知识生产场景的剥离、“错过疫情”、长期田野工作与短期媒体写作的阶序关系等一系列延续至今的问题。这些问题持续至今，在新冠肺炎疫情的背景下被重新照亮。

讨论等。

上述反思和 Corona 读书会的初步探索使得我们能在具体的历史中更共情地回溯人类学知识体系的传承与罅隙，理解这一学科和现实间的搏斗。结绳志在这一意义上是有方法、观点和议程自觉的一系列实践。这一过程有成功也有不尽如人意的地方，但我们的努力方向仍然明晰，即力图找到一种更从现实出发、突破学科和理论固有辖域的知识生产方式，在具体的议题上把握知识 - 实践联结，重视知识公正（epistemological justice）和实践自反，在传统田野和即时媒体间不断演练新的工作方法。

二　联结生成力量

“结绳志”名字的灵感来自结绳记事这一意象，指的是通过在绳子上打结来记录和传播信息。这种记事方式古已有之，在世界各地皆有发现：《周易》中即载“上古结绳而治”；在我国的民族社会历史调查材料中，也录有各地以结绳记日、计账等传统——泸沽湖畔的普米族更曾使用“散羊毛疙瘩”（在羊毛绳上打结和解结）来联络不同村寨、传递起义信息。西方人类学研究里，古代印加人所使用的奇普（quipu/khipu）最受关注：通过不同颜色、打结方式、空间关系，奇普记录了印加帝国的各类统计信息和叙事；即便后来因遭受西班牙殖民者禁止和销毁而失传，散落的奇普仍然提醒着当年新旧两个世界接触的暴力。历史中的“结绳”与“解绳”从不止于手艺和叙事，更有关多元行动者之间的联结与合作。

作为公共人类学平台，与朋友们和各类社群组织的合作正是结绳志的力量来源，也是我们最常见的工作方式。自 2020 年 7 月 25 日成立，截至 2022 年 6 月 9 日，结绳志推送了 250 篇文章，仰赖超过 120 位作者、译者、校对者的集体工作。

Corona 读书会正是以联结为核心方法的重要栏目，它既是结绳志成立的前史，也贯穿在我们编织的网络的每个节点上。如前所述，读书会参与者有着异质的背景，在去中心化的讨论过程里，会尽力让一些接近现场的朋友，如自组织志愿者、长期关注和实践某些议题的实践者和学者、在武汉当地隔离或进行记录的朋友、关注具体议题的媒体人等参与。作为公开活动，往往会有此前并不认识但有相关在地经验或媒体和学术议程的朋友通过讨论而联结在一起，在进一步的共同做事中形成议题 - 知识生产 - 行动联结的回环。同时，在一个流动变化的聚落中，Corona 的联结也意味着一套结合工作伦理自反的分工。做一次有效的读书会并尽力在后期出稿，前期准备、领读认领和后续整理等过程都需要相当大的身心投入。

与之类似，结绳志的许多其他栏目也都倚靠来自四面八方的朋友们的付出。比如，书讯栏目截至 2022 年 6 月已推出十一期人类学新书介绍，每次都是通过“结绳朋友群”的伙伴们分头认领，再进行写作与整编。当要以人类学的观点、方法和行动观照社会事件时，我们首先会与关注事件的朋友讨论、邀稿。而当邮箱中收到投稿来信时，我们也会根据主题内容去请教有相关知识与实践背景的师友一起跟进编辑。这类常规合作促成了共事的默契与团结，在探讨特定事件与议题时往往能够发挥重要作用。例如，在 2021 年 5 月塔利班占领阿富汗后，连同编辑团队在内的十几位朋友在 24 小时内跨时区协力完成了“阿富汗人类学书单”。又如，“多物种关怀”系列的推送历时一年，每篇短文都试图在按语或尾注中联系时事与国情来激发更广泛读者的兴趣，这是翻译小组跨专业（包括动物学、医学、生物学、人类学等）和跨行业（包括学界、保护组织等）的合作结果。参与读书会和不同写作项目的朋友经历和知识背景各异，多是因为对议题的关注和热情而来到一起。也在这一意义上，大家的投入并非为养活自身的“劳动”或强作品性的“工作”。

除了以议题联结志趣相投的朋友，联结也体现为打破学科和学院藩篱与不同团队建立合作关系。自 2021 年以来，关注教育问题的曾毓坤以另类、边缘、半体制教育为轴，与中国美术学院社会美育专业合作，邀请关注各类非主流体制教育的实践者与学者进行了一系列重新打开教育想象和理论 – 实践联结的讨论。与之平行，2021 年恰逢巴西教育理论家、活动家保罗·弗雷勒的百年纪念。毓坤和我们的作者、特约编辑可仔，还有关注“被压迫者教育学”的“弗莱雷”公众号主编严丽一起，联动一群扎根教育生命经验的朋友们以集体书写教育经验和线上讨论教育实践的方式，抵抗“被压迫者教育学”也会面临的理论资源化。和教育实践者的持续接触，也刺激了毓坤和有着共同关切的伙伴在 2022 年的两次线上公益日发文号召捐出“改变社会的奶茶钱”，来支持需要帮助的机构。在 2021 年的六月节（Juneteenth），致力于探索种族理论与亚非团结等思想资源的黑色读书会在结绳志上发表了一系列短书评，以求为对抗种族主义提供思考路径。当 2021 年末女权运动家贝尔·胡克斯（Bell Hooks）溘然离世时，我们又与黑色读书会、VaChina 社群以及播客“珊越拾穗”合作，发布了朋友们各种各样的纪念创作（也特别感谢沈睿老师同意我们发表她为纪念活动制作的演示文档）。2021 年初，残障研究读书会的联合组织者吴迪与子皓邀请了读书会的十名参与者一起写作，对“科技无障碍”造成的障碍进行反思、吐槽和复盘，并通过集体写作完成了田野笔记，探讨聋人、听人、多重残障者如何跨越时差建立包容而安全的线上实时会议空间。集体写作本身也是一个实验性的过程：在共同工作的石墨文档里，是所有参会者不断对彼此提供的材料进行评论和补充而使其逐渐具有了血肉。正是这种在“障碍”中的体验和讨论，让我们跨越差异感受到彼此并形成力量（艾莉森·卡福尔《女性主义、酷儿、瘸子》）。

合作并不总是平滑的，摩擦带来了新的思考火花。“哲学人类学”是结绳志与“Philosophia 哲学社”团队共同策划推出的系列栏目，结绳志方由曾毓坤和安孟竹牵头，意在探讨哲学与人类学在当代彼此对话、互相给养的方式。但在工作方式磨合之余，双方对一些文章中的具体批判也有不同看法。激烈讨论后我们决定保留争议，并通过按语的写作来爬梳哲学和人类学互动的脉络，界定这一系列的立场，以求超越两个学科间专业领地的零和争夺。而当《饮食之道》（Mol，2021）导论作为该栏目首发译文时，17000 字的文章已经由一群义务劳动的编辑、译者、校对来回修改过多轮细节。另外，结绳志的文字排版也一直经历着各类摩擦反思。譬如对于盲人读者来说，所有图片必须配以文字描述才能被读屏工具识别转达。但有些议题直面激烈的网络环境，投稿作者倾向于以大量截图呈现敏感信息，恰恰想要避免因关键词搜索而被针对的风险。盲人读者的需求与写作者的网络安全焦虑形成矛盾，编辑团队必须努力沟通，在不同的需求与关切之间达成平衡。

最后，联结当然也生发在结绳志的五位编辑之间。虽已亲密共事两年有余，但我们至今未曾在线下碰面，日常工作全靠数着时差进行各种线上合作。我们的网络合作文档名叫“猫咪摇篮”，除了满足猫奴们的私心，也是源于哈洛威（1994）在反思其女权主义科技研究实践时所提出的翻花绳比喻（翻花绳的英文名为 cats’ cradle，直译为猫的摇篮）。这个古老的游戏涉及复杂的协作，但它不是竞争，无关输赢，也不制造产权归属。这种开放性实践，要求不同行动者参与，运用各自技巧，共同塑造新的可能性。这是我们的结绳愿景。

三　翻译作为方法

在结绳志的工作中，翻译介绍来自其他语言与文化的人类学实践是非常重要的组成部分，其中包括甄选稿件、邀请译者、沟通版权、校对、编辑等一系列流程。然而，翻译不仅仅是一项烦琐的文字工作，更是重新审视人类学知识生产模式的策略性切入口。谁在翻译？翻译什么？在何种语言之间进行翻译？在翻译过程中如何保持对不平等知识生产体系的警惕？作为翻译中介的译者和编辑又应怎样反思这种“中间人”的身份？……这些都是结绳志团队在工作过程中不断思考的问题。

现代人类学知识体系发展于西方殖民扩张时期，其收集资料、田野概念理论化的一系列翻译（translation）过程，很大程度建立在不平等政治权力关系之上。过去的几个世纪以来，西方传教士、民族志学者、探险家、游客、记者等通过一系列的“文化翻译”（cultural translation），将收集到的田野资料“翻译”为人类学术语、理论，建立并不断固化了西方－非西方的二元知识体系。正如塔拉·阿萨德尖锐地指出的，在将“本土”（native）概念不断翻译为西方理论的过程中，人类学直接或间接参与的“文化翻译”与西方殖民力量密不可分。不过，随着越来越多本土人类学家接受人类学培训以及学科内部的反殖去殖，这种二元的知识体系也在不断受到挑战（Narayan，1993）。批判理论，尤其是女性主义理论，为重新思考翻译的开放性、解放性、可能性提供了许多理论和民族志资源。比如，巴特勒强调翻译实践可以也应该认可多种普适主义的共存。露丝·贝哈通过书写古巴女性的故事，展现跨越国界、语言和文化边界的女性经验，帮助人类学者反思自身在田野中的主观性。克劳迪娅·德·利马·考斯特和索尼娅·阿尔瓦瑞兹则从更广阔的拉美跨地区经验出发，展示了翻译如何帮助建立全球性的联结。

把翻译作为方法审视自身，结绳志五位主创人员的生命经验也与翻译和联结密切相关。我们的人类学教育背景包括中国、欧洲和美国，田野地点涉及东亚、中亚和东非，而研究中使用和学习的语言则包括普通话、广东话、英语、斯瓦希里语、阿拉伯语、德语、手语等。这些不断流动、杂糅的生命体验构成了我们交流合作的底色。无论是维持平台上的选稿、编译、情感劳动，还是面对自己日常生活中的研究、写作和沟通，我们都感觉被不同的力量撕扯着，试图在多元宇宙中不断穿梭。这种“居间性”（in-betweenness）促使我们将翻译当作方法，在认识并承认殖民主义、资本主义依旧定义着全球学科边界和知识生产模式的基础上，试图在不同语言、跨物种、学术和公共、事实与理论、海外与国内之间寻找适当的联结点，将人类学的观点、方法与行动，尽可能多维度、及时地展现出来。

鉴于结绳志团队主创人员和各位译者都处于不同时区，我们的合作主要以网络沟通、灵活组合的方式进行，合作编译的模式也呈现不断变化的多元状态。总体而言，编辑主要负责选题、校对译文、撰写按语和协调各方。我们主要有四种模式：单译者 - 单编校、多译者 - 单编校、单译者 - 多编校、多译者 - 多编校。单译者 - 单编校和多译者 - 单编校的模式相对比较常见，结绳志主创团队的每位成员都有自己长期关注的议题，也会有长期稳定或短期临时的合作译者。比如，叶葳负责的“它们”专栏，林子皓负责的残障研究、英文书讯系列，安孟竹负责的教学法、医学人类学系列，王菁负责的宗教人类学（特别感谢王立秋老师的长期供稿，参考《中东史的环境转向》等）、女性人类学和全球原住民系列，曾毓坤负责的全球运动、结绳系疫系列，基本都采取这两种模式。而基于共同关切与紧密交流，单/多译者 - 单编校模式也在时效性文章里展现了爆发力，如李丹宁译、毓坤编校的《作为左翼的萨林斯》，Florian 译、孟竹编校的《你的奥运队可能是个幻象》。

这种具有较强针对性的主编负责制确保了结绳志能够在不同议题中不断长期深耕，并且在按语的写作上也能够对各自主要负责的议题有更全局的视角。而单译者 - 多编校和多译者 - 多编校这两种模式，则比较适合时效性较强、篇幅较长的文章。比如在校对《列维 - 斯特劳斯丨人类学作为赎罪》时，五位主创人员在相对较短的时间内分工合作，共同校对了译者何啸风的译作，同样的模式也被用于《纪念阿伦特丨我们必须思考》中。在“公共人类学”系列的第一篇译稿中，凌云帆、小企鹅、邱文京、韩慧盈和阎天伊这五位译者分别翻译不同选段，林子皓、叶葳和王菁三人随后共同负责编校，成功推介了人类学家劳拉·纳达尔（Laura Nader）在 1970 年代的演讲稿《人类学的当务之急是什么?》，此文由 *Hau* 杂志在 2019 年第 9 期中重新刊登，对美国社会、本科生培养、人类学家就业、田野方法论等问题均有尖锐批判。

就翻译的具体工作而言，语言转换间的参差，最能说明跨文化、跨学科过程中的限制与火花。以“care”一词为例，在翻译格雷伯《过于关怀是工人阶级的诅咒》时，译者周雨霏与编辑叶葳注意到英文“care”及其衍生出的各词组及变体在不同语境中对应了不同的中文词，但是英文学界的关怀（care）研究又自有其理路线索，最终决定忠实中文语义，但在括号内标注英文原文，以作提示。此后，在叶葳组织翻译的“多物种关怀”系列中，再次遇到了这一问题，多物种翻译小组发现在不同的文章中，care 依其具体含义可能被译为“照护”“照料”“关心”“保护”“保健”“服务”等。翻译小组决定不刻意统一 care 的中文含义，而是依据语境来选择更符合中文语境的词汇：在转译这些“关怀”故事的同时，保持差异、保留“麻烦”（Haraway，2016），以激发多语言、多物种、跨学科、跨地域的思考。更进一步，在《照护是弱者道德吗？——当照护作为一种行动方法论》等其他与关怀研究相关的文章中，编辑安孟竹指出，不同理论传统也发展出了各自对 care 的翻译惯例，如在医学人类学强调实践面向时，care 通常被翻译为“照护”；在政治经济学关注“劳动”面向时，一般将 care 翻译成“照顾”；而伦理学领域通常将 care ethics/ethics of care 翻译成“关怀伦理学”。我们在具体工作中会根据不同语言和文化语境的差异，在追求“信”的前提下，通过按语、注释、一词多译、保留某些特定外语词汇等策略，尽可能保留关键概念本身的延展性和多重含义。

此外，我们也清楚地意识到，在全球后殖民语境下的翻译工作还面临着以英文为主体语言的困境。正如酒井直树和约翰·所罗门所说，在全球范围内，来自全球南方（Global South）的知识体系构建长期处于一种“单边性翻译体系”（regime of unilateral translation）之中。非英语的出版物除了被翻译成英语，基本难以在全球范围内获得认可；反之，用英文出版的作品却因为处于全球知识生产的“上位”而更容易获得曝光度，也更容易被翻译成其他语言，得到学界以及公众的更多关注。结合近年来对全球知识体系权力关系的反思和对“世界人类学”（world anthropoligies）的倡导（Ribeiro and Escobar，2006），在章邵增老师的推荐和赖立里老师的指导下，编辑叶葳与王菁和译者文彬合作，译介了巴西人类学会于 2020 年 11 月 6 日在其第 32 届双年会上发布的一项关于全球人类学的动议（参考《全球人类学动议：避免认知开采主义，增加知识多元性》），力图以复数的、多样的人类学打破欧美人类学的垄断局面。在具体操作中，我们邀请周星月老师作为特约编辑，经由左权、黑豆、黄行善的翻译和王菁的编校，推出了以葡萄牙语与英语为主的“巴西原住民视角”系列译文，该系列将陆续推出当下巴西社会中的原住民叙事，以这些我们知之甚少的故事，来打开文明的茧房（参考《我们的世界彼此交战》《天空的坠落》《我是原住民，不是混血儿》等系列文章）。另外，随着 2021 年东耶路撒冷、加沙和西岸的巴以不断发生冲突，尤其是面对 5 月以来以色列当局在东耶路撒冷的谢赫·贾拉（Sheikh Jarrah）街区系统性地驱逐巴勒斯坦居民，王菁也请马文慧作为客座编辑，推出了由薛庆国、唐珺老师翻译的巴勒斯坦著名诗人马哈茂德·达尔维什的不同诗作，见证全球范围内的苦难和暴力（参考《达尔维什丨我们也爱生命》）。虽然这个过程很缓慢，但是通过逐步打开不同语言与中文间互译的通道，我们希望能够进一步在单边性翻译体系中撕开一些裂缝，创造更为多元的人类学公共对话。

四 绳结的材质：公共人类学与互联网基础设施

基于大卫·格雷伯对高等院校资本主义企业化的批判（Graeber，2014），我们经营公共人类学媒体的尝试意在打破一种封闭、私有化、自产自销的知识生产恶性循环。这种让人类学走向公共化的追求也是一个知识生产项目（project），其创作、流通和"享用"的过程都依赖一个由平台及其技术协议、网络电缆的物质基础、编辑、朋友群内容贡献者乃至读者的知识劳动，以及阅读载体、工作方式和文本中一些隐形的"技术标准"等不同环节、层次相互联结成的动态聚合（dynamic assemblage）。如果说结绳志的内容呈现是水管里流出的水、房间里点亮的灯，那么这个聚合就更像是深埋于地下的管道、常被人视而不见的基站，或是一个不可见的电荷流动的过程，恰如 Star（1999：380）所说，只有在崩溃时才能被看见。也正是这种崩溃会暴露出知识生产过程之中仍需反思的种种问题，以及我们的理想目标与实践效果之间的距离。在这里，基础设施是一个值得思考的隐喻，帮我们打开了反思的空间。

如上文中"联结"一部分所述，我们对创作方式的最初设想受到了"结绳""结网"意象的启发，在编辑团队之外，我们的内容贡献者来自一个更大的"朋友群"，他们分布在世界各地、跨越不同时区。不同于文化媒体的邀稿模式，我们许多针对应时议题的稿件编译工作都得益于多位朋友的共同合作。然而"合作"模式也带来了不少问题，如果将这个从创作到呈现的过程比喻为一个系统，那么从行动者网络（Latour，1993）的视角来看，系统的顺畅运作则得益于不同人、事、物组成的环节及其相互联结，这也让合作的最终结果变得难以控制。比如，由于译者中文水平和训练背景的限制，校对者可能会承担过多的工作，甚至大大拖延项目整体的进度；再如我们的"新书书讯"介绍往往由多位朋友自愿认领承担，若有人未能按时完成，便会影响出稿时间。编辑团队内部由于"时差"的存在，也常常出现议程抛出未能得到充分商讨和及时回应的情况。

微信公众号是我们主要使用的传播平台。正如行动主义媒体研究（Latour and Weibel，2005；McLagan，2006）所揭示的那样，平台的技术协议、创作界面与规则等限制了我们的内容如何被编码（encode）、被编码为怎样的媒体形式，以及这些内容创作会进入怎样的流通网络之中。我们的推送不仅受到公众号推送次数、修改次数的限制，更重要的是，微信的内容审查机制也在对我们的创作内容进行一个"黑箱"式的过滤。我们过往的内容遭遇过因“敏感词”筛查而无法发出或被删除的情况，也因后台的“读者匿名举报”而被撤销过“原创”属性、读者“打赏”付诸东流，依附于平台规则的创作让我们的创作和内容贡献陷入脆弱处境。

对于微信这类平台而言，（内容）生产过程是外包的，价值/利润创造的核心在于注意力捕获（Chun，2005；Galloway，2004），比如通过赚取点击量、阅读量来吸引广告投资。这种对于公众号平台日益明显的营销化使用使其并不能够成为一个合适的、鼓励严肃阅读的平台。社交媒体的广泛使用造就了如今碎片化的阅读经验和习惯。当我们常常超过万字的长文推送出现在读者巴掌大小的手机屏幕上时，进度条常常让人望而生畏。阅读上的障碍也极有可能带来误解，让我们原本意在对话、沟通的文章被标题党式地贴上各种标签。不少读者反映，我们的文章太长、太难，建议我们推出一点轻松的、可读性更强的文章。一方面，一味地屈从于内容简化的要求可能会牺牲掉人类学珍视的内在复杂性，走向一种“快餐”式的知识投喂——人类学的内在精神之一恰恰是反对还原主义，而我们做人类学媒体也并不是以“赚取点击量”为手段或目的；另一方面，术语、理论乃至既有知识背景所搭建的语境，确实在普通读者面前垒砌了一道理解的障碍，也限制了知识传播的群体范围。这当然涉及特定的术语、文体如何对“阅读”设置了隐匿的“技术标准”的问题，但同时也与创作者的训练背景、中文表达技艺有着密不可分的关联。结绳志的编辑工作也是一种缝合、穿针引线的编织技艺，我们目前只能不断在投稿修改、译文校对的过程中在“表达”上下功夫，以弥合内容与读者之间的鸿沟。

然而不可否认的是，我们的表达和传播依然过度依赖“书面文字”这种媒介，阅读“书面文字”这种一些人习以为常的、依赖“视觉能力”的经验对于另一些人而言也是一种产生排斥、否定、阻隔的技术（见 Ferguson，1999），一种如 Mrázek（2002）所说，“需要学习的语言”。我们发现，对于一些残障朋友而言，结绳志的内容获取并不是“无障碍”的，反而要求他们付出额外的“知识劳动”。这不仅关系到知识传播所依赖的感官能力（视觉、听觉等），也关系到排版、图片选取等编辑工作。

对于阅读壁垒的反思直指一个知识实践中更为核心的问题：如果我们试图做一种公共化的人类学，那么到底谁才是我们想象中的公众？如果平台、语言、技术媒介的特定设置阻隔了一部分群体、让人类学的知识成果难以触及他们，那么我们所做的还能不能算是一种“公共人类学”？我们对受众背景的调查（见 newsletter issue#19）发现，我们的大部分读者仍以人文社科领域的高校学生、老师、媒体人为主，少有“打破次元壁”的情况出现。当然，严肃阅读这件事在今天会遭遇难以穿透的阶级限制，但如何打破“文化圈子”内部的循环、消化、再生产，进一步向外联结，仍是我们需要在话题、体裁和表达形式上持续探索的问题。

更值得反思的是，我们的工作依然嵌入在一个资本化的大环境下。五位编辑和许多潜在的内容贡献者，大部分都是身在（或打算进入）学术界的人。目前不断缩水的学术市场要求我们将自己宝贵的“时间”投入一个“论文制造”的生产体系里，以提升个人在学术市场的生存资本、售价砝码。对于以学术生活为中心的创作者而言，为公共知识传播贡献的“时间”是需要额外去“挤”的。我们不希望像学术数据库一样为内容获取设置屏障（见结绳志文章《新自由主义与学术数据库垄断》），因而并未采取以“内容付费”来盈利的方式。在学术界日益生产资料化的今天，不以积累（经济或声望）“收益”的知识生产带来的一个问题是，它有可能牵制个人“在学术界谋生存”的学术生产，我们与许多学界朋友约定的采访、约稿，常常因为大家忙于学界琐务而拖延，或难以实现。此外，我们五位编辑也切身地体会到，编辑工作中包含的琐碎的劳动面向（包括改错别字、与创作者来回沟通、催稿甚至自己上手译校写作等），以及这类需要占据一定时间的工作对于个人学术生活的牵制。这无益于平台的可持续发展，并且可能让我们倾注了热情和兴趣的一项事业陷入道德伪装下的剥削。2021 年 9 月，我们受《文化人类学》杂志编辑在《开放获取》一文中提出的“非盈利的收益增补模式”启发，注册了“爱发电”平台，在不给内容获取设限的情况下号召读者为平台存续众筹。目前积累的收益将首先用于网站服务器的续费、界面改版设计，但在一个知识资本化、学界求生日益艰难的背景下，如何维持一个“公共人类学”平台的发展动力和共同创作的理想，仍是我们迫切需要解决的问题。

参考文献

Besky, Sarah, Ilana Gershon, Alex Nading, Christopher Nelson, Katie Nelson, Heather Paxson, and Brad Weiss 2021. “Opening Access to AAA’s Publishing Future. ” *Cultural Anthropology*. Wendy、阿丁、水母（翻译），赖立里（特约编校），王菁（编校），《开放获取：美国人类学协会期刊出版的未来》，结绳志 Tying Knots 。

Besnier, Niko and Susan Brownell. 2016. “Your Olympic Team May Be an Illusion. ” Sapiens: https://www.sapiens.org/culture/olympics-brawn-drain/, Florian（翻译），安孟竹（编校），《你的奥运队可能是个幻象》，结绳志 Tying Knots 。

Corona 读书会，2021，《从墨茶之死谈“不稳定”与底层研究 | Corona × 社会学会社》，结绳志 Tying Knots。

Corona 读书会，2021，《做骑手的大学生朋友 | Corona × 社会学会社》，结绳志 Tying Knots。

Krenak, Ailton and Maurício Meirelles. 2020. “Our Worlds Are at War.” *E – Flux*110. 左权（翻译），周星月（特约编校），王菁（编校），《我们的世界彼此交战 | 原住民视角系列 & 世界人类学》，结绳志 Tying Knots。

Meaney, Thomas. 2021. “Big Man.” New Left Review. https://newleftreview.org/sidecar/posts/big – man? pc = 1347，李丹宁（翻译），曾毓坤（编校），《作为左翼的萨林斯》，结绳志 Tying Knots。

Mendes, Karla. 2021. “‘I am Indigenous, notpardo’: Push for Self-declaration in Brazil's census.” *Mongabay*，黄行善（翻译），周星月（特约编校），王菁（编校），《我是原住民，不是混血儿 | 原住民视角系列 & 世界人类学》，结绳志 Tying Knots。

Nader, L. 2019. “What's Urgent in Anthropology.” *HAU: Journal of Ethnographic Theory* 9 (3)，凌云帆、小企鹅、邱文京、韩慧盈、阎天伊（翻译），林子皓、叶葳、王菁（编校），《人类学的当务之急是什么?》，结绳志 Tying Knots。

Ribeiro, Gustavo L. and Carmen Rial. 2021. “Motion of the 32nd RBA: Diversify Information and Education about the Global Anthropologies of Foreign Researchers and Anthropology Students.” *Anthropological Theory Commons*，文彬（翻译），赖立里（特约编辑），叶葳、王菁（编校），《全球人类学动议：避免认知开采主义，增加知识多元性》，结绳志 Tying Knots。

Scachetti, Rodolfo Eduardo and Renzo Taddei. 2018. “Book Review of The Falling Sky: Words of a Yanomami Shaman.” *Tapuya: Latin American Science, Technology and Society* 1，黑豆（翻译），周星月（特约编校），王菁（编校），《天空的坠落 | 原住民视角系列 & 世界人类学》，结绳志 Tying Knots。

Trumbull, G. R. 2017. “The Environmental Turn in Middle East History.” *International Journal of Middle East Studies* 49（1），《中东史的环境转向》，王立秋（译），王菁（编校），结绳志 Tying Knots。

Turner, Jenny. 2021. “We Must Think!” *London Review of Books* 43（21 – 4），何啸风（翻译），安孟竹、林子皓、叶葳、王菁（编校），《纪念阿伦特 | 我们必须思考（上）》《纪念阿伦特 | 我们必须思考（下）》，结绳志 Tying Knots。

Valiunas, Algis. 2021. “Anthropology as Atonement.” *The New Atlantis* 65，何啸风（翻译），安孟竹、叶葳、林子皓、曾毓坤、王菁（编校），《列维 – 斯特劳斯 | 人类学作为赎罪》，结绳志 Tying Knots。

YL，Corona 的朋友们，2022，《作为肺的鄱阳湖：病毒、洪水、江湖关系与省际结构》，结绳志 Tying Knots。

陈彬华、老谢、cc、飞天马车、可仔、多好、更杳、Myra Chu、厉行、陈晃、马海伍沙莫，可仔（特约编辑），2021，《弗雷勒的地平线》（系列），结绳志 Tying Knots。

达尔维什，2021，薛庆国 、唐珺（翻译），马文慧（特约编辑），王菁（编校），《达尔维什丨我们也爱生命》，结绳志 Tying Knots。

弗莱雷、结绳志，2022，《周六上午九点：1970 年代以来基于保罗·弗莱雷思想的表演政治实践》，弗莱雷、结绳志 Tying Knots。

何妍、杜李、歪龙（主讲），李政桥、泡泡、景弎（纪录），景弎、江小鱼、二号机、阿罡、一碗饭、老方、悦怿、孤星、椒盐、松鼠、颜和（校对），2021，《东北的昨天、今天、明天》（系列），结绳志 Tying Knots。

结绳志，《关于我们 About》，https://tyingknots. net。

静怡、毓坤（主讲），Eavan、嘉慧（纪录），静怡、毓坤（编校），2020，《Corona 读书会第 7 期丨全球公卫中的跨国人道主义 Transnational Humanitarianism》，结绳志 Tying Knots。

康康、李若昱、黄广智、邓晨、黄倩清、Lulu、靳夏楠、cheshirecat，黄琨（特约编辑），叶葳（编辑），《六月节 Juneteenth丨来自黑色读书会的礼物》，结绳志 Tying Knots。

可仔，2022，安孟竹（编辑），《照护是弱者道德吗？——当照护作为一种行动方法论》，结绳志 Tying Knots。

李雪石、徐清奕，2022，《新自由主义与学术数据库垄断》，结绳编辑（曾毓坤），结绳志 Tying Knots。

林子皓、吴迪、甜饼、逗逗君、顽真、杨军辉博士、高羽烨（火花）、色影无忌、空空、韦，2021，《“无障碍”之障丨实时字幕、聋听空间与沟通劳动》，结绳志 Tying Knots。

刘绍华，2020，《后疫情时代的后见之明与具体研究》，《独立评论》（https://opinion. cw. com. tw/blog/profile/406/article/9654）。

淑玲、典典、leilei、残障女性 A、HC、RX、Xianan、满蒂、沈睿，2021，黄琨、雷雷（特约编辑），叶葳（编辑），《纪念贝尔·胡克斯丨“那个永远不会离开我们的人”》，结绳志 Tying Knots。

所在、结绳志，2021，《武校、庶民教养、酒吧与农舍之间及“观看教育的十三种方式”丨2021 社会美育国际工作论坛暨实践者会议线上板块》，所在、结绳志 Tying Knots。

万妍、陈亮、韩笑、黄正骊（主讲与评议），尧文、Edel（纪录），曾毓坤（编校），2020，《Corona 读书会第 28 期丨大坝与水利政治》，结绳志 Tying Knots。

中尧、紫薯、子津、毓坤（整理），2022，《反哺社会的再生产丨99 公益日捐助号召》，结绳志 Tying Knots。

Abu-Lughod, Lila. 1996. “Writing Against Culture.” In A. G. Fox (eds.), *Recapturing Anthropology: Working in the Present*, Santa Fe, NM: School of American Research Press.

Asad, T. 2020. “The Concept of Cultural Translation in British Social Anthropology.” In J. Clifford and G. E. Marcus (eds.), *Writing Culture*, Berkeley, CA: University of California Press.

Babcock, Josh (ed.). 2020. *Fieldwork in a Time of Coronavirus.* anthro {dendum} (https://anthrodendum. org/ 2020/05/01/introduction - fieldwork - in - a - time - of - coronavirus - new - series/).

Barad, Karen. 2007. *Meeting the Universe Halfway: Quantum Physics and the Entanglement of Matter and Meaning*. Durham, NC: Duke University Press.

Barth, F. 2002. "An Anthropology of Knowledge." *Current Anthropology* 43 (1).

Barth, F. 1975. *Ritual and Knowledge among the Baktaman of New Guinea*. New Haven, CT: Yale University Press.

Behar, R. 2003. "Translated Woman: Crossing the Border with Esperanza's Story." Beacon Press.

Briggs, Charles. 2021. "Against Methodological Essentialism, Fragmentation, and Instrumentalism in Times of COVID - 19." *American Anthropologist* 123 (4).

Butler, J. 2000. "Competing Universalities." In J. Butler et al. (eds.) *Contingency, Hegemony, Universality: Contemporary Dialogues on the Left*, London, United Kingdom: Verso.

Chun, Wendy Hui Kyong. 2005. *Control and Freedom: Power and Paranoia in the Age of Fiber Optics*. Cambridge, MA: MIT Press.

Clifford, J. and G. Marcus (eds.). 1986. *Writing Culture*, Berkeley, CA: University of California Press.

Deleuze, Gilles and Felix Guattari. 1987. *A Thousand Plateaus: Capitalism and Schizophrenia*. Minneapolis, MN: University of Minnesota Press.

de Lima Costa, C. and S. E. Alvarez. 2014. "Dislocating the Sign: Toward a Translocal Feminist Politics of Translation." *Signs: Journal of Women in Culture and Society* 39 (3).

Fassin, Didier and Marion Fourcade (eds.). 2021. *Pandemic Exposures: Economy and Society in the Time of Coronavirus*. Chicago, IL: Hau Books.

Ferguson, James. 1999. *Expectations of Modernity: Myths and Meanings of Urban Life on the Zambian Copperbelt*. Bekerly, CA: University of California Press.

Freire, P. 2000. *Pedagogy of the Oppressed*. New York, NY: Continuum.

Galloway, Alexander R. 2004. *Protocol: How Control Exists after Decentralization*. Cambridge, MA: MIT Press.

Günel, Gökçe, Saiba Varma, and Chika Watanabe. 2020. "A Manifesto for Patchwork Ethnography." Member Voices, *Fieldsights*, June 9 (https://culanth.org/fieldsights/a - manifesto - for - patchwork - ethnography).

Graeber, D. 2014. "Anthropology and the Rise of the Professional-Managerial Class." *HAU: Journal of Ethnographic Theory* 4 (3).

Graeber, D. 2013. "Culture as Creative Refusal." *Cambridge Journal of Anthropology* 31 (2).

Haraway, D. J. 1994. "A Game of Cat's Cradle: Science Studies, Feminist Theory, Cultural Studies." *Configurations* 2 (1).

Haraway, D. J. 1988. "Situated Knowledges: The Science Question in Feminism and the Privilege of Partial Perspective." *Feminist Studies* 14 (3).

Haraway, D. J. 2016. *Staying with the Trouble: Making Kin in the Chthulucene*. Durham, N. C.: Duke University Press.

Ingold, Tim. 2015. The Life of Lines. London, United Kingdom: Routledge.

Kafer, A. 2013. *Feminist, Queer, Crip*. Bloomington, IN: Indiana University Press.

Latour, Bruno and Peter Weibel (eds.) . 2005. *Making Things Public: Atmospheres of Democracy*. Cambridge, MA: The MIT Press.

Latour, Bruno. 1993. *We Have Never Been Modern*. Cambridge, MA: Harvard University Press.

McLagan, Meg. 2006. "Introduction: Making Human Rights Claims Public." *American Anthropologist* 108 (1) .

Mol, Annemarie. 2021. *Eating in Theory*. Durham, NC: Duke University Press.

Mrázek, Rudolf. 2002. *Engineers of Happy Land: Technology and Nationalism in a Colony*. Princeton, N. J: Princeton University Press.

Narayan, K. 1993. "How Native is a 'Native' Anthropologist?" 95 (3): 671 - 686.

Ribeiro, G. L. , and A. Escobar (eds.) . 2020. *World Anthropologies: Disciplinary Transformations within Systems of Power*. Routledge.

Roy, Arundhati. 2020. "The Pandemic is a Portal." *Financial Times* (https://www.ft.com/content/10d8f5e8 - 74eb - 11ea - 95fe - fcd274e920ca) .

Sakai, N. and J. Solomon (eds.) 2006. *Traces 4: Translation, Biopolitics, Colonial Difference* (*Vol.* 1) . Hong Kong, China: Hong Kong University Press.

Schein, Louisa. 2000. *Minority Rules: The Miao and the Feminine in China's Cultural Politics*. Durham, NC: Duke University Press.

Star, Suan Leigh. 1999. "The Ethnography of Infrastructure." *American Behavioral Scientist* 43 (3) .

Strathern, Marilyn. 1996. "Cutting the network." *Journal of the Royal Anthropological Institute.*

Tambiah, Stanley J. 1990. *Magic, Science and Religion and the Scope of Rationality*. Cambridge, United Kingdom: Cambridge University Press.

Wayne, H. 1985. "Bronislaw Malinowski: The Influence of Various Women on His Life and Works." *American Ethnologist* 12 (3) .

Young, Michael W. 2004. "Malinowski: Odyssey ofAn Anthropologist, 1884 - 1920." London and New Haven: Yale University Press

无心插柳柳成荫：对美国著名社会学家周敏教授的访谈

访谈人：游天龙　张海静*

魁阁学刊（以下简称“魁”）： 周老师您好，感谢您接受我们的访谈。您在20世纪80年代就开始从事国际移民研究，30多年来在这个领域以及其他相关的诸多领域取得了可喜的成就，是研究成果被移民社会学研究界引用数最多的几位著名学者之一。我们年青一代的学者都开玩笑说，您是那种做移民研究绕都绕不开的一位大家。您是从唐人街走出来的学者，国际移民社会学、城市社会学、种族与族裔关系、新移民第二代、海外华人研究和亚洲与美国亚裔研究等方向都是您30多年来涉猎甚至深耕的领域，能否请您介绍下近期的关注重点？

周敏（以下简称“周”）： 我是从唐人街走出来的。唐人街研究涉及方方面面，我的整个学术历程都跟最初的博士学位论文联系得非常紧密。我从来没有换过研究领域，都是从这个领域慢慢拓展开去。唐人街研究之后，我开始关注移民第二代，当时是关注越南移民第二代的成长。移民第二代研究跟唐人街研究高度关联，因为我们可以从族裔社区这样的视角进入，去看社区对移民的影响。我之前的唐人街研究的一个关注点是移民融入，也就是移民抵达移居国之后是如何融入当地社会的，这也是移民第二代研究关注的重点之一。

唐人街是一个城市社区，唐人街研究也属于城市社会学的范畴，沿着这条脉络，我自然开始关注族裔社区的发展，并进一步做了更广义的华人聚居区的研究。最近我写了一篇文章，从国际移民筛选的角度，从移民社区建立和移民社区是否具备生产社会资源和物资资源的能力两方面来着

* 游天龙，云南大学民族学与社会学学院社会学系副教授；张海静，云南大学民族学与社会学学院2020级社会学专业研究生。

手。在这篇文章中，我以洛杉矶的两个案例做比较研究，一个是位于洛杉矶郊区的亚裔社区，另一个是位于洛杉矶城区、由黑人社区转变而来的拉丁裔社区。因为移民筛选是一个结构性的因素，借由这两个社区来分析这个因素对于移民社区的建立乃至对城市整体的影响。以前我做研究都是一个社区、一个族裔的研究，现在我更加关注比较研究，一般是做两个社区、多个不同族裔的对比。这部分资料已经收集完毕，也写了一些文字，但真正的专著还在酝酿。我的计划是做印度移民与中国移民的比较研究，包括世界上三个不同的城市，分别是新加坡市、洛杉矶和温哥华。

疫情以前，我还比较关注国际移民对侨乡发展的影响，经常回中国做侨乡研究。因为疫情，这两年我都没有机会回国，所以这个研究就暂时放到以后慢慢做。

魁：您是通过什么契机走上社会学之路的？

周：这也说不上是契机了，因为当时我们生长的环境跟现在是完全不同的。当时在中国是没有社会学的，我记得在中山大学读本科四年级的时候，美国有一个社会学的代表团来中国，这个代表团中有林南教授，也有当时还在 UCLA 任教的成露茜教授。我们英文系的学生就被派去接待他们，所以那时候才有机会接触到社会学，但接触得也不够深入。我们去接待的时候心思不在社会学上。我的眼睛就老盯着成露茜看，因为成露茜那时候又年轻又漂亮，而且是美国华裔的社会学家。她就是我们这些年轻学生的楷模①，我们就觉得“未来我也可以这样”②，很受鼓舞。我们当时老看成露茜，看她的穿着，内心都觉得她是一位非常高雅、非常睿智、非常漂亮的女学者。因为那时候我们老是看着这些事情，反而就对社会学的内容不是太懂。

我大学毕业了以后留校，但当时我不愿意留在英文系。刚刚好，那个时候中山大学正在重建社会学系，所以我就到了社会学系。中国社会学是 20 世纪 70 年代末 80 年代初重建的，中山大学是国内最早重建社会学系的高校之一。那个时候清华、北大、南开有社会学系，其他学校就没有社会学系了。中山大学社会学系的重建得到了岭南基金会的资助。当时社会学系刚刚招了第一批研究生，岭南基金会就派了很多学者来给我们的研究生讲课。当时我是作为来访外籍学者的助教跟着社会学系研究生一起听课，顺便辅导一下研究生的英文，并帮他们做翻译。那时候我刚接触社会学，

① 受访者此处使用的是“role model”。

② 受访者此处使用的是“this is possible”。

是林南老师给我们上课。私下聊天的时候，林南就建议我应该去美国深造一下，然后再回来。当时我不是很想读硕士，因为在国内考硕士考得很辛苦，我说我考了那么多试，够了不考了，就不愿意考。然后林南老师就说，那你可以申请我们纽约州立大学奥尔本尼分校（SUNY－Albany），所以我就申请去了那里，就这样走入了社会学领域。

魁：如今您年届耳顺之年，仍奋战在田野调研的第一线，依然笔耕不辍，不断发表最新学术成果，我们好奇的是什么驱动您如此执着和专注地投入学术研究之中？

周：我之所以能一直在国际学术前沿坚持努力，也许是由于我从小在极端恶劣的求学环境下所养成的高度自律的学习习惯。和大多数同龄人一样，我的青少年时期受到“文革”的冲击，父母先后下乡接受“再教育”，我不得不独自拉扯着两个年幼的弟妹。学校被停课，老师被遣散，使我没能受到完整的基础教育。高中毕业后我被分配去了偏远的榨糖厂工人子弟中学担任老师，我不得不中断了自己的求学生涯。当时我的家庭、学业和事业都遇到极大的阻力。因为家庭出身不好，我无法被推荐作为工农兵学员上大学。即使在看不到希望的年代，我依然没有放弃对知识的追求和读大学的梦想，抓住一切机会汲取知识，在平凡的中学教师岗位上默默努力，从而在恢复高考的第一年就顺利考取了南方名校中山大学，就读英美文学专业。可以说，青少年时期经受的磨炼，让我可以更加从容面对以后的困境和挫折。比如我在1989年5月博士毕业后曾经不得不滞留瑞士长达一年的时间。我在陌生而几乎毫无学术职业发展机会的环境中，一边要打工维持生活，一边要寻求出路，即使这样，我也没有丝毫放松自己的学术追求，继续写作，连连取得佳绩。功夫不负有心人，正因为如此，我才能在美国找到教职，并在美国学界很快站稳了脚跟。这些都得益于我从小对自己严格要求，遇到困难不低头的坚韧性格。

更重要的是，从事学术研究对我而言，是一件乐事。我于1982年在中山大学本科毕业后留校，当时被分配到中大刚重建的社会学系当助教，给外籍教师担任翻译，也因此偶然地跟当时的社会学系研究生们一起听了“社会学概论”“社会学研究方法”“社会心理学”“都市社会学”“家庭社会学”等课程。当时我感觉一扇通往新世界的大门突然为我打开，我对社会学产生了浓厚的兴趣。自那以后的30多年，我对社会问题的关注和兴趣没有因为时光的流逝而被冲淡，相反促使我扩展了学术领域，增强了我对当前急剧变动中的各类社会现象的浓厚兴趣。得益于我旺盛的好奇心和求知欲，那些在别人看来艰辛枯燥的学术探索，对我却是妙趣横生的人生体验。每当解决了一个理论问题时，那种精神上的满足感美妙无比，难以诉诸言辞，也一次次让我不断地投入新的探索之中。在美国读博士的时候，老师们都会强调一个词，叫“激情”（passion）。在我看来，只有那种能让你迸发探索“激情”的学术问题，才能让你义无反顾地一头扎进去，专心致志、全心投入并持之以恒，因而才能铸就经久不衰、硕果累累的学术生涯。

魁：我觉得您在学术上如此多产的另一个重要原因，可能是您在国际移民研究领域涉猎广泛，几乎在所有领域都有重量级的研究问世，我们不少青年学子、学术新人都想了解您是如何做到的？

周：我认为除了强烈的求知欲、好奇心和激情外，还需要保持对社会问题较高的敏锐度，对前沿学术文献较高的熟悉度，在心中有个较为完备的知识图谱，才能不断发现现存文献与现实之间的裂缝和断层，从而提出新的问题，开拓新的领域，做出新的学术贡献。比如我最初从事唐人街研究时，就是觉得当时对于唐人街的结论跟我自己观察到的现实有出入。我带着为何一个“贫民窟”得以经久不衰的问题去做进一步的深入探究，从中得出了新的结论：唐人街的社会和经济结构受到国内外多层因素互动的影响，形成了一种推动向上社会流动的潜力和机制，有助于处于劣势的族群成员实现融入主流社会的目标。我的这项研究，对当时新提出的聚居区族裔经济（ethnic enclave economy）的理论是一个很大的贡献。此后我便在这项研究的基础上开始关注美国亚裔移民的社区发展和社会融入问题。这也成了我在路易斯安那州立大学就职后的第一个重大研究项目的起点，那就是研究越南裔移民及其子女在美国南部社会的融入问题。在研究越南裔移民融入问题的时候，我又不禁把越南裔跟华裔这两个亚裔族群进行对比，做出了成功的比较研究。我在这个比较研究中开始关注导致融入成功与否的教育问题。要研究少数族裔的教育问题，我的目光自然就会投向少数族裔移民群体的第二代。第二代的社会融入模式和第一代移民差异很大，他们的教育和工作的经历、社会资本的构成、对族裔社区的依赖程度和互动关系等方面也有很多不同，这又可以利用我在最初唐人街研究中所积累的知识和掌握的文献。逐年的研究经验积累，又会触发我对整个亚裔群体在美国社会地位的思考，我们到底是“永远的外国人”，或是“模范少数族裔”，还是“荣誉白人”？或者从更宏观的视角去思考移民对于美国社会、美国经济的贡献和作用。随后我也开始关注整体的全球人口流动，关注相同社会现象在不同地区的体现，比如说华人移民流散世界各地，他们与接收国和祖籍地互动的相同与差异之处，这就需要跨地域、跨国界的比较研究。现在，经过了几十年的不断探索，我又发现自己过去提出的一些理论已经和当今不断变动中的现实产生了新的裂缝和断层，需要在原有的理论基础上重新探究切合新的现实的新理论。

魁：听您的这番论述，的确是让人受益匪浅，除了要磨炼坚强意志、保持学术激情、找寻新的问题、构建广博的知识图谱以外，对于我们青年学者，特别是从事移民研究的青年学者，您还有什么别的建议吗？

周：移民研究是一个研究领域（field），本身不是一个学科（discipline），任何学科都可以找到切入移民问题的不同的路径（approach），而不同学科之间的研究方法和路径，往往会相互激荡启迪，相互助益。所以在移民研究上进行跨学科的学术探索，对于打开新思路、提出新问题非常有帮助。以我自己为例，我最初是从社会学的视角对唐人街进行深入观察和剖析的，但随着我的研究领域的拓展，我也吸收了亚美研究学（asian american studies）、少数族裔研究学（ethnic studies）和国际区域研究学（area studies）等交叉学科的跨学科研究方法和相关理论。在与同事和学生的合作中，我又从他们身上逐渐吸收了不同学科，诸如政治学、教育学、经济学、人口学，以及不同研究领域，比如企业研究、全球化研究等的知识。我受聘于亚美研究学系这一跨学科的院系，有机会指导来自教育学院、性别研究学系、地理系、城市规划系以及公共卫生系等院系的研究生，在指导他们论文的过程中，我也在不同程度上了解和学习了这些学科对移民问题和族裔问题的探索路径和理论方法。

魁：谢谢您给我们的建议。您刚才提到您在学术生涯中受益于亚美研究学的理论和方法，您多年来在洛杉矶加州大学亚美研究学系工作，据我所知您还是该系的创始系主任，对该学科的学科建设和该系的创立颇有心得，不知道您是否能给我们介绍一下这个大家不太熟悉的学科，以及您在这个学科躬耕多年的心得？

周：跟我在无意之中闯入了社会学学科一样，我也是在无意之中闯入了亚美研究学这一跨学科的少数族裔研究领域。1995 年我去洛杉矶加州大学社会学系面试的时候，招聘委员会就有人和我讨论过亚美研究学的事情。我当时虽然研究过纽约的华裔社区和路易斯安那州的越南难民社区，跟亚美研究学有一些关联，但对于亚美研究学本身的学科发展和历史知之不多。我是在洛杉矶加州大学就职后，同时兼任社会学系和亚美研究学系教授之后，才开始系统涉猎亚美研究学的学术文献。但在 20 世纪 90 年代，亚美研究学更多是人文学科的领域，研究者以从事美国历史研究、文学研究和民俗研究居多，从事社会科学研究的学者甚少。那时候虽然学界早就有了全国范围的学术组织——亚美研究协会（Association for Asian American Studies），但当时我们这些社会科学研究者在亚美研究协会里不受重视，有点被边缘化的感觉，后来随着越来越多的年青一代亚裔学者在不同的社会科学学科进行亚裔研究，我们才在亚美研究学领域找到归属感，直到2017年亚美研究协会的社会科学分会才得以成立。

亚美研究学重视人文学科探索的倾向，也与亚美研究本身的诞生历程有很大关系。20世纪五六十年代是美国民权运动风起云涌的时期，那时候的黑人群众在马丁·路德·金博士和马尔科姆·埃克斯等民权领袖的带领下在政坛取得了很多成绩，先后在1964年、1965年促使美国国会通过了《民权法案》和《投票权法案》，在法律和制度上废除了针对肤色、种族、民族、国籍、性别的歧视，废除了在教育、居住、工作、生活等众多领域的隔离，并保障了少数族裔包括投票权在内的一系列政治权利。在这股浪潮的带领下，其他少数族裔，比如拉丁裔、亚裔也都受到感召，纷纷站出来要求恢复他们应有的权利。具体到亚裔美国人，之前其实是没有这个概念的，亚裔更多是根据他们的来源国被区分为华裔、韩裔、日裔、菲律宾裔等，直到1968年在加州大学旧金山分校的学生运动中众多族群的亚裔学生聚集在一起，第一次打出了"亚裔美国人"的称号。在加州这个亚裔占相当人口比例的州，亚裔在历史上却受到了许多不公平对待，屠杀华工、边缘化和污名化唐人街、奴役印度裔农民和工人、在二战时期驱逐和关押日裔等，可谓罄竹难书，所以在加州亚裔有着和美国南部被种族隔离的黑人一样的强烈诉求。而在打破隔离之后，平权的道路并没有结束，因为白人的影响力还是无处不在的，比如教科书都是以白人视角呈现的历史、都是白人作家写的文字、都是西方中心主义的古典学，其他族裔在这个"白色"的象牙塔里面看到的是白人的"成就"，自己是矮化的、被征服的、被领导的对象，而他们自己的历史、文化、文字、艺术则是被西方、被白人凝视的异域风情，或者干脆就被消音、被无视，这对于亚裔学生来说创伤尤甚。所以1986年亚裔学生运动的诉求之一就是要求增加校方开设相关的课程来反映他们作为美国社会不可或缺的一部分的族裔历史文化和族群经历，最后校方妥协并设立了美国第一个族裔研究学院，并陆续开设亚美研究、拉丁裔研究、原住民研究等学位项目。而正是这一段起源，亚美研究在早期主要吸引了研究亚裔美国人的历史学、文学、文化研究学者，到后来才逐渐有了研究亚裔美国人的社会学、人类学、教育学、政治学学者不断将这个学科的边界拓展，不断丰富这个学科的内涵。社会科学学者的积极参与，使该学科的发展方向更加多元，对亚裔美国人群体的思考更加全面深入。

也正因为如此，亚美研究学系培养出来的学生，即使是本科生，他们的研究兴趣都五花八门，有着鲜明的跨学科特点。在亚美研究学系的研究生培养上，学生的选择机会也是比较多的。整个洛杉矶加州大学中，有 60 多位教授的研究方向与亚裔族群和社区问题有关，但他们分布在不同的院系，而亚美研究学系的教授只有 18 位。在这 18 位教授中，7 位是社会科学方面的教授，其他教授的研究方向，均为人文科学，如历史学、文学、民俗学、电影等。亚美研究学系所录取的研究生都会与教授的研究兴趣相吻合。但是由于亚美研究学是跨学科的，如社会学的教授也会带研究生去做公共卫生（public health）、社会福利（social welfare）、公共政策、教育学等方面的研究。就我个人而言，我的研究方向为社区研究，特别是都市少数族裔或亚洲移民社区的研究。因此，我会指导研究生开展“唐人街”“韩国城”“小泰国”“小东京”等相关的亚裔社区的研究。

洛杉矶加州大学的亚美研究学系如今在全美排名首位，影响力相当大。我们早在 1969 年就成立了亚美研究中心，从寥寥数门和亚裔历史与文化相关的课程开始，逐渐发展到如今开设 60 多门相关课程的院系。洛杉矶加州大学的亚美研究在 20 世纪 80 年代末的时候就已经走在全美前列，是最早几个开设亚美研究学专业和招收硕士生的大学之一。1995 年，在亚裔社区和亚裔师生的强烈要求下，洛杉矶加州大学开设了亚美研究的跨学科学位项目，招收从副学士到硕士的各类学生。为了加强和促进亚美研究学的发展以及亚裔学生的人数增长，洛杉矶加州大学与时俱进，也加强了亚裔研究的师资队伍建设。我于 1995 年受聘于洛杉矶加州大学，成为亚裔研究学系与社会学系的跨系教授。2001 年我出任亚美研究学跨学科学位项目主任，积极推动创系工作。2004 年，洛杉矶加州大学成立亚美研究学系，我成为创系系主任。亚美研究学系的创立，不是我个人的功劳，而是前人不懈努力和洛杉矶加州大学对亚裔研究感兴趣的师生共同奋斗的结果。我们的亚美研究学系并非全美首个亚美研究学系，但它却是当时和当今规模最大、师资阵容最强大、课程设置最全面以及学生最多的一个系。目前，我校亚美研究学系本科生、硕士研究生，再加上辅修亚美研究学作为第二专业的本科生一共 130 多人；每年开设 60 多门课程（包含为全校本科生开设的通识课程），服务学生 2000 多人。亚美研究学系是文科中的一个规模较小的院系，无法与其他文科院系相提并论。如我任教的社会学系，光本科生就有 1500 多名。但就亚美研究学领域来说，洛杉矶加州大学却是无可争议的领军大学。

魁：谢谢您详尽地介绍了亚美研究学这一国人较为陌生的研究领域。因为亚裔美国人本身都是移民或者移民的后代，亚裔美国人的社区、文化、生活、经济自然也会受到美国移民政策的直接影响。正如您最早研究的唐人街，可以说就是《排华法案》的产物。您是移民研究的专家，而如今西方各国，尤其是美国的移民政策急剧收缩，相信对美国境内外的移民都会产生直接和深远的影响，我们希望您能分享一些您这两年对这一系列政策变化的思考。

周：美国移民政策在特朗普政府时期大大缩紧，但其实这个缩紧的趋势应该追溯到小布什政府时期的“9·11恐怖袭击事件”，之后的奥巴马政府看似比较亲移民，但其实他恰恰是特朗普之前遣返无证移民人数最多的总统。因为之前两任总统都不像特朗普一样以鲜明的反移民政纲参加竞选，所以不关注美国政治的人就不会注意到这个趋势。美国历届政府都试图对无证移民采取严刑峻法的措施，但现实是美国的无证移民越来越多，现在已经有1200多万人，占人口总数的3.5%，以墨西哥人居多，大多数聚集在和墨西哥接壤的美国西南地区。

但实际上，无证移民对于美国经济有着积极的影响。比如美国的农业、低端服务业、低端制造业因为工作强度大、工资待遇低、工作时间长等其实是很难吸引本国蓝领的，但这些工作对于美国经济和社会正常运转又至关重要，所以就吸引了拉美国家那些试图来美国寻求经济机遇的低技术移民。一些民权组织曾就此提出，只要组织让所有的无证移民（他们大多从事农业、环卫、家政以及劳动力密集型工作）罢工一天，就会对美国社会的正常运转产生巨大影响，这就体现了移民对美国的经济和社会发挥的重要作用。而这类移民因为很难拿到合法签证入境，美墨边境又很难有效监管防范，所以他们就会偷渡进入美国，成为无证移民。

所以，只要美国和世界其他国家的经济地位差距不改变，美国就自然是欠发达国家移民的目的地，紧缩的移民政策并不会取得预期的政策效果，过去由于无证移民的来往比较自由，如许多墨西哥的劳工以前是季节工人，来来往往，有工作就来，没工作就返回墨西哥，赚了一个季度的钱就回去享福。当这些移民必须要通过不合法的方式进入美国时，他们就要付出更大的经济代价，承担更大的人身风险，这又导致他们会选择在美国滞留更久来偿还入境的额外花销，甚至铤而走险成为社会隐患，而这又加剧了对无证移民的污名化和更严格的移民政策，酿成恶性循环。另外，无证移民的劳工市场将会面临更大压力而去压榨现有的劳工。无证移民的存在创造了一个无证移民的劳工市场，这一市场针对移民的各种需求。由于面临非法劳工短缺，现有的雇主将更会更加大力地压榨劳工，因此可能会激化本已存在的社会矛盾。虽然社会学的这类研究已经汗牛充栋，但因为社会学的政策影响力有限，政府一般不怎么采纳社会学家的建议，不像经济学等建立在模型之上的硬科学（hard science），因此那些政策制定者就不太会考虑我刚才说的那些非预期的社会影响（unexpected consequence）。

魁：在这一系列的政策变化中，美国对华移民政策的变化尤其让我们中国人关注。这些年美国前总统特朗普屡屡发表诸如“所有中国留学生都是间谍”等的言论，中国留学生的签证和就业都受到极大的影响。您是洛杉矶加州大学亚太研究中心主任，王文祥伉俪基金美中关系与传媒讲席教授，也曾作为海外高级顾问为中国的侨办献计献策，不知道您对当下日趋恶化的中美关系，以及这对中国移民的影响，有何深入的见解？

周：华裔移民和华裔美国人在美国的就学、就业、生活和社会待遇与中美关系的正常与否息息相关。当中美关系平稳发展的时候，华裔移民的自豪感和安全感就会油然而生，尤其是华裔移民中的高技术、高教育水平的群体就会从中获益更多。良好的中美关系，甚至对女性华裔移民在美国的生活都会产生直接影响。过去华裔男性移民的高技术职业群体在大多数专业领域占据主导地位，女性因为各种半公开或隐性的限制而无法打破玻璃天花板。由于近30年来中美关系的大幅改善，加上美国社会对女性的态度的转变，让越来越多的华裔女性移民和第二代移民可以享受平等的教育和职业机会，并有机会跻身于领导岗位，实现个人职业追求的更高目标。

在美国，外交政策不仅因为受到国家利益的驱动而塑造，也会受到美国总统个人性格的影响。众所周知，特朗普缩紧移民这一核心竞选政策、特朗普政府将中国视为战略竞争对手的定位，无疑会直接冲击无数已经在美国生活或即将赴美留学、工作的中国人。我个人除了祈愿中美关系进一步改善之外，更要继续努力钻研，探索社会问题，提出解决方案，以已微薄之力，成为相关领域的专家，为改善中美关系做出贡献，在动荡的时代洪流中安身立命，利用各种机会争取学术话语权，为社会的公正和平等而积极努力。

魁：随着国际环境的改变以及近20年来国内市场的蓬勃发展，许多留学生还是会选择回国工作，这种跨国流动是一种短暂的经历，又会对日常生活产生切实影响，与落地生根的移民大不相同，您怎么看“短暂移民”？

周：在全球化的背景下，人口流动是比较频繁的。“暂时”和“长期”都是动态的过程，这些变动受到主观意愿和大环境的双重影响。如果大环境好，流动的走向就会不同，比如中国现在有很多机会，留学生就会往中国流动。但是据我观察，在国外获得了博士学位的学生，回国概率相对比较小。为什么？读了博士，回国的就业机会比较少，不仅要非常优秀，而且还要有比较强的社会关系，这样才能有好的就业机会，家境一般的博士可能就不会回国了。

美国是吸收人才的地方，移民政策跟吸收外国人才是紧密联系的，所以很多高学历留学生如果在那里找到工作，就不大会回国。但是如果国内有好的机会，他又会回国。所以所谓的“短暂停留”这种状态是会改变的。即便刚出国时抱着留在国外的想法，受两国的环境影响，留学生的选择也会改变，这个方向有很多有意思的题目。特别是从微观上，考察观念、思维、生活方式、文化等个人方面的变化，或者从中观角度看看留学生对当地社区文化的影响，这些都是在宏观和微观之间很值得探究的问题。

魁：随着共建“一带一路”倡议的施行，中国企业在东南亚承建了大量的基础设施，中国工人也去往海外淘金，这种类型的跨国移动也是一种多次的、一年左右的短暂移民，您觉得对这一类型的移民流动现象有哪些好的切入点？

周：这类劳工移民的流动，他们一般会返回祖国，所以可以从生活方式、身份认同等微观方面切入探讨，很有意思。另外就看他们的就业选择，他们回国后是要创业还是要继续就业？如果要创业，是在哪里创业，在家乡创业，还是到别的地方创业？他们国外的经验对他们创业或者就业有什么影响？都是比较有意思的题目。此外，留学生和劳工这类短期流动的移民，他们有一个共同的问题，他们的意愿不是在国外定居，而是他们是有一种流散的感觉，因此他们就比较不太注重跟当地社会的人、社会组织的互动，所以这样的话，他们形成的是一个比较特殊的群体，因为他们虽然身在国外，但是可能一句外文都不会讲，也不需要讲，他们在国外生活的小团体还是华人。但在这种情况下，这些人依旧发生了变化，所以又不是原来的个体。

魁：您一直和国内学界保持着密切的联系，从前您是中山大学的长江学者讲座教授，现在又在浙江大学社会学系担任兼职教授，前不久还在杭州成功地召开了由浙江大学和洛杉矶加州大学共同主办的国际移民研究的会议，您能否谈一下您眼中的国内学界的国际移民研究的现状？

周：国内研究者一般出国调研的时间不会太长，所以要研究中国移出去的国外移民这一块，还是有欠缺的。但像非洲人在中国这一块的研究还是做得蛮好的，不过很多也限于质性研究，定量研究较少。

做国外移民的研究，感觉大部分同行还是处于做文献梳理的阶段，没有真正去做田野。因为你不可能去一个礼拜、两个礼拜甚至一两个月，你就可以写一本书，就可以了解到在海外的国际移民社区是怎么样的。对现有实证研究和现有理论的文献梳理工作还是非常有必要的，但是我觉得还是要加强。因为我们做移民研究一定要跟西方现有理论对话，还要看他们的实证的发现，结合我们中国的实际情况来做研究，这样才可以有新的发现，如果不是在已有学术研究基础上进行对话，你就很难发展出国际认可的理论。

魁：中美对比，国内做国际移民研究有什么优势和劣势吗？

周：美国的优势是信息开放，很多国计民生方面的文献、档案材料都是对外开放的，就比如纵向做历史研究，优势就比较大。国内的话，这方面的材料不容易获得，信息获取受到限制。但是中国有一个优势就是可以做田野调查，比如做侨乡研究就很有优势。因为海外华侨华人是一个很大的移民群体，所以中国就有规模庞大、形态多元的侨乡，做质性研究是有优势的。

魁：随着跨国合作交流增多，中国不再仅仅是移民的输出国，外国人流入中国的现象也引人关注。现在国内也有一些学者在做来华非洲留学生的研究。那么如您所见，您觉得国内的这一块移民研究，有没有什么可以挖掘的潜力？

周：中国还不是一个移民输入国，它接收国际移民的数量还是非常少的，留学生在中国就业的机会非常少。如果做留学生的研究，第一可以从与中国文化碰撞的角度来考察，微观来看他们在文化观念方面的变化。第二可以追踪他们毕业以后的社会流动状况。中国学位、中国经验对他们在中国或在祖籍国就业创业状况的影响，这是蛮有意思的。但是光做来华中国留学生的研究好像不是太够，因为我们本来说留学生是移民的后备军，但是在中国留学生不是移民的后备军，中国的移民政策它不允许留学生成为本国居民，就算允许也是比较少的，构不成一个社会现象。

魁：不知道您对于中国移民研究的未来发展有何看法？

周：我自己出身于广东中山，是著名侨乡，自古以来就有无数人远渡重洋，去海外谋生，散居世界各地。这些散居海外的中国人和犹太人一样，一直是“离散移民研究”的重点研究课题。他们在海外形成的唐人街等族裔聚集区，也是西方主流学界乐此不疲的观察对象。随着中国的改革开放，中国与世界交流程度的加深，从中国流向海外的国际移民又呈现新的特征。可以说，国际移民和海外华侨华人一直为中国学界所密切关注。

刚才你提到的外国人流入中国的现象也引起我的兴趣。我在中山大学做长江学者的时候，就曾指导过学生研究广州的非洲商人群体以及他们来华后所衍生的各类社会现象。我很早就关注过浙江温州等地的外出移民群体，现在又开始留意义乌等地的外籍商人群体。这一系列变化，使中国成为世界上少有，甚至是仅有的既有大规模移民输出，又有一定规模移民输入的国家，这一进一出的两股流动更是彼此紧密联系，非常值得学术界和政府部门进行深入剖析。这一独有的社会现象，现有的西方学界理论不足以给予有说服力的解释，因为西方学界的移民研究有着强烈的时代和地域特性，比如和他们国家的殖民史息息相关，用到中国这样的一个全球南营（Global South）国家就显得捉襟见肘、力不从心了。也正因为如此，我认为这是中国社会科学界可以为世界学术做出突出贡献的领域，从中国的实证研究中提炼新的理论模型。

几百年来，中国从来都是一个移民输出国，从前并没有积累对国际移民以及应对国际移民社会适应和融入问题的治理经验。在这方面，传统的西方移民接收国则有很多成功经验和失败教训。因此，关注和梳理西方学界的移民研究成果，分析西方国家移民治理的经验得失，使之与中国的现实经验进行比较和借鉴，对于正在摸索可行性治理政策法规的中国来说，是亟须补上的一课。在这方面，有赖于国内同行的携手努力。令我欣喜的是，如今越来越多的高校注意到这一点，很多学校都开始重视移民研究，培养相关领域的师资力量，倾注资源创立移民研究的研究所和智库等机构，我认为这些都是值得赞赏的努力。我很期待能加入这一领域的学科建设中来，为打造移民研究的中国模式贡献自己的绵薄之力。

魁：恭喜周老师获得了美国艺术与科学院院士称号，这是社会学同仁对您的辛苦工作和卓越成就的尊重与钦佩，能否请您分享一下，得知当选消息时您的心情如何？

周：我的心情非常激动哇（笑）。

我是早睡早起的人，每天早上 5 点多就起来，然后起来第一件事就是花一两个小时查看邮件，我的习惯就是这样，要是不看，工作一多，我就会忘记了。我每天差不多收到 100 份邮件，甚至更多。所以那天我就是一早起来扫一下邮箱，看到一份邮件，我就以为是找我当差，我当时看了一下就过去了，因为很多人找我审稿或者写稿之类的。这时候我看到有封邮件的寄件人是“美国艺术与科学院”，我就马上打开，看到内容后我“哇”的一声，然后就去把我先生摇醒。因为我先生他是晚睡晚起的，一般是我起来 3 个小时后他才起床。特别是他退休了，睡到自然醒。我当时把他摇醒，说“我当选了！”。有点像范进中举那样，就很激动。后来我想我该写一封接受信。我一开始不知道怎么写，兴奋了两三天，之后才能静下来想想我该怎么样写那篇短小的，又能讲出我心里话的一封接受信。

我觉得以这份荣誉作为我事业的注脚[①]也不错。我是想不到自己会成为院士的。因为我知道当选院士的程序都是先得有人提名你了，然后是选举。我曾经被提名过，亚利桑那州立大学曾经提名过我，在几年前找我要过材料。每一份院士提名申请材料应该可以在艺术与科学院保留两年，结果有两年我都被提名了，但都没有得，我就不抱希望了。这次是第三次，但是这次我就成功当选了，所以我非常高兴，也非常激动，我觉得很不容易。而且我真的什么都没有做，所以很惊喜。

魁：社会学关注的许多问题都是社会的痛点，也是大众普遍的焦虑和迷茫所在，移民研究涉及很多政策问题，以您自己的角度来看，如何在践行公共社会学精神的基础上，保持自己的这种价值中立？

周：我们做社会科学的人，要保持纯粹的价值中立基本上是不可能的。说是这样说，理想是这样，但事实上不可能的。因为我们做研究的，就算是自然科学研究，你都会受个人的意识形态和价值观的影响，很难保持中立。但是你也可以不做任何的价值判断，就拿出来说这是“我的研究发现”，然后这是“我”基于研究发现的解释。但是别人同样看你的研究发现，从不同的意识形态、不同的视角，他会可能得出不同的解释，这样是可以的。这种不同的解释实际上是一种学术的碰撞，对学术研究是有好处的。

但是最重要的是你要“发散”，通过不同的渠道，用大众比较容易接受的那些语言，来把你自己的研究“宣传”出去，然后加上自己的一些解释，这样就可以了。你甚至可以不加自己的解释，当作一份报告[②]，让大家知道事情是如何的。现在媒体很发达，可以通过这些渠道来发出去，但是自己也要适当诠释一下，因为你的解释对公众接受这个研究有很大影响。

魁：如您所说，我觉得您做到了韦伯所说的以学术为志业，您觉得做学术最重要的是什么？

周：做学术是一个不断探讨的知识生产的过程。要不断探讨的话，我觉得最重要的是要有自由和批判性的独立思维。我觉得虽然难免会受到大环境的局限，但个人要坚持自由和批判性的独立思维，这个非常重要。

---

① 受访者此处使用的是“rap out my career”。

② 受访者此处使用的是“just a report”。

另外一点就是求知和求是的激情。要有激情，没有激情是做不好学问的。不要老是担心人家对你的学问怎么评论，要先做出来，尽你所能地去做好[①]。如果自己没有激情，老是哪里有资金就去做哪里，这样还是做得不够好。

再一个就是要寻求比较好的合作伙伴。因为做学问，特别是我们做社会学的，还是要一个团队，不需要很大，但是要有比较好的合作伙伴。当然也可以自己做研究，但是你都需要一个比较好的学术社交网络。有了这些学术社交网络，就可以跟同行经常探讨问题，这个环境是非常重要的。

魁：院士评选在国内外都会获得学界的高度关注，国内很多高校学生第一次关注美国科学院院士选举其实是在2019年，出走清华的结构生物学家颜宁当选美国科学院外籍院士。生物一度被冠名为21世纪的“朝阳产业”，近年来也被许多学生称为“天坑专业”。社会学在国内其实也是一个很小众的专业，关于选择专业或者就业，现在的年轻人会比较迷茫，也会受到来自父母或者社会的压力。对于刚刚进入大学或者有志于学术研究的新人，您有什么建议？

周：你自己喜欢做什么是一回事，你的生存环境允不允许你做你喜欢的事情，又是另外一回事。因为有些时候你自己的生存和社会环境会对你自己想追求的东西产生障碍。所以我自己是这样建议年轻人的，比如说，如果读博士，我建议不要为读博士而读博士，因为读博士实际上就是你将做研究或者当老师作为自己的职业选择。而在美国，博士学位其实对未来职业的选择是有限制的，所以你一定要喜欢做研究或者喜欢当老师，你才读博士。不然的话，就没有这个必要了，因为读博士占用的时间精力还是蛮大的。一般有学士或硕士学位，就可以出来在任何行业工作了。

选择专业的话，在中国和在美国是一样，有一些专业比较热门，容易找到工作，有一些专业，比如人文学科很难找到对口工作。但是同时，这个也受社会跟劳动力市场的限制。在美国实际上有一些人文学科的学生也可以到那些高科技的公司去工作的，因为高科技的公司他们也需要做案例研究的人才，他们也蛮注重跨学科的科研研究。我觉得这点在中国可能会有点限制，因为中国比较注重学科对口，就业的时候就是要招对口专业的学生。

我比较难给出具体的建议，但是读大学、读研究生就是要打好基础，这个基础是各行各业都需要的。不过要是真的想要读博士，就一定要自己

① 受访者此处使用的是“to your best effort possible”。

确定一个方向。劳动力市场能不能容纳，那是另外一码事了，所以还是应该从实际出发考虑一下。有时候我也在微信上看到新闻说街道办公务员的岗位有很多博士也在应聘，去做基层行政工作。我看到这个消息就很伤心，心想为什么那么多博士要去争公务员的工作？在中国的劳动力市场，可能公务员的工作最理想。但如果只是想做公务员的话，其实没有必要去读博士，好像有点人才浪费。

魁：刚才您讲到，得到这种好消息的时候，会和您的先生分享。您在取得如此成就的同时，还能经营好一个幸福美满的家庭，您作为一个非常成功的女性，对于想要平衡事业和家庭的女性，能否给出一些建议？

周：我是比较幸运的，因为要做到事业和家庭兼顾，需要两个人的努力①。我运气好，有一个对我事业很支持的老公。我有一个孩子，我儿子从来就不用我操心，他也没有念那些什么补习班，我也就不用当虎妈，所以我非常幸运。但是我自己觉得要经营好一个家庭，教好子女，个人的付出还是蛮重要的，我说的付出是什么？你一定要给家庭的每个成员一定的空间，你不能当老板一个人说了算。我先生经常开玩笑说我是“我们家领导”，实际上我也不是领导，大家都是领导，大家也都是被领导的。

要平衡事业跟家庭，特别是家庭的事情，一定要相信其他的成员也会有担当，不用事事都操心，让他们随便发展。然后自己对事情也不要太执着、太生气，要相信只要给大家一个好的环境一切都会好的。磕磕碰碰的事情总是会有，但是不要太执着、太在意，要向好的方向去看，这样就比较容易平衡。如果自己太执着、太固执，坚持自己做的才是对的，这样子对保持平衡关系是不利的。在家庭中是这样，在职场上也是一样，对自己追求的东西，比如做学术，你要很执着，但是对人际关系那些你不要太执着，因为很多事情都没有对错之分，我自己是这样过来的。

魁：感谢您接受我们的访谈，祝您身体健康、工作顺利！

---

① 受访者此处使用的是“But it takes two to tango”。

让学生和项飙聊天

访谈人：袁美娜　张海静　梁兆哲

编者按：2022 年秋，《魁阁学刊》邀请项飙老师进行了一次线上访谈。我们原本的计划，是希望他在之前关于非虚构写作的那些圆桌讨论的基础上就某些概念做进一步的阐述和探索。但后来我们觉得这是一次难得的机会，可以让刚刚探索学术道路的云南大学社会学系学生和他们已经在媒体、专著、论文中读到、看到、体悟到的“项飙”做一次“面对面”的交流。基于这个考虑，我们将编写访谈提纲的工作交给学生，对于问题的设置、顺序并没有做太多的干预。相反，我们很期待他们犯错，很期待他们在项飙老师面前呈现自己的稚嫩、匮乏、粗浅和懵懂。我们觉得，相比于这一代大学生普遍的谨小慎微、如履薄冰、不敢越雷池一步，只有犯错才能让他们真正成长，不犯错就做出好研究是不可能的，而考试成绩往往会遮蔽同学们在思考和实践中会遇到的真正问题。在此，特别感谢项飙老师拨冗指引、帮助他们！

主持人

游天龙

云南大学民族学与社会学学院社会学系副教授

嘉宾

项飙

德国马克斯·普朗克社会人类学研究所所长

提问同学

袁美娜

云南大学民族学与社会学学院 2020 级社会学专业硕士研究生

张海静
云南大学民族学与社会学学院2020级社会学专业硕士研究生
梁兆哲
云南大学民族学与社会学学院2020级社会学专业本科生

一 关于"附近"的延展

袁美娜：不知道能不能这样理解，"附近"其实是您为了帮助面临悬浮这样"现代的异化"以及遭遇 common worries 的人所提供的一种找到归属感的工具？

项飙：这里涉及两点。第一点是非常准确的，就是它针对的是一个这种悬浮状态，一种当下的无意义，一切都是靠一个想象中的未来赋予意义的状态。比如像"现在做什么？现在面对的问题要不要勇敢地去处理？"悬浮就是说明天会更好，今天的问题不用急于处理，如果今天这里问题大，我们希望换个地方，所以是悬浮状态。然后大家的这个焦虑就是如何面对这种焦虑，比方说内卷就是无止境地竞争，无止境地投入，但是没有一个突破。这个针对性就是"附近"希望或者要考虑的一个对象。

"附近"另一个很重要的针对性是撕裂——公共领域交流上的撕裂。我们都有社交媒体，所以交流在技术意义上非常方便，但是交流在社会意义上非常困难。这不仅是观点不一致，而且大家对基本事实的认定都不一致。那么其原因在我看来，就是因为大家对这个事情的复杂性没有耐心去看，看不到，觉得这个复杂性是无意义的，大家都倾向于用"梗"，用简单化的、情绪化的、比较抽象的、大的话语和范畴来判断社会、判断生活、判断世界。这样的情况下，社交媒体上的整个交往都是在这种高度情绪化的、游戏化的，有的时候又是打斗化的场景下展开的。这是一个很不自然的交流方式，并且导致的一个结果就是互相越走越远。很多时候人们的观点都是为了对立而对立，人们说不清楚自己为什么这么想，仅仅是因为要和对方想得不一样。所以"附近"的这个针对性，你概括了相当的一部分。

那么，第二部分，你说"附近"是不是一个落脚点或者归属感，那这个说法就不完全正确。这个悬浮状态，这种焦虑以及公共交流的断裂，为什么"附近"对它可能有帮助？"附近"主要是一种认知世界和感知世界的方法，它更多的还是一种方法，强调归属感。对于年轻人来讲，说你属于这里是不太现实的。当然你对“附近”有更多的认识之后，会有更多的亲近感，这个当然是有的，你觉得这有家的感觉，但这并不是你的归属感。在今天的这个时代，归属感会是更复杂的问题。

那么，什么叫作为认识和感知世界的方法的“附近”？那就是你要看这个社会生活是怎样被具体构造出来的，中间为何充满了各种矛盾？问一问你住的小区原来那个地是干什么用的？原来这个地是有人种田或者有人住着或者有人做别的事情？那些人去了哪里？你邻居叫什么、姓什么、是干什么的？邻居一天到晚最焦虑的事情是什么？门口的保安哪里来？他们工资是多少？家庭情况怎么样？门口卖菜的、街头理发馆的人是谁？如果你关注他们，然后去想象他们的人生是什么样，跟你怎么不一样。那么当你知道了这些后当然是与“附近”建立联系，其实这个是生活里蛮重要的一部分，如果你注意到这些，你生活的味道就会不一样。

同时更重要的能力，是了解我们整个的生活系统，有人要处理垃圾，有人要盖房子，有人要提供服务。那这个系统是怎么构造的？然后在这个过程当中，不同的人会有不同的观点，有不同的思考方式。所以当一个问题出来之后，这些人怎么想，你也从这个角度去想一下。这样之后你就可能会对那些社交媒体上说的跟我们老百姓“没有半毛钱关系”的那些事情感到太空洞和没有意思了。

那现在为什么大家好像一讲那些“没有关系”的东西就打鸡血，因为别的东西没有意义，自己的生活存在一种无意义感，所以一定要下天大的棋，就是一直要替这个未来的历史英雄担心，替 100 年以后成为英雄的人着想。那他这么讲肯定也有他的原因，这么去想也是无可厚非的。但是我觉得这么去想的一个原因可能是自己身边的生活空洞化，如果自己身边更有趣，有很多东西可以观察，很多东西可以思考，那我觉得，那些“没有半毛钱关系”的事情，比如说打仗，跟你我究竟有什么关系？咱们不知道那些东西。然后在自己知道的、能够影响的、能够行动的事情上，哪怕你不管多么简单地把那些东西多想一想，想清楚，发现那里的意义，这都是一个“附近”的意思，就是它是一种观察世界、感知世界，然后能够跟世界进行有意义的互动，不是通过臆想，也不是通过情绪和这种高度象征化语言上的表达，而是一种有意义的有效互动的一个方法、一个途径。

袁美娜：“看见最初 500 米”运动是“附近回归”的一种实验，仔细琢磨会发现，它给每个人“把自己为方法”、以“附近”作为视域进行反思、观察的机会，如果成功的话，未来很有可能会整合起来重塑一种社会结构或者秩序的感觉，不知道这个感觉是不是有误？

项飙：这个其实就是画了一个革命的蓝图。但我个人没有这样的一个愿景，大家都培养出这样的一种用“附近”看世界的方法，引出一个结构性的变化，我没有这样的预期。那么“附近”这个概念你要说它的这个社会功能化，当然它是让大家敏感化，就在生活里面有一种很小的活法的改变。然后更重要的是，它不是一个制度性的、体制性的改变，它关键还是一种抵御。

那么大家讲“附近”现在一个很大的问题，在国际上也是这样，讲“附近”大家马上都认为是个社区建设，是一个邻里关系建设。英文翻译也是这样，我觉得如果不这样翻译更好，但也有人就讲成是一个邻里关系、社区的消失，然后大家就觉得这有什么新奇的。你要讲这个是社区的消失，那完全没有什么新奇的。

第二个就是在事实当中，中国城市社会根本不是社区消失的问题，居委会厉害得很。那这个所谓的基层政权把社区作为一个单位去建设，从制度、结构这个角度看，现在是厉害的，投入是很大的，还有开发商也讲社区建设。所以“附近”不是说要加入他们这个阵营里面，要继续建设一个什么东西，“附近”正是要去抵御，至少说是平衡这种到处都是网络员、网络长，到处都是这个大白、小白，以后的十户长，这些东西形塑了日常的生活。“附近”，也不说跟它要抗争，也没什么值得抗争，他们这些基层工作人员也是在执行一项工作而已。可能里面也有很多积极因素，但是就是说它作为一种视野，是从你自己出发，你去看身边那些人和事。然后你不要把我们自己的生活完全被这样的行政化管理，被电子商务的非人化、非接触的这种商业模式以及社交媒体的这种非常抽象的都是关于远方大事的讨论，不要被这些力量所裹挟。

所以关于“附近”，目前为止是一个很保守的想法，还是一个看法，“附近”是带有很强的主观含义的。主观的意思就是说它不是去建设一个有形的组织、结构，它是去改变我们主观上的看法、主观上的态度。会不会到最后形成一个新的社会结构完全不知道，我觉得它肯定是不能靠“附近”这个看法来实现，如果要有社会结构的话，肯定当然是需要很多其他的变化。我们基本的经济模式、社区管理，比方说今后的十户长、网络员这些会更重要。但是在讨论那些的时候，如果大家有这种“附近”感，今后如果我们有条件一起坐下来，有一定的参与式的，然后说我们这样的一个街区，今后公共事务应该怎么样处理比较好，如果大家的“附近”感都比较强，那可能讨论起来就会比较有效，就会比较平衡，不会说那么的无力。中国的钱不少，房子也不错，但是要你怎么样就是怎么样，这种无力是比较彻底的无力。大家都埋怨心里不高兴，但是让你走就是走。

不一定说不好，但是关键我们知道这个在客观上会造成心理上、精神上的创伤压力以及情绪上的郁闷。至少在对生活的基本的感知、基本的幸福感这个意义上是一个问题，我也并不是说这种做法本身就一定不对。关于这一点我倒也下不了这个结论，因为咱们证据、数据不是很够。但是现在明确看到的是这种压抑、不快，然后潜在的冲突这些东西如果一直积累下来，那当然是一个很不好的事情。那我也不是为社会稳定形势担忧，我担忧的就是我们个体的生活质量、心理健康，从这个意义上来说也是值得担忧的。那么“附近”感不是去建设，但是如果说抵御能力强一点，可能对改善我们的生活质量有好处。所以说回答你的问题，会不会是那个落脚点？我认为它不是说去改造或者建造一个新的社会结构。

二 关于“附近”与学术研究

袁美娜：在相关文章中您提到大学需要寻找例外状态，学生研究需要找到“fun”，那么这种“fun”跟“附近”有没有什么关系？

项飙：这本身是两个问题，但你这里是很有创造性地把这两个问题放在一起，放在一起是放得很好的。就是说找有趣的话题，那今天学生找有趣的话题，找一些“梗”然后写，现在还不太可能，也不是很普遍。那么最普遍的，论文的题目都是找无趣的。越无趣的越去找，就是基层社区管制、国家和社会的关系等这些成型的学术话语往上套。他自己也觉得是很无趣的，反正我也不知道研究说的在生活意义上、在经验层面上，究竟针对我们生活里的哪一种经验、针对我们生活里的哪一种苦恼、哪一种我们想知道的事情，我也是看不懂。但是就看到有一篇文章写出来，这个一看就是一个没有趣味的研究。然后有趣味的可能就是说去 B 站上或者去哪里讲一些“梗”的话题，是很真实的。

然后我是觉得你一定要去找这些比如像“梗”一样的话题，这是很重要的，因为它触动你的心。但是要做研究就不能够跟在社交媒体上一般的发言一样，你要把这个“梗”划开，看具体是怎么回事儿。现在大家觉得有趣的话题，好像都是一些“梗”，在社交媒体上引起广泛关注。有一定的抽象程度的话题，然后好像很难在“附近”里面找到有趣的话题。然后很多人都是认为这个“附近”是需要逃避的。对，我们最初搞“看见最初 500 米”的工作坊时，逃避还是不断出现的一个话题。尽管我们的意思是说逃避不能解决问题，关键是你要坐下来看看能做些什么。但是逃避的冲动是很强烈的，因为“附近”让人觉得很没有意思、很压抑，里面没有有趣的话题。

现在我们讲到学术研究这个问题，这就是学术研究很重要的一个功夫所在。我们知道社会学，尤其实证社会科学到现在还不到 200 年。牛津大学社会学系成立才几十年，当时阻力是很大的，社会学的大发展是20 世纪六七十年代。有一个叫 *Yes Minister* 的喜剧，里面就有一段是部长要去牛津的那个 Value College，他要请院长吃饭，主要是想增加海外学生的招生量，因为学生能够交学费，然后里面 Value College 的院长就说，现在我们不招外国学生不行，因为现在那些乱七八糟的大学都在开，比方说像社会学这些专业居然还真吸引了不少的学生。这个是什么意思呢？社会学为什么会受到那么大的鄙视？然后现在我们又觉得是非常有趣。这其实跟“附近”这种思路是很像的，因为社会学是实证的社会科学，它就是讲人的具体行动、吃喝拉撒睡的这些事情。为什么牛津那些“老古董”到 20 世纪七八十年代还是觉得社会学根本不是一门学科，因为他们是觉得最重要的是古典学、历史、哲学，这些才是有意义的，那里才是解决人的根本问题。举这个例子也就是说今天我们看“附近”，觉得里面没有意思，就是跟几十年前大家去看社会学没有意思，我觉得很像。附近几个邻居来来往往，有人在那里扫大街，这个有什么好谈的，有那么多的世界大事，人生大义在那里风起云涌，又为什么要谈这些很鸡毛蒜皮的事情？几十年前，人们也就是这么讲社会学的。但是我们看社会学里面的各种各样的讨论，确实改变了我们的生活，改变了我们对生活的感知。正是因为它非常切近我们具体的行动、我们具体的生活，是我们自己可以拿起来当武器用的学科。所以它是一个很民主的学科。所以这功夫在哪里呢？就是要在这种看似非常平凡的、琐碎的事情里面看出东西来，“fun”是要靠你自己的深度，靠你自己思想的深度，靠你的敏感，靠你对生活的思考“搞”出来的。

“搞”那个“fun”，本身它是一种能力，否则的话那就是娱乐了。你说有趣不就是娱乐？那我们搞的这个智识上、研究上的这个“fun”，它是一种能力。就是你要在别人都觉得太平淡无奇的事情里面看出东西来，觉得很有趣。这个人为什么会这么想？这个事情大家都这么做，好像平淡无奇，但你稍微换一个角度觉得这里面很有文章，因为它完全有另外两种做法可能是更有效的，他偏偏这么去做，有什么道理在里头？这个就需要想象力，需要深度才能够看出来。所以这个就是我们教育一个大的问题，就没有培养这种能力。我们培养的能力是说你在不觉得有趣的情况下，怎么样咬牙去坚持、去吃苦，而不是说真正去思考影响你自己每天生活状况的那些情况，然后感觉到那种思考不断拷问、不断比较的那个乐趣。所以从“附近”里面看到乐趣，这个就是一个很重要的、比较高境界的学术能力，这是我们需要去追求的。

袁美娜：前面一直提到“回归附近”，其实我们还想问关于在研究中“回归附近”后的一些问题，在访谈中“附近”的许多东西对受访者来说是“不重要”的，而研究者也会在“附近”的熟悉感中发现不了重要或者独特的东西，怎么去克服这样的困难呢？

项飙：第一，“回归”这个词可能不是特别精确，因为它不是说原来的一种风俗习惯，现在把它再带回来，对于很多年轻人来讲更多的就是他从来就没有过“附近”的这个意识。对他们来讲，就从他的个体经验来讲，确实是一种非常积极的构建，是创造而不是回归。

第二，那就是大家对“附近”熟悉，所以熟视无睹。其实我觉得这个可能也不完全精确，其实很多情况下是不熟悉。比如你的邻居是谁？你知道几个？当然可能面熟，但他们究竟是干什么的你不知道。很多年轻人对父母的生命经历都是很不清楚的。父母究竟做过什么？那就更不要讲邻居，更不要讲保安、清洁员是怎样组织的，怎么通过中介公司招的，待遇怎么样，有没有三险一金，等等。然后对他的这个工作效率怎么样去评估？这些东西熟悉吗？如果熟悉了就肯定会觉得有趣了。那现在的问题就是不熟悉，然后不知道怎样去熟悉，不想去熟悉。就觉得有趣的东西都是那些在社交媒体上包装好的东西，它迎合你的一些说法、一些娱乐性的内容。所以第二个问题就在于不熟悉。

那么第三个就是有什么办法去克服？这里思考很重要，那么你就要有一定的问题感，如果你觉得生活就是这样的，没什么别的可说的。如果说什么都是多余的，那就没有必要搞社会科学研究。社会科学研究，就是说你现在发生的事情都是不必然的，都是有其他的做法。那现在我们做的东西它内在肯定是有问题的，别人就说你这是鸡蛋里挑骨头，这是没办法弄的。就像说你可以认为你生活在天堂，你可以这么告诉自己，然后就会非常平静心安。你可以这么说，抱怨、生气以及不服什么的，都是没用的、瞎掰，你劝说自己一切都很安好。这当然是一种出路，你可以这么去做。

但另外一种出路就是，你看到这些东西，哪怕是让你非常心安的，哪怕是让你非常愉快的，你也要去思考它。比方说我一直说的“方便”这个问题，因为对于中国的城市中产来说“方便”是一个非常重要的生活质量，你也可以把它问题化。为什么“方便”会这么重要？显然这个事情在20 年前甚至是 10 年前都不是这样。当然大家都想要“方便”，但那个

“方便”的意思是很不一样的。你问问父母，特别是问问爷爷奶奶这一辈，当时“方便”的主要意思是说小店、菜场离得不远，然后能够自己去买菜，走路可以去，就不用挤公交车，然后走路的时候街坊邻居都能够碰上，你买菜自己拿回来可以去做，等等。这是一种“方便”。那现在这个所谓的“方便”，就是无接触，东西送上门来，不要碰见人，这是一种“方便”。对于这个“方便”，你就可以问题化，我是觉得里面的文章非常大。为什么会形成那么简单的一个感知，好像是一个非常直观的身体性的知觉。这个方便感它是通过一系列社会上的安排、技术上的安排、物质上的安排达到的。为了你的“方便”，一小盒酱油它也要用这个塑料去包装，一点辣酱也要用另外一个塑料盒去包装。

这是什么概念？对环境有什么影响？然后为了“方便”，对时间的、速度的要求越来越高，这是什么意思？在技术上是怎么做到的？然后我们对“方便”为什么会有这种追求？为什么“方便”会让你上瘾？上瘾的意思就是如果稍微不“方便”，你就会非常敏感。我是觉得这些东西好像很有趣，如果把这些问题打开，很多东西，比如口感、对快递的评价，现在客户的评价这些都很重要，都可以去分析它。为什么评价变得那么重要？从消费者的角度，评价变得这么重要又意味着什么？这意味着我们社会某种公共性的新生成吗？等等。所以这个问题需要一定的训练，需要想象力，然后需要的是一种能力。

袁美娜：如果大家都去关注附近的市场、人、建筑、关系等，会不会导致未来研究出现模式化现象？

项飙：“附近”不是一个研究对象，而是你看世界的一种方法。你在研究中问的问题是比方说这个“方便”的意义，然后你看见保安的生活你在想什么，你想为什么会需要保安这类非常简单的问题。为什么这些人会在这里？这里真的需要保安吗？安全感为什么变得那么重要？其实中国的城市犯罪率是非常低的，非常安全的。但是为什么要设这种岗？然后你关注他，关注到他的这个家庭、他的劳动关系是怎么安排的？

我们知道“保安”原来在很长时间内是国家权力垄断的一个事情。但现在它是非常商业化的，甚至彻底商业化的，是一种非正式劳动关系的做法。你去看安全的意义，究竟怎么叫安全？达到安全的方式是什么？为什么过去从来没有保安或者说保安只是国家机关的概念，现在又为什么会成为一个社会现象，然后成为商业现象？如果你这么去问的话，我想是很难模式化的。当然如果说每个人都去写自己机械地看到的东西，那当然会模式化，在模式化之前就没有意思了。你说我就看见有三个保安在一个小区，这讲不下去。但聊下去是不难的，关键是什么呢？关键你只跟他聊，然后问他的时候看着他的眼睛，马上很多东西就出来了，不用担心的，主要是个敏感性的问题。

然后很重要的是学术文章或者学术刊物对于年轻人来讲，你不要把搞研究想成是所谓的要搞学术，你首先对自己负责，然后对你那个谈话的人负责。你心里真的焦虑什么、在想什么，那个人在真的想什么、焦虑什么。把那个东西呈现出来，就是有趣的。现在大家都焦虑要有个框架，要有一个概念理论。那个都是死的东西，套来套去，浪费太严重了。年轻人那么多的精力，就是学说一些八股的话。这不仅是说没有成果，是一生的浪费，也是对这个语言的污染。语言没有生命力，是语言的“去真诚化”，就是它完全变成一个僵化的符号，然后心里有真心话也不得不用其他的网络语言来表达，用这种比较理性的语言就没有用了。那当然会造成很多极端化、分化、情绪化的思考方式，因为我们活生生地把自己这套理性的思考工具给糟蹋了，浪费非常严重。

要有勇气讲自己真的怎么想、怎么看，只要是真的就会很有趣。当然现在对青年老师来讲，可能面对的是学术界比较极端的形式主义，就是文章一定要写成什么样，没有内容、没有思考、没有深度，反正就是一直到教授、博导，搞社会科学学术研究，基本上就是像中小学生写作文、写文章，好像有一点材料，有一个题目，就把它写成文章，都是一个文本操作过程。

这个过程若干年之后，甚至可能现在，AI 已经比你做得更好。它可以通过大量地看别的文章怎么弄，给你凑成一篇在语言上完全无懈可击的社会科学文章，在若干秒之内生产出来。那现在我们大家都在做这个工作，浪费太严重了。所以就是说“附近”也是在逼我们，如果你要是不讲出那个焦虑，不讲出你生活当中的真正的矛盾的话，那么，确实是比较无趣的。因为没有口号可喊，所以导师可能逼着大家讲点有趣的东西，讲点真的、有深度的、有趣的东西。

三　关于“附近”与“远方”

梁兆哲：首先，对于个人对缥缈远方的共情，您有提及这一现象发生的同时也会出现个人生活中亲近的人越来越少、对人的兴趣越来越小，而这一现象或许也符合您提及的康德式的“世界主义”，即认识到你自己的苦难和别人的苦难之间没有等级关系，只有不同类别而已。这两种理解是否有一些矛盾呢？其次，您怎样看待个人的遭遇与远方的遭遇发生情感的叠加，以“远方”抒怀“己愤”这一现象？

项飙：那第一个问题是“附近”和“远方”显然不可能是矛盾关系，现在很具体的一个生存状态或者交流的情况，就是想象的远方完全压倒“附近”，“附近”就没了，就是就远方而谈远方。然后就远方谈远方会出现一个什么问题？就是你谈的远方也不存在，是想象出来的。因为那个远方怎么叫远方？1000公里以外的远方都是1公里、1公里叠加出来的。如果说我们把1公里变为一个“附近”的话，那也就是一千个“附近”成为一个远方。如果你对中间的“附近”一个都不了解的话，那这个远方它不是一个真实的存在，它是你想象的一种说法，它不是一个事实。

第二就是你关注“附近”之后显然不应该放弃对远方的兴趣，怎么叫“对远方的兴趣”，就是对一些大的问题的兴趣。那么比方说基本的社会生活应该是怎样组织的？我们说的远方显然不是地理意义上的远方，比如现在北极熊的情况怎么样？这个我估计不是大家所考虑的。而对于世界的地缘政治关系这类远方，那当然是不能够放弃的。那为什么同样关注大的问题，有的人能够对这个事情的分析观点不一样？第一个是观点为什么不一样？第二是为什么大家的分析深度很显然也不一样？对于这些大的事情大家都没有完全的信息，但有的人就能够分析得比较清晰到位，然后另外一些人可能就会很绝对地下一些主观想象的结论，而不是导出一些分析性的思考。但是为了进一步观察，我们需要注意到一些事情，这个才是“真正的思考”。

“不是思考的”就是一上来就说这个是谁对谁错，现在这个经济是怎么样的一个大的转折点，现在一些什么东西不可逆转的，等等。像这种大的判断，其实我们是做不了的，谁都做不了。因为事情太复杂，都是互动的，你一边这么动，另外那边也在动，这是不稳定的。所以就是说你真正的智慧是确定怎么去看它，去确定哪几个东西是比较重要的所谓指标。那对于这些东西，训练对“附近”的观察是比较重要的，就是看一个大的事情是怎么样具体一步一步构造出来的，对这些过程的敏感性是重要的，所以对“附近”的了解是帮助你去理解远方。

那比方说，“世界主义康德”这个说法，如果要去讨论这个又要回到康德当时为什么这么说的问题，否则的话我不太知道这个问题有什么意义，就是作为一个文辞或者说姿态讨论这个世界主义。因为现在很多争论这个的人，都会同意自己的苦难同远方的苦难应该是一样的，在这点上不可能有分歧，但接下来就有一个具体的问题，他们就没办法继续说话了。

然后你再到更具体的一些问题，新冠应该怎么弄？是不是要整个楼的人都被带走？还是说我们应该有道理去坚持，不在某些事情上配合，这个是你马上要做决定的事情。这个时候是要看你的智慧，看你的勇气，看你的思考能力和行动能力，这个是真东西。然后你说那个大家共情什么的，所有的人都同意了，所以在那个东西上纠结我不太知道要达到什么效果。

梁兆哲：在您谈及“打工人”一词的本意与其象征性话语脱节时，您虽然说我们需要注意二者之间的区别，但您的态度仍然是乐观的，认为这有助于推动跨群体的团结性。我注意到“打工人”的本意与其象征性话语的变化是历时性的，而您一直谈论的“附近”与远方似乎更多的是共时性的。那么是否有可能将“附近”与远方的这一组概念延展到历时性话语的分析上来？在您认为“打工人”一词的本意与其象征性话语脱节有助于推动跨群体的团结性的思考中，是否能把其本意视为“附近”，把其象征性话语视为远方，当人们均对远方感同身受时，虽然忘了其“附近”的本意，但仍然拥抱了一种“世界主义”的团结？

项飙：这是具有很强想象力的一个问题，我也不太知道怎么回答，然后不知道什么样的回答会有用。你可以说“打工人”是一个象征语言、事实语言、附近想象、远方想象。把这样的 4 个变量搞成 16 种组合都可以在文辞上说得通。打工人是附近、是远方、是象征事实都可以，然后他也可以跟另外一个组合。但我个人觉得这可能跟年纪有关，我觉得没办法指导人们做很具体的行动，在生活里怎么思考、怎么观察、怎么行动。我觉得在不同年纪，我们的思考方式会不一样。但是同学们如果能稍微有意识地提醒自己不要做形式上的想象，还有这种纯逻辑上的一种组合工作，这个是比较重要的。需要实证地去看究竟是什么，这在理论上有 16 种可能。但是关键是说在事实当中究竟哪一种可能在发生，然后发生背后事实上的道理是什么？是怎么个过程？把这个过程捕捉住，要去看“附近”想象，否则你坐在家里头，自己坐在电脑里面，你可以有 16 种，你再给它加入一个变量，变成 32 种，等等。当然它有一定智识上的乐趣，你可以讲一些话，但那个东西它不是真的生活经验，真的生活经验像在“附近”里面看经验，很多东西在逻辑上是解释不太清楚的，因为它里面偶然性因素太多，是构不成一个自洽的逻辑上的体系的。

因为生活确实很多东西都是东一块西一块，是破碎的，但是它背后会有一定的道理，这个道理在逻辑上是不完美的，但这个道理你要把它抓住。比方你看到大家对“方便”的敏感。你要在逻辑上推理这个，是一点意思都没有的很无趣的概念，但是它硬邦邦、活生生地就在那里，关键是说能不能抓住那个东西，去打开、去看背后的心理机制、文化原因，在政治经济学的安排中一系列的资源究竟是怎么样组合在一起，塑造一种“方便”状态。很多社会学研究就变成一种犬世学。犬世学在中世纪就像圣经，读来读去说圣经上这个话可以怎么样去解释，然后在逻辑上可以说成有好几种解释。当然在这个背景下，其实对圣经的解释学也是一个解放，就是说所谓一个宗教文本，它可以有多种读法，然后就可以辩论。大家在逻辑上辩论，然后慢慢地引入实证的观察，但不可能是当时的那个意思。当时中世纪的情况下，他说这句话的意思应该是这样的，虽然在逻辑上另外一种说法更加通顺，但是当时的现实条件下，水资源是什么情况、吃饭是怎么吃的？所以那句话会是另外一个意思，这样慢慢地发展出的一个实证的观察，解放是非常大的。青年同学们这个思考上的热情非常重要，同时关键的是怎么样把思考热情转变成一种更加成熟的、接地气的观察，而不是一种思辨。

图书在版编目(CIP)数据

魁阁学刊. 2022年. 第2辑：总第7辑 / 谢寿光，关凯主编；游天龙执行主编. -- 北京：社会科学文献出版社，2022.12

ISBN 978-7-5228-1346-2

Ⅰ. ①魁… Ⅱ. ①谢… ②关… ③游… Ⅲ. ①社会学-文集 Ⅳ. ①C91-53

中国版本图书馆CIP数据核字(2022)第253736号

魁阁学刊 2022年第2辑 总第7辑

主　　编 / 谢寿光　关　凯
执行主编 / 游天龙

出 版 人 / 王利民
责任编辑 / 庄士龙　赵　娜
文稿编辑 / 谭紫倩　刘　扬
责任印制 / 王京美

出　　版 / 社会科学文献出版社·群学出版分社（010）59366453
地址：北京市北三环中路甲29号院华龙大厦　邮编：100029
网址：www.ssap.com.cn
发　　行 / 社会科学文献出版社（010）59367028
印　　装 / 三河市尚艺印装有限公司

规　　格 / 开　本：787mm×1092mm　1/16
印　张：12.5　字　数：221千字
版　　次 / 2022年12月第1版　2022年12月第1次印刷
书　　号 / ISBN 978-7-5228-1346-2
定　　价 / 98.00元

读者服务电话：4008918866